이펙티브 코틀린

Effective Kotlin

Effective Kotlin
by Marcin Moskala

Copyright ⓒ 2019 Marcin Moskala

Korean translation copyright ⓒ 2022 Insight Press

This Korean edition was published by arrangement with Marcin Moskala through Agency-One, Seoul.

이펙티브 코틀린: 안전성, 가독성, 코드 설계, 효율성을 향상시키기 위한 52가지 전략과 기법

초판 1쇄 발행 2022년 1월 20일 **3쇄 발행** 2024년 1월 22일 **지은이** 마르친 모스칼라 **옮긴이** 윤인성 **펴낸이** 한기성 **펴낸곳** (주)도서출판인사이트 **편집** 백주옥 **본문 디자인** 차인선 **영업마케팅** 김진불 **제작·관리** 이유현 **용지** 월드페이퍼 **인쇄·제본** 천광인쇄사 **등록번호** 제2002-000049호 **등록일자** 2002년 2월 19일 **주소** 서울시 마포구 연남로5길 19-5 **전화** 02-322-5143 **팩스** 02-3143-5579 **이메일** insight@insightbook.co.kr **ISBN** 978-89-6626-337-0 책값은 뒤표지에 있습니다. 잘못 만들어진 책은 바꾸어 드립니다. 이 책의 정오표는 https://blog.insightbook.co.kr에서 확인하실 수 있습니다.

프로그래밍 인사이트

이펙티브 코틀린

안전성, 가독성, 코드 설계, 효율성을 향상시키기 위한 52가지 전략과 기법

마르친 모스칼라 지음 ㅣ 윤인성 옮김

인사이트

차례

옮긴이의 글

아마도 코틀린을 첫 프로그래밍 언어로 사용하고 있는 사람은 거의 없을 것입니다. 대부분 자바를 사용하다가 코틀린을 활용해야 하는 상황이 생겨서 코틀린을 배우고 활용하고 있을 것입니다. 그러다 보니 자바에 너무 익숙해진 상태라서 코틀린을 자바처럼 사용하는 경우가 많습니다.

회사 또는 팀에서 코틀린을 활용하기로 했다면, 자바와 다르게 코드를 작성하여, 코틀린의 장점을 충분히 활용하는 것이 좋을 것입니다. 이 책은 어떻게 코드를 작성해야 코틀린의 장점을 최대한 활용할 수 있는지에 대해서 다루고 있습니다.

이 책은 난도가 조금 높습니다. 이미 코틀린을 어느 정도 사용할 수 있어야 하며, 자바와 관련된 지식도 어느 정도 갖추고 있는 것이 좋습니다. 또한 《이펙티브 자바》(인사이트, 2018)를 읽었다면, 자바로 코드를 작성할 때와 코틀린으로 코드를 작성할 때는 어떤 차이가 있는지 대응시켜 보면 이해하는 데 훨씬 도움이 될 것입니다.

모든 이펙티브 시리즈가 그렇지만, 책을 처음 읽을 때는 내용이 어렵다고 느껴질 수 있을 것입니다. 그래도 책을 읽고 업무 등을 진행하면서 다양한 상황을 마주하다 보면, 이 책에서 읽은 내용이 분명 도움이 될 거라고 생각합니다.

마지막으로 번역에 도움을 주신 모든 출판사 관계자분께 감사의 말씀을 드립니다.

2021년 12월
윤인성

지은이의 글

널리 사용되고 있는 프로그래밍 언어들이 어떻게 만들어졌는지에 관한 이야기는 일반적으로 매우 흥미롭습니다.

예를 들어 자바스크립트의 프로토타입(처음에는 모카(mocha)라고 불렀습니다)은 10일만에 만들어졌습니다. 자바스크립트 언어를 만든 사람은 처음에는 자바를 사용해 웹 디자인을 하려고 했지만, 조금 더 간단한 프로그래밍 언어가 있으면 좋겠다는 생각에 자바스크립트를 만들었습니다.[1]

스칼라는 대학교에서 과학자로 있던 마틴 오더스키(Martin Odersky)가 만들었습니다. 그는 자바 객체 지향 프로그래밍 세계에 함수형 프로그래밍이라는 개념을 옮기고 싶어 했습니다. 이로 인해서 세상이 우리 생각보다 더 연결 가능한 것이었다는 것을 알게 되었습니다.[2]

자바는 썬마이크로시스템즈에 있던 'The Green Team' 팀에서 1990년 초반에 인터랙티브 텔레비전과 인터랙티브 셋톱박스를 만들기 위한 목적으로 설계되었습니다. 하지만 자바는 당시 디지털 케이블 TV 산업에 비해서 너무 앞서 있었습니다. 그래서 결국 일반적인 프로그래밍 언어로 배포되었으며, 프로그래밍 세계에 혁명을 일으켰습니다.[3]

대부분의 프로그래밍 언어들이 이처럼 처음 설계할 때의 목적과 현재 사용되는 목적이 다릅니다. 대부분의 프로그래밍 언어는 '실험'에서 시작되었습니다. 이러한 실험의 결과들을 현재의 프로그래밍 언어에서도 많이 찾아볼 수 있습니다. 코틀린은 이러한 언어들과 다르게 다음과 같은 이유로 만들어졌습니다.

1. 코틀린은 처음부터 대규모 애플리케이션을 만들기 위한 프로그래밍 언어로 설계되었습니다.

---

[1] 이와 관련된 내용은 *https://en.wikipedia.org/wiki/JavaScript*와 *https://2ality.com/2011/03/javascript-how-it-all-began.html*을 참고하세요.

[2] 이와 관련된 내용은 *https://www.artima.com/scalazine/articles/origins_of_scala.html*을 참고하세요.

[3] 이와 관련된 내용은 *https://bit.ly/36LMw2z*를 참고하세요.

2. 코틀린은 굉장히 오랜 시간 동안 만들어지고 있습니다. 코틀린은 2010년에 처음 개발되었지만, 2016년 2월에 첫 번째 안정 버전(stable version)이 공식적으로 배포되었습니다. 이 기간 동안 굉장히 많은 변화가 있었습니다. 2010년에 만들어진 코틀린 코드를 보면, 현재의 코틀린과 완전히 다르게 보일 것입니다.

코틀린은 실용적인 애플리케이션을 만들기 위한 실용적인 프로그래밍 언어로 설계되었습니다. 예를 들어 학문 목적 또는 취미 목적의 언어와 다르게 새로운 개념을 실험하기 위한 부분이 없습니다. 코틀린은 프로퍼티 델리게이션과 같은 새로운 개념을 도입하기는 했지만, 대부분 기존 프로그래밍 언어에 있던 개념들의 장점과 단점을 더 분석하고 개선한 뒤에 가져왔습니다. 코틀린을 만든 젯브레인(JetBrains)은 통합 개발 환경(IDE) 개발에서 큰손이라고 할 수 있습니다. 젯브레인은 '다양한 언어들이 어떻게 사용되고 있는지'에 대한 다양한 데이터를 갖고 있으며, 해당 언어를 잘 이해하고 있는 인력을 갖추고 있습니다. 이러한 데이터와 인력을 기반으로 코틀린을 만든 것입니다.

또한 젯브레인 덕분에 코틀린은 프로그래밍 언어와 통합 개발 환경이 굉장히 강하게 연결되어 있습니다. 덕분에 코틀린은 통합 개발 환경이 스마트 캐스팅, 타입 추론 등의 기능을 완벽하게 제공해 줍니다. 또한 lints를 통해 코드를 개선할 수 있는 경고를 계속해서 제공해 줍니다. 코드를 작성하는 순간에 개별적인 경고를 따로 알려 주기 때문에, 코드 최적화를 위해 책이나 인터넷 자료를 따로 찾아보지 않아도 됩니다.

코틀린의 철학

모든 프로그래밍 언어는 설계를 결정하는 데 들어간 철학이 있습니다. 코틀린의 핵심 철학은 '실용주의(pragmatism)'라고 할 수 있습니다. 실용주의는 다음과 같은 비즈니스 요구 사항을 충족한다는 것을 의미합니다.

- 생산성(productivity): 애플리케이션을 빠르게 생산합니다.
- 확장성(scalability): 애플리케이션의 규모가 커져도, 개발 비용이 급격하게

증가하지 않습니다. 오히려 감소할 수도 있습니다.

- 유지보수성(maintainability): 유지보수를 굉장히 쉽게 할 수 있습니다.
- 신뢰성(reliability): 애플리케이션이 예상한 대로 동작하므로 오류가 적습니다.
- 효율성(efficiency): 애플리케이션이 굉장히 빠르게 동작하며, 리소스(메모리, 프로세스 등)가 더 적게 필요합니다.

프로그래밍 커뮤니티는 이러한 요구 사항을 충족하기 위해서 오랜 시간 동안 노력했습니다. 그리고 다양한 경험을 기반으로 다양한 도구와 테크닉을 개발했습니다. 예를 들어 자동 테스트(automatic test)를 사용해서 어떤 기능을 수정할 때 다른 기능에 발생할 수 있는 오류를 최소화하기 위한 도구와 테크닉을 만들었습니다. 이 책을 통해서 이러한 도구와 테크닉을 살펴보겠습니다. 또한 수많은 규칙을 만들었습니다. 예를 들어 SOLID의 단일 책임 원칙(Single Responsibility Principle)[4]은 여러 문제를 해결할 때 도움을 줍니다. 이 책을 통해서 이러한 규칙들도 설명할 것입니다.

프로그래밍 커뮤니티는 (개발자의 관점에서) 수치로 나타낼 수 있는 덜 추상적인 부분이 있다는 것을 알아냈습니다. 코틀린 팀은 프로그래밍 언어의 설계적인 측면에서 이러한 덜 추상적인 부분들을 모아서, 설계를 결정하는 데 참고했습니다. 예를 들어 다음과 같은 부분입니다.

- 안정성(safety)
- 가독성(readability)
- 재사용성(reusability)
- 도구 친화성(tool friendliness)
- 다른 프로그래밍 언어와의 상호 운용성(interoperability with other languages)

여기에는 포함되지 않았지만, 필자는 효율성도 설계에 큰 영향을 주었다고 생각합니다. 따라서 다음 부분도 추가하겠습니다.

4　SOLID는 로버트 C. 마틴이 소개한 굉장히 유명한 OOP 원칙입니다.

- 효율성(efficiency)

이러한 요구 사항들은 처음에만 사용되고 없어진 것들이 아닙니다. 지금도 코틀린은 계속 이러한 부분들을 고려해서 변경되고 있습니다. 이 책에서는 이러한 부분이 설계에 어떠한 영향을 주었는지 함께 살펴볼 예정입니다. 코틀린은 6년에 가까운 시간 동안 베타 버전으로 유지되었기 때문에 계속해서 변화할 수 있었습니다. 그리고 덕분에 이러한 요구 사항들이 굉장히 수준 높게 반영되어 있습니다. 개인적으로 코틀린이 잘한 부분이라고 생각합니다.

이 책의 목표

코틀린의 장점을 활용하려면, 코틀린을 잘 사용해야 합니다. 따라서 단순하게 어떤 특징이 있는지, 어떤 표준 라이브러리(stdlib)가 있는지 아는 것으로는 부족합니다. 이 책의 기본적인 목표는 코틀린을 활용해서 더 안전하고, 더 가독성이 좋고, 더 확장성이 있으며, 더 효율적인 코드를 작성하는 방법을 설명하는 것입니다. 또한 코틀린에 한정된 내용만이 아니라, 범용적으로 사용할 수 있는 규칙들도 설명합니다. 이 책은 《클린 코드》, 《이펙티브 자바》, 《컴퓨터 프로그램의 구조와 해석》, 《코드 컴플리트》 등의 책에서 영향을 받았습니다. 또한 코틀린 포럼과 여러 발표의 영향도 받았습니다. 여러 출처에 있는 코틀린과 관련된 좋은 사례도 설명합니다.

이 책은 일반적인 '이펙티브 시리즈'처럼 여러 모범 사례(best practice)를 모아서 설명합니다. 물론 코틀린의 특성 때문에 고전적인 이펙티브 시리즈와는 약간 다릅니다. 예를 들어 《이펙티브 자바》에서는 자바에서 문제가 될 수 있는 부분을 굉장히 많이 설명합니다. 하지만 코틀린은 이러한 문제들이 발생할 가능성을 원천적으로 차단하므로 따로 설명할 필요가 없습니다. 또한 코틀린은 자바와 다르게 미래에 사라지거나(deprecated), 수정될 내용에 대해 걱정하지 않아도 됩니다.[5] 실제로 미래에 사라지거나, 수정되어도 코틀린 팀은 IDE의 지원으로 코드를 마이그레이션할 수 있게 도와줍니다. 대부분의 이펙티브 시리

---

5 안드레이 브레슬라브(Andrey Breslav)의 KotlinConf 2018 키노트 참고

즈는 어떤 함수 또는 패턴을 사용하는 것이 다른 것보다 좋다는 식으로 설명합니다. 코틀린의 경우, 이러한 함수와 패턴이 더 좋다는 것은 인텔리제이가 알아서 경고 또는 힌트를 주므로 따로 공부할 필요가 없습니다. 따라서 이러한 내용을 집중적으로 설명하지는 않습니다. 이 책은 코틀린 관계자, 제작자, 전 세계 여러 기업의 개발자, 컨설턴트, 트레이너의 경험에서 나온 모범 사례들을 중점적으로 다룹니다.

이 책의 대상 독자

이 책은 코틀린 기본서가 아닙니다. 코틀린으로 개발을 하기 위한 충분한 지식과 기술이 있어야 합니다. 만약 코틀린과 관련된 지식과 기술이 전혀 없다면, 입문자를 위한 자료를 살펴보기 바랍니다. 개인적으로는 드미트리 제메로프(Dmitry Jemerov)와 스베트라나 이사코바(Svetlana Isakova)가 쓴《Kotlin in Action》(에이콘, 2017) 또는 코세라(Coursera)에서 제공하는 'Kotlin for Java Developers' 강의(안드레이 브레슬라브와 스베트라나 이사코바)를 추천합니다. 이 책은 어느 정도 경험이 있는 코틀린 개발자를 위한 책입니다.

물론 어느 정도 경험이 있는 개발자라도 일부 개념을 잘 모르고 있을 수 있다고 생각합니다. 따라서 다음과 같은 개념은 추가적으로 설명합니다.

- 프로퍼티
- 플랫폼 타입
- 이름 있는 아규먼트
- 프로퍼티 델리게이션
- DSL
- 인라인 클래스와 인라인 함수

이 책이 코틀린 개발자들이 더 발전하는 데 도움이 되는 가이드북이 되기 바랍니다.

책의 구성

이 책의 개념들은 크게 세 부(part)로 묶여 있습니다.

- 좋은 코드: 좋은 품질의 코드를 만들기 위한 일반적인 규칙을 설명합니다. 이 부에서는 프로젝트의 규모와 상관없이 모든 코틀린 개발자를 위한 내용을 설명합니다. 안정성에 관한 아이템부터 시작해서 가독성까지 설명합니다. 프로그래밍에서 가장 중요한 것은 안정적으로 정확한 결과를 만들어 내는 것이라고 생각합니다. 따라서 첫 번째 장에서 안정성을 다룹니다. 또한 코드를 읽는 것은 컴파일러만을 위한 것이 아닙니다. 많은 프로그래머가 코드를 읽습니다. 또한 혼자 코드를 작성해도, 코드를 쉽게 읽을 수 있어야 합니다. 따라서 두 번째 장에서 가독성을 다룹니다.
- 코드 설계: 다른 개발자와 함께 프로젝트를 진행하거나, 라이브러리를 만들 때 활용할 수 있는 내용을 다룹니다. 바로 컨벤션(convention)과 규약(contract)입니다. 물론 컨벤션과 규약은 결국 가독성과 안정성이 반영된 결과입니다. 따라서 추상화와 함께 코드 품질을 향상시킬 수 있는 내용을 추가로 다루는 부라고 생각하면 됩니다. 추가적으로 이 부에서는 코드를 확장시키는 방법과 관련된 내용을 다룹니다. 프로젝트는 오랜 시간 동안 계속해서 발전하게 됩니다. 따라서 대규모 프로젝트를 만들 때 활용할 수 있는 유용한 사례들에 대해서 설명합니다.
- 효율성: 코드의 효율성과 관련된 부입니다. 대부분의 아이템에서 개발 시간과 가독성을 따로 희생하지 않고 사용할 수 있는 효율성 관련 사례를 다룹니다. 다만 일반적으로 코드의 효율성은 고성능 애플리케이션, 라이브러리, 많은 사람이 사용하는 애플리케이션에서 유용하므로, 이와 관련된 내용도 다룹니다.

각각의 부는 여러 장(chapter)으로 나뉩니다. 부와 장을 정리하면, 다음과 같습니다.

　1부: 좋은 코드

- 1장: 안정성
- 2장: 가독성

2부: 코드 설계

- 3장: 재사용성
- 4장: 추상화 설계
- 5장: 객체 생성
- 6장: 클래스 설계

3부: 효율성

- 7장: 비용 줄이기
- 8장: 효율적인 컬렉션 처리

각 장에서는 여러 규칙을 아이템별로 나누어서 설명합니다. 처음에는 대부분의 아이템을 이해하는 데 긴 설명이 필요할 것입니다. 하지만 개념을 한 번 이해하면 제목만으로도 명확한 의미를 알 수 있게 될 것입니다. 예를 들어 이 책의 첫 번째 규칙인 '가변성을 제한하라'라는 내용은 처음 이 책을 접하는 사람에게는 무슨 말인지 설명이 필요할 것입니다. 하지만 익숙해지면 코드 리뷰에 '가변성을 제한해 주세요'라고 코멘트를 달 수 있을 것이고, 이를 통해 개발자들끼리 소통할 수 있게 될 것입니다. 이러한 아이템들은 여러분이 좋은 코틀린 코드를 작성하는 데 방향성을 제시해 줄 수 있을 것입니다.

장 구성

일반적으로 이 책의 장들은 해당 장에서 중요하게 생각하는 개념을 설명하는 아이템부터 시작합니다. 예를 들어 '2장 가독성'은 '아이템 11: 가독성을 목표로 설계하라'부터 다룹니다. 이외에도

- '7장: 비용 줄이기'의 첫 번째 아이템은 '아이템 45: 불필요한 객체 생성을 피하라'입니다.

- '3장: 재사용성'의 첫 번째 아이템은 '아이템 19: knowledge를 반복하여 사용하지 말라'입니다.
- '1장: 안정성'의 첫 번째 아이템은 '아이템 1: 가변성을 제한하라'입니다.

또한 각각의 장은 각각의 장에서 마무리되지만, 연결되는 중요한 개념이 있다면, 다른 장을 소개하면서 끝나기도 합니다.

- '1장: 안정성'의 마지막 아이템은 '아이템 10: 단위 테스트를 만들어라'입니다.
- '2장: 가독성'의 마지막 아이템은 '아이템 18: 코딩 컨벤션을 지켜라'입니다.
- '3장: 재사용성'의 마지막 아이템은 '아이템 25: 공통 모듈을 추출해서 여러 플랫폼에서 재사용하라'입니다.

책을 읽는 방법

이 책은 원하는 장(chapter)부터 읽어도 괜찮습니다. 물론 일부 내용은 다른 장의 내용을 기반으로 하지만, 해당 장에서 따로 설명하므로 독립적으로 읽을 수 있습니다. 다만 장 내부의 아이템은 건너뛰지 않는 것이 좋습니다. 한 장을 읽기로 했다면, 해당 장의 첫 번째 아이템부터 차근차근 읽어주세요.

책의 어떤 장을 읽다가 다른 장으로 건너뛰는 것은 아무 문제 없습니다. 특정 장을 읽다가 지루하다면, 바로 건너뛰기 바랍니다. 필자는 이 책을 굉장히 즐겁게 집필했으니 독자들도 즐겁게 읽었으면 좋겠습니다.

태그

모두를 위한 책을 집필하는 것은 불가능합니다. 이 책은 기본적으로 경험이 어느 정도 있는 코틀린 개발자들을 대상으로 집필되었습니다. 경험이 어느 정도 있다면, 대부분 일반적인 프로그래밍의 모범 사례에 대해서 익숙할 것입니다. 따라서 이 책에서는 코틀린과 관련된 모범 사례만 보고 싶어 할 것입니다. 하지만 이 책에는 코틀린과 직접적인 관련이 없고, 경험이 있는 개발자에게는 아주 기본적으로 보일 수도 있는 몇 가지 아이템을 추가했습니다. 이러한 부분을 구분할 수 있게 해당 아이템의 앞부분에는 제목 아래에 다음과 같은 태그를 추가했습니다.

- 범용적인: 코틀린에 한정된 내용이 아니라, 자바, C#, 스위프트 등의 다른 OOP 프로그래밍 언어에서도 적용할 수 있는 내용을 다룹니다. 코틀린과 관련된 내용만 살펴보고 싶다면, 해당 아이템(10, 19, 26, 27, 36)을 건너뛰기 바랍니다.
- 기본적인: 어느 정도 경험이 있는 코틀린 개발자에게는 기본적으로 보일 수 있는 내용을 다룹니다. 제목만 보아도 무슨 내용인지 알겠다면, 해당 아이템(10, 18, 19, 20, 25, 26, 27)을 건너뛰기 바랍니다.
- 교육적인: 모범 사례가 아니라, 고급 코틀린 기능을 설명하는 부분입니다. 해당 기능을 이미 알고 있다면, 해당 아이템(21, 22, 24, 32)을 건너뛰기 바랍니다.

감사의 글

이 책은 많은 사람의 제안과 리뷰로 만들어졌습니다. 그분들의 도움이 없었다면, 이 책은 지금과 같이 나오지 못했을 것입니다. 모두에게 감사의 말씀을 전하고 싶습니다. 다음은 리뷰를 도와주신 분들입니다. 도움을 많이 주신 순서로 적었습니다.

Márton Braun은 코틀린 1.0 버전부터 코틀린에 열성적인 작가이자 교육자이자 발표자입니다. 그는 AutSoft의 안드로이드 개발자이면서, (자칭) 코틀린 에반젤리스트입니다. RayWenderlich.com의 안드로이드/코틀린의 테크 에디터이기도 합니다. 또한 대학생으로 공부하면서, BME-VIK의 강사로서 여러 사람에게 코틀린과 안드로이드를 가르치고 있습니다. MaterialDrawerKt와 Krate 라이브러리의 크리에이터이면서, 스택오버플로우에 중독되어 있는 사람입니다.

그는 1장과 6장에 굉장히 많은 영향을 주었습니다. 여러 제안을 해 주었으며, 오탈자도 수정해 주었습니다. 또한 여러 장의 제목을 제안해 주었으며, 책을 다시 구성하는 데 많은 지원을 해 주었습니다.

David Blanc은 INSA(프랑스국립응용과학원)에서 컴퓨터공학을 전공했습니다. 이후 8년 동안 프랑스의 다양한 IT 기업에서 자바 엔지니어로 일했으며, 2012년부터는 iOS와 안드로이드 모바일 애플리케이션 개발자로 일했습니다. 그는 2015년부터 안드로이드에 집중하였으며, BPCE 은행 그룹의 IT 부서인 i-BP에 안드로이드 전문가로 입사했습니다. 안드로이드에 굉장히 열성적이며, 클린 코드와 함께 코틀린 1.0 버전부터 코틀린을 굉장히 열성적으로 사용하고 있습니다.

그는 이 책의 모든 부분에 대한 리뷰와 오탈자 수정을 도와주었습니다. 또한 여러 가지 좋은 예제와 아이디어를 제안해 주었습니다.

 **Jordan Hansen**은 10살 때부터 개발을 시작했습니다. 유타 대학교를 졸업한 이후로 풀타임으로 개발을 했습니다. 그는 코틀린 0.6 버전부터 코틀린을 사용할 수 있는 프로그래밍 언어로 평가했으며, 코틀린 0.8 버전부터 코틀린을 기본 언어로 사용하고 있습니다. 그는 자신이 속한 조직 전체에 코틀린을 도입할 수 있게 만들 정도로 자신의 팀에서 영향력을 갖고 있습니다. 가족과 함께 보드 게임 하는 것을 좋아합니다.

그는 이 책의 대부분에 굉장히 많은 영향을 주었으며, 각 아이템의 제목도 많이 제안해 주었습니다. 추가적으로 DSL을 더 자세하게 설명했으면 좋겠다는 제안을 해 주었으며, 단위 테스트와 관련된 아이템을 더 깔끔하게 정리하는 데 도움을 주었습니다. 또한 여러 기술적인 어휘 선택에 도움을 주었습니다.

Juan Ignacio Vimberg는 이 책에서 가장 어려운 부분이라고 할 수 있는 '3부: 효율성'을 가장 많이 리뷰해 주었습니다. 또한 1장과 4장에 많은 영향을 주었습니다. 벤치마크들을 직접적으로 보여 주고, 시멘틱 버저닝과 관련된 내용을 소개할 것을 추천해 주었습니다.

Kirill Bubochkin은 책 전체에 대한 완벽한 리뷰와 의견을 주었습니다.

Fabio Collini는 4장과 5장을 리뷰해 주었으며, 생성자와 다르게 팩터리 메서드는 인라인화할 수 있다는 부분과 설정을 데이터 클래스로 저장할 수 있다는 부분에 영향을 주었습니다.

Bill Best는 6장과 8장에 많은 영향을 주었으며, 여러 오탈자를 확인해 주었습니다.

Geoff Falk는 이 책에 있는 언어, 문법, 코드를 더 개선하는 데 도움을 주었습니다. 특히 2장과 5장을 개선하는 데 많은 도움을 주었습니다.

Danilo Herrera는 3장에 영향을 주었고, 특히 '4장: 추상화 설계'에 많은 영향을 주었습니다.

Allan Caine은 '5장: 객체 생성'에 많은 영향을 주었습니다.

Edward Smith는 '6장: 클래스 설계'에 많은 영향을 주었습니다.

Juan Manuel Rivero는 6, 7, 8장을 리뷰해 주었습니다.

또한 다음 분들에게도 감사의 말씀을 전하고 싶습니다.

- Marta Raźniewska는 각 부의 시작 부분에 있는 그림을 그려 주었습니다.
- 알파 테스터: Pablo Guardiola, Hubert Kosacki, Carmelo Iriti, Maria Antonietta Osso

마지막으로 이 책에 대한 소식과 피드백을 공유하여 이 책을 쓰는 데 도움을 준 모든 분께도 감사의 말씀을 드립니다.

리뷰어의 글

코틀린을 공부하다 보면 이건 왜 이렇게 작성해야 하는지, 이건 왜 이렇게 구현되어 있는지와 같은 궁금증이 발생합니다. 이런 궁금증은 코드 내부를 통해 해결할 수도 있고, 인터넷 검색을 통해서도 해결할 수 있습니다. 이제 이 책을 보며 좀 더 편하게 코틀린 코드를 이해할 수 있게 되었습니다. 이 책을 통해 문법을 이해하면서 자신만의 개발 스타일을 찾아보면 좋겠습니다.

- 권태환(레몬트리, GDG Korea Android 운영진)

이제는 코틀린을 손에서 놓을 수 없는 언어가 되어 이 책이 나오길 매우 기다렸습니다. 이미 자유자재로 사용하는 분들도 많겠지만, 코틀린 언어를 더 이해하고 사용하는 데 도움이 되는 내용이 많이 포함되어 있습니다. 이 책을 통해 코틀린의 숨은 동작 및 기능들을 숙지하셔서 더 나은 코틀린 사용자가 되길 바라겠습니다.

- 노현석(카카오뱅크)

코틀린 문법을 이미 학습한 입문자 및 해당 언어에 대해 심도 있게 학습하고자 하는 분들 모두에게 도움이 될 수 있는 책이라고 생각합니다. 코틀린을 보다 효율적이고 클린하게 사용해 개발의 생산성을 높이고 싶은 니즈가 있는 분들에게 추천할 만한 책입니다.

- 서효정(라인프렌즈)

팀에서 《Effective Kotlin》 스터디를 하기로 한 시점에 타이밍 좋게 한글 번역본으로 리뷰를 하게 되어 영문판으로 스터디를 준비하셨던 다른 분들에 비해 아주 편하게 스터디를 준비할 수 있었습니다. 신입 개발자 시절, 팀 선배님들과 함께 《Effective Java》 스터디를 했었던 것이 생각나네요. 많은 것이 새로웠고 많은 것을 배웠던 신입 개발자 시절 때처럼 아이템 하나하나 곱씹으며 읽었고, 팀에서 많은 이야기를 재미있게 나누었습니다. 그리고 코딩하거나 코드를 리뷰하다가 이 책에서 알려준 스타일을 적용해 보면서 다시 한 번 생각해 볼 수 있어 도움이 많이 되었습니다. 안드로이드 개발자라면 꼭 봐야 할 책 중 한 권인 것 같습니다. 그동안 영어로 어렵게 보셨을 텐데, 이제 편하게 한글로 보세요!

- 안명욱(네이버제트)

코틀린이 공개된 지도 어느덧 11년이 지났습니다. 그럼에도 여전히 많은 개발자가 어떻게 하면 코틀린을 더 효과적으로 사용할 수 있을지 고민하고 있을 것 같습니다. 이런 분들께 이 책을 추천하고 싶습니다. 아이템별로 자세하게 설명하고 있어, 평소 어렴풋이 알고 있던 부분까지도 말끔하게 정리되었습니다.

- 안성용(네이버웹툰)

좋은 코드

안정성

왜 프로젝트에서 자바, 자바스크립트, C++가 아니라 코틀린을 사용하려고 하나요? 기업에서 진행하는 프로젝트에 코틀린을 사용하려고 한다면 작게는 팀원, 크게는 경영진까지도 설득할 수 있어야 할 것입니다. 이러한 설득에 가장 많이 활용되는 이유는 코틀린의 **안정성**(safety)입니다. 코틀린은 다양한 설계 지원을 통해서 애플리케이션의 잠재적인 오류를 줄여 줍니다. '애플리케이션이 갑자기 종료되는 상황', '한 시간 동안 쇼핑하며 장바구니에 넣은 제품들이 결제가 되지 않는 상황' 등을 직접 마주하지 않아도, 안정성이 왜 중요한지는 쉽게 이해할 수 있을 것입니다. 크래시(crash)가 적으면 사용자와 개발자 모두에게 좋고, 상당한 비즈니스 가치를 제공합니다.

안전성은 굉장히 중요합니다. 코틀린은 정말 안전한 언어지만, 정말로 안전하게 사용하려면 개발자가 뒷받침을 해야 합니다. 이번 장에서는 코틀린을 안전하게 사용하기 위한 방법에 대해서 설명하겠습니다. 코틀린이 안전을 위해 제공하는 기능들을 알아보고, 이를 올바르게 사용하는 방법을 알아볼 것입니다. 이번 장에서 다루는 내용의 기본적인 목적은 '오류가 덜 발생하는 코드를 만드는 것'입니다.

가변성을 제한하라

코틀린은 모듈로 프로그램을 설계합니다. 모듈은 클래스, 객체, 함수, 타입 별 칭(type alias), 톱레벨(top-level) 프로퍼티 등 다양한 요소로 구성됩니다. 이러 한 요소 중 일부는 상태(state)를 가질 수 있습니다. 예를 들어 읽고 쓸 수 있는 프로퍼티(read-write property) **var**를 사용하거나, mutable 객체를 사용하면 상 태를 가질 수 있습니다.

```
1    var a = 10
2    var list: MutableList<Int> = mutableListOf()
```

이처럼 요소가 상태를 갖는 경우, 해당 요소의 동작은 사용 방법뿐만 아니라 그 이력(history)에도 의존하게 됩니다.

```
1    class BankAccount {
2        var balance = 0.0
3            private set
4
5        fun deposit(depositAmount: Double) {
6            balance += depositAmount
7        }
8
9        @Throws(InsufficientFunds::class)
10       fun withdraw(withdrawAmount: Double) {
11           if (balance < withdrawAmount) {
12               throw InsufficientFunds()
13           }
14           balance -= withdrawAmount
15       }
16   }
17
18   class InsufficientFunds : Exception()
19   val account = BankAccount()
20   println(account.balance) // 0.0
```

```
21    account.deposit(100.0)
22    println(account.balance) // 100.0
23    account.withdraw(50.0)
24    println(account.balance) // 50.0
```

위 코드의 BankAccount에는 계좌에 돈이 얼마나 있는지 나타내는 상태가 있습니다. 이처럼 상태를 갖게 하는 것은 양날의 검입니다. 시간의 변화에 따라서 변하는 요소를 표현할 수 있다는 것은 유용하지만, 상태를 적절하게 관리하는 것이 생각보다 꽤 어렵습니다.

1. 프로그램을 이해하고 디버그하기 힘들어집니다. 이러한 상태를 갖는 부분들의 관계를 이해해야 하며, 상태 변경이 많아지면 이를 추적하는 것이 힘들어집니다. 이러한 클래스는 이해하기도 어렵고, 이후에 코드를 수정하기도 힘듭니다. 클래스가 예상하지 못한 상황 또는 오류를 발생시키는 경우에 큰 문제가 됩니다.

2. 가변성(mutability)이 있으면, 코드의 실행을 추론하기 어려워집니다. 시점에 따라서 값이 달라질 수 있으므로, 현재 어떤 값을 갖고 있는지 알아야 코드의 실행을 예측할 수 있습니다. 또한 한 시점에 확인한 값이 계속 동일하게 유지된다고 확신할 수 없습니다.

3. 멀티스레드 프로그램일 때는 적절한 동기화가 필요합니다. 변경이 일어나는 모든 부분에서 충돌이 발생할 수 있습니다.

4. 테스트하기 어렵습니다. 모든 상태를 테스트해야 하므로, 변경이 많으면 많을수록 더 많은 조합을 테스트해야 합니다.

5. 상태 변경이 일어날 때, 이러한 변경을 다른 부분에 알려야 하는 경우가 있습니다. 예를 들어 정렬되어 있는 리스트에 가변 요소를 추가한다면, 요소에 변경이 일어날 때마다 리스트 전체를 다시 정렬해야 합니다.

대규모 팀에서 일하고 있는 개발자라면 변경 가능한 부분에 의한 일관성(consistency) 문제, 복잡성(complexity) 증가와 관련된 문제에 익숙할 것입니다. 공유 상태를 관리하는 것이 얼마나 힘든 일인지 간단한 예로 확인해 봅시다. 다음 코드는 멀티스레드를 활용해서 프로퍼티를 수정합니다.[1] 이때 충돌에 의해서 일부 연산이 이루어지지 않습니다.

```
1    var num = 0
2    for (i in 1..1000) {
3        thread {
4            Thread.sleep(10)
5            num += 1
6        }
7    }
8    Thread.sleep(5000)
9    print(num) // 1000이 아닐 확률이 매우 높다.
10   // 실행할 때마다 다른 숫자가 나온다.
```

코틀린의 코루틴을 활용하면, 더 적은 스레드가 관여되므로 충돌과 관련된 문제가 줄어듭니다. 하지만 문제가 사라지는 것은 아닙니다.

```
1    suspend fun main() {
2        var num = 0
3        coroutineScope {
4            for (i in 1..1000) {
5                launch {
6                    delay(10)
7                    num += 1
8                }
9            }
10       }
11       print(num) // 실행할 때마다 다른 숫자가 나온다.
12   }
```

실제 프로젝트에서 이런 코드를 작성하면 안 됩니다. 일부 연산이 충돌되어 사라지므로 적절하게 추가로 동기화를 구현해야 합니다. 예를 들어 다음 코드를 살펴봅시다. 동기화를 잘 구현하는 것은 굉장히 어려운 일입니다. 또한 변할 수 있는 지점이 많다면 훨씬 더 어려워집니다. 따라서 변할 수 있는 지점은 줄일수록 좋습니다.

---

1 코드를 테스트하려면, 엔트리 포인트(main 함수)에 코드를 입력하고 실행하기 바랍니다. 이후의 다른 코드도 엔트리 포인트와 관련된 코드는 따로 적지 않겠습니다.

```
1    val lock = Any()
2    var num = 0
3    for (i in 1..1000) {
4        thread {
5            Thread.sleep(10)
6            synchronized(lock) {
7                num += 1
8            }
9        }
10   }
11   Thread.sleep(1000)
12   print(num) // 1000
```

가변성은 생각보다 단점이 많아서 이를 완전하게 제한하는 프로그래밍 언어도 있습니다. 바로 순수 함수형 언어입니다. 널리 알려진 순수 함수형 언어로는 하스켈(Haskell)이 있습니다. 이러한 프로그래밍 언어는 가변성에 너무 많은 제한이 걸려서 프로그램을 작성하기가 굉장히 어렵습니다. 그래서 개발 분야에서 주류로 사용되지는 않습니다. 그래도 가변성을 이렇게까지 제한하는 언어도 있다는 것을 알아두세요. 가변성은 시스템의 상태를 나타내기 위한 중요한 방법입니다. 하지만 변경이 일어나야 하는 부분을 신중하고 확실하게 결정하고 사용하기 바랍니다.

코틀린에서 가변성 제한하기

코틀린은 가변성을 제한할 수 있게 설계되어 있습니다. 그래서 immutable(불변) 객체[2]를 만들거나, 프로퍼티를 변경할 수 없게 막는 것이 굉장히 쉽습니다. 이를 위해서 굉장히 많은 방법을 활용할 수 있지만, 이 중에서 많이 사용되고 중요한 것들을 정리해 보면 다음과 같습니다.

• 읽기 전용 프로퍼티(val)
• 가변 컬렉션과 읽기 전용 컬렉션 구분하기
• 데이터 클래스의 copy

---

2 (옮긴이) 일반적으로 immutable과 invariant를 모두 '불변'이라고 번역하게 되는데, 확실하게 구분할 수 있게 둘을 영어 단어로 구분하겠습니다.

그럼 각각의 내용을 조금 더 자세하게 살펴봅시다.

읽기 전용 프로퍼티(val)

코틀린은 val을 사용해 읽기 전용 프로퍼티를 만들 수 있습니다. 이렇게 선언된 프로퍼티는 마치 값(value)처럼 동작하며, 일반적인 방법으로는 값이 변하지 않습니다(읽고 쓸 수 있는 프로퍼티는 var로 만듭니다).

```
1    val a = 10
2    a = 20 // 오류
```

읽기 전용 프로퍼티가 완전히 변경 불가능한 것은 아니라는 것을 주의하기 바랍니다. 읽기 전용 프로퍼티가 mutable 객체를 담고 있다면, 내부적으로 변할 수 있습니다.[3]

```
1    val list = mutableListOf(1,2,3)
2    list.add(4)
3
4    print(list) // [1, 2, 3, 4]
```

읽기 전용 프로퍼티는 다른 프로퍼티를 활용하는 사용자 정의 게터로도 정의할 수 있습니다. 이렇게 var 프로퍼티를 사용하는 val 프로퍼티는 var 프로퍼티가 변할 때 변할 수 있습니다.

```
1    var name: String = "Marcin"
2    var surname: String = "Moskała"
3    val fullName
4        get() = "$name $surname"
5
6    fun main() {
7        println(fullName) // Marcin Moskała
8        name = "Maja"
9        println(fullName) // Maja Moskała
10   }
```

---

3 (옮긴이) 읽기 전용 프로퍼티는 코드 뒤에 list = mutableListOf(4, 5, 6) 등을 추가해서 재할당하는 것이 불가능할 뿐입니다. '프로퍼티를 읽을 수만 있다는 속성(읽기 전용)'과 '값이 변할 수 없는 것(가변성)'을 구분해서 생각하세요.

값을 추출할 때마다 사용자 정의 게터가 호출되므로 이러한 코드를 사용할 수 있는 것입니다.

```kotlin
1    fun calculate(): Int {
2        print("Calculating... ")
3        return 42
4    }
5
6    val fizz = calculate() // 계산합니다...
7    val buzz
8        get() = calculate()
9
10   fun main() {
11       print(fizz) // 42
12       print(fizz) // 42
13       print(buzz) // 계산합니다... 42
14       print(buzz) // 계산합니다... 42
15   }
```

코틀린의 프로퍼티는 기본적으로 캡슐화되어 있고, 추가적으로 사용자 정의 접근자(게터(getter)와 세터(setter))를 가질 수 있습니다. 이러한 특성으로 코틀린은 API를 변경하거나 정의할 때 굉장히 유연합니다. 이와 관련된 내용은 '아이템 16: 프로퍼티는 동작이 아니라 상태를 나타내야 한다'에서 자세하게 설명하겠습니다.

추가적으로 var은 게터와 세터를 모두 제공하지만, val은 변경이 불가능하므로 게터만 제공합니다. 그래서 val을 var로 오버라이드할 수 있습니다.

```kotlin
1    interface Element {
2        val active: Boolean
3    }
4
5    class ActualElement: Element {
6        override var active: Boolean = false
7    }
```

읽기 전용 프로퍼티 val의 값은 변경될 수 있기는 하지만, 프로퍼티 레퍼런스 자체를 변경할 수는 없으므로 동기화 문제 등을 줄일 수 있습니다. 그래서 일반적으로 var보다 val을 많이 사용합니다.

val은 읽기 전용 프로퍼티지만, 변경할 수 없음(불변, immutable)을 의미하는 것은 아니라는 것을 기억하기 바랍니다. 또한 이는 게터 또는 델리게이트(delegate)로 정의할 수 있습니다. 만약 완전히 변경할 필요가 없다면, final 프로퍼티를 사용하는 것이 좋습니다. val은 정의 옆에 상태가 바로 적히므로, 코드의 실행을 예측하는 것이 훨씬 간단합니다. 또한 스마트 캐스트(smart-cast) 등의 추가적인 기능을 활용할 수 있습니다.[4]

```
1    val name: String? = "Márton"
2    val surname: String = "Braun"
3
4    val fullName: String?
5        get() = name?.let { "$it $surname" }
6
7    val fullName2: String? = name?.let { "$it $surname" }
8
9    fun main() {
10       if (fullName != null) {
11           println(fullName.length) // 오류
12       }
13
14       if (fullName2 != null) {
15           println(fullName2.length) // Márton Braun
16       }
17   }
```

fullName은 게터로 정의했으므로 스마트 캐스트할 수 없습니다. 게터를 활용하므로, 값을 사용하는 시점의 name에 따라서 다른 결과가 나올 수 있기 때문입니다. fullName2처럼 지역 변수가 아닌 프로퍼티(non-local property)가 final이고, 사용자 정의 게터를 갖지 않을 경우 스마트 캐스트할 수 있습니다.

가변 컬렉션과 읽기 전용 컬렉션 구분하기

지금까지 살펴본 것처럼, 코틀린은 읽고 쓸 수 있는 프로퍼티와 읽기 전용 프로퍼티로 구분됩니다. 마찬가지로 코틀린은 읽고 쓸 수 있는 컬렉션과 읽기 전

---

4 (옮긴이) 다음 코드에서 if (fullName2 != null)로 fullName2이 null인지 검사하면, 조건문 본문 내부에서는 fullName2가 null이 아니라는 것이 확인된 것입니다. 이때는 코틀린 컴파일러가 자동으로 String?을 String으로 변경해 줄 수 있습니다. 이를 스마트 캐스트라고 부릅니다(null 확인 이외에도 타입 확인 등에도 활용됩니다).

용 컬렉션으로 구분됩니다. 이는 컬렉션 계층이 설계된 방식 덕분입니다. 다음 그림은 코틀린의 컬렉션 계층을 나타낸 그림입니다. 왼쪽에 있는 Iterable, Collection, Set, List 인터페이스는 읽기 전용입니다. 이러한 것들은 변경을 위한 메서드를 따로 가지지 않습니다. 반대로 오른쪽에 있는 MutableIterable, MutableCollection, MutableSet, MutableList 인터페이스는 읽고 쓸 수 있는 컬렉션입니다. 이처럼 mutable이 붙은 인터페이스는 대응되는 읽기 전용 인터페이스를 상속 받아서, 변경을 위한 메서드를 추가한 것입니다. 이는 마치 읽기 전용 프로퍼티가 게터만 갖고, 읽고 쓰기 전용 프로퍼티가 게터와 세터를 모두 가지던 것과 비슷하게 동작합니다.

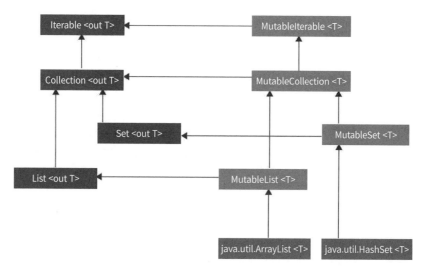

코틀린의 컬렉션 인터페이스 계층, 코틀린/JVM에서 사용할 수 있는 컬렉션을 나타낸 그림. 왼쪽에 있는 인터페이스는 읽기 전용이고, 오른쪽에 있는 인터페이스는 읽고 쓸 수 있다.

읽기 전용 컬렉션이 내부의 값을 변경할 수 없다는 의미는 아닙니다. 대부분의 경우에는 변경할 수 있습니다. 하지만 읽기 전용 인터페이스가 이를 지원하지 않으므로 변경할 수 없습니다. 예를 들어 Iterable<T>.map과 Iterable<T>.filter 함수는 ArrayList를 리턴합니다. ArrayList는 변경할 수 있는 리스트입니다. 다음 코드는 Iterable<T>.map의 구현을 단순하게 나타낸 것입니다.

```
1    inline fun <T, R> Iterable<T>.map(
2        transformation: (T) -> R
3    ): List<R> {
4        val list = ArrayList<R>()
5        for (elem in this) {
6            list.add(transformation(elem))
7        }
8        return list
9    }
```

이러한 컬렉션을 진짜로 불변(immutable)하게 만들지 않고, 읽기 전용으로 설계한 것은 굉장히 중요한 부분입니다. 이로 인해서 더 많은 자유를 얻을 수 있습니다. 내부적으로 인터페이스를 사용하고 있으므로, 실제 컬렉션을 리턴할 수 있습니다. 따라서 플랫폼 고유의 컬렉션을 사용할 수 있습니다.

이는 코틀린이 내부적으로 immutable하지 않은 컬렉션을 외부적으로 immutable하게 보이게 만들어서 얻어지는 안정성입니다. 그런데 개발자가 '시스템 해킹'을 시도해서 다운캐스팅을 할 때 문제가 됩니다. 실제로 코틀린 프로젝트를 진행할 때, 이는 허용해서는 안 되는 큰 문제입니다. 리스트를 읽기 전용으로 리턴하면, 이를 읽기 전용으로만 사용해야 합니다. 이는 단순한 계약(규약)의 문제라고 할 수 있습니다. 이와 관련된 자세한 내용은 이 책의 2부에서 다루겠습니다.

컬렉션 다운캐스팅은 이러한 계약을 위반하고, 추상화를 무시하는 행위입니다. 이런 코드는 안전하지 않고, 예측하지 못한 결과를 초래합니다. 다음 코드를 살펴봅시다.

```
1    val list = listOf(1,2,3)
2
3    // 이렇게 하지 마세요!
4    if (list is MutableList) {
5        list.add(4)
6    }
```

이 코드의 실행 결과는 플랫폼에 따라 다릅니다. JVM에서 listOf는 자바의 List 인터페이스를 구현한 Array.ArrayList 인스턴스를 리턴합니다. 자바의 List 인터페이스는 add와 set 같은 메서드를 제공합니다. 따라서 코틀린의

MutableList로 변경할 수 있습니다. 하지만 Arrays.ArrayList는 이러한 연산을 구현하고 있지 않습니다. 그래서 다음과 같은 오류가 발생합니다.

```
Exception in thread "main"
java.lang.UnsupportedOperationException
    at java.util.AbstractList.add(AbstractList.java:148)
    at java.util.AbstractList.add(AbstractList.java:108)
```

물론 지금부터 1년 뒤에 이것이 어떻게 동작할지는 보장할 수 없습니다. 컬렉션이 미래에는 정말로 코틀린으로 구현된 immutable 컬렉션으로 변경될 가능성도 있습니다. 하지만 일단 지금은 아닙니다. 따라서 코틀린에서 읽기 전용 컬렉션을 mutable 컬렉션으로 다운캐스팅하면 안 됩니다. 읽기 전용에서 mutable로 변경해야 한다면, 복제(copy)를 통해서 새로운 mutable 컬렉션을 만드는 list.toMutableList를 활용해야 합니다.

```
1    val list = listOf(1, 2, 3)
2
3    val mutableList = list.toMutableList()
4    mutableList.add(4)
```

이렇게 코드를 작성하면 어떠한 규약도 어기지 않을 수 있으며, 기존의 객체는 여전히 immutable이라 수정할 수 없으므로, 안전하다고 할 수 있습니다.

데이터 클래스의 copy

String이나 Int처럼 내부적인 상태를 변경하지 않는 immutable 객체를 많이 사용하는 데는 이유가 있습니다. 지금까지 설명했던 이유 이외에도 immutable 객체를 사용하면, 다음과 같은 장점이 있습니다.

1. 한 번 정의된 상태가 유지되므로, 코드를 이해하기 쉽습니다.
2. immutable 객체는 공유했을 때도 충돌이 따로 이루어지지 않으므로, 병렬 처리를 안전하게 할 수 있습니다.
3. immutable 객체에 대한 참조는 변경되지 않으므로, 쉽게 캐시할 수 있습니다.
4. immutable 객체는 방어적 복사본(defensive copy)을 만들 필요가 없습니

다. 또한 객체를 복사할 때 깊은 복사를 따로 하지 않아도 됩니다.

5. immutable 객체는 다른 객체(mutable 또는 immutable 객체)를 만들 때 활용하기 좋습니다. 또한 immutable 객체는 실행을 더 쉽게 예측할 수 있습니다.

6. immutable 객체는 '세트(set)' 또는 '맵(map)의 키'로 사용할 수 있습니다. 참고로 mutable 객체는 이러한 것으로 사용할 수 없습니다. 이는 세트와 맵이 내부적으로 해시 테이블을 사용하고, 해시 테이블은 처음 요소를 넣을 때 요소의 값을 기반으로 버킷을 결정하기 때문입니다. 따라서 요소에 수정이 일어나면 해시 테이블 내부에서 요소를 찾을 수 없게 되어 버립니다. 이와 관련된 내용은 '아이템 41: hashCode의 규약을 지켜라'에서 자세하게 설명하겠습니다. 일단 간단하게 다음 코드를 살펴봅시다.

```
1    val names: SortedSet<FullName> = TreeSet()
2    val person = FullName("AAA", "AAA")
3    names.add(person)
4    names.add(FullName("Jordan", "Hansen"))
5    names.add(FullName("David", "Blanc"))
6
7    print(names) // [AAA AAA, David Blanc, Jordan Hansen]
8    print(person in names) // true
9
10   person.name = "ZZZ"
11   print(names) // [ZZZ AAA, David Blanc, Jordan Hansen]
12   print(person in names) // false
```

마지막 출력을 보면, 세트 내부에 해당 객체가 있음에도 false를 리턴하는 것을 확인할 수 있습니다. 객체를 변경했기 때문에 찾을 수 없는 것입니다.

지금까지 살펴본 것처럼 mutable 객체는 예측하기 어려우며 위험하다는 단점이 있습니다. 반면, immutable 객체는 변경할 수 없다는 단점이 있습니다. 따라서 immutable 객체는 자신의 일부를 수정한 새로운 객체를 만들어 내는 메서드를 가져야 합니다. 예를 들어 Int는 immutable입니다. 그래도 Int는 내부적으로 plus와 minus 메서드로 자신을 수정한 새로운 Int를 리턴할 수 있습니다. Iterable도 읽기 전용입니다. 그래도 map과 filter 메서드로 자신을 수정한 새로운 Iterable 객체를 만들어서 리턴합니다. 우리가 직접 만드는 immutable 객체도 비슷한 형태로 작동해야 합니다. 예를 들어 User라는 immutable 객체가 있고, 성(surname)을 변경해야 한다면, withSurname과 같은 메서드를 제공해서, 자신을 수정한 새로운 객체를 만들어 낼 수 있게 해야 합니다.

```kotlin
class User(
    val name: String,
    val surname: String
) {
    fun withSurname(surname: String) = User(name, surname)
}

var user = User("Maja", "Markiewicz")
user = user.withSurname("Moskała")
print(user) // User(name=Maja, surname=Moskała)
```

다만 모든 프로퍼티를 대상으로 이런 함수를 하나하나 만드는 것은 굉장히 귀찮은 일입니다. 그럴 때는 data 한정자를 사용하면 됩니다. data 한정자는 copy라는 이름의 메서드를 만들어 줍니다. copy 메서드를 활용하면, 모든 기본 생성자 프로퍼티가 같은 새로운 객체를 만들어 낼 수 있습니다. 이외에 data 한정자로 만들어지는 메서드 등은 '아이템 37: 데이터 집합 표현에 data 한정자를 사용하라'에서 살펴보겠습니다. 이번 절에서는 다음과 같은 간단한 예까지만 살펴봅시다.

```kotlin
data class User(
    val name: String,
    val surname: String
)

var user = User("Maja", "Markiewicz")
user = user.copy(surname = "Moskała")
print(user) // User(name=Maja, surname=Moskała)
```

코틀린에서는 이와 같은 형태로 immutable 특성을 가지는 데이터 모델 클래스를 만듭니다. 변경을 할 수 있다는 측면만 보면 mutable 객체가 더 좋아 보이지만, 이렇게 데이터 모델 클래스를 만들어 immutable 객체로 만드는 것이 더 많은 장점을 가지므로, 기본적으로는 이렇게 만드는 것이 좋습니다.

다른 종류의 변경 가능 지점

변경할 수 있는 리스트를 만들어야 한다고 해 봅시다. 다음과 같은 두 가지 선택지가 있습니다. 하나는 mutable 컬렉션을 만드는 것이고, 다른 하나는 var로 읽고 쓸 수 있는 프로퍼티를 만드는 것입니다.

```
1    val list1: MutableList<Int> = mutableListOf()
2    var list2: List<Int> = listOf()
```

두 가지 모두 변경할 수 있습니다. 다만 방법이 다릅니다.

```
1    list1.add(1)
2    list2 = list2 + 1
```

물론 두 가지 코드 모두 다음과 같이 += 연산자를 활용해서 변경할 수 있지만, 실질적으로 이루어지는 처리는 다릅니다.

```
1    list1 += 1 // list1.plusAssign(1)로 변경됩니다.
2    list2 += 1 // list2 = list2.plus(1)로 변경됩니다.
```

두 가지 모두 정상적으로 동작하지만, 장단점이 있습니다. 두 가지 모두 변경 가능 지점(mutating point)이 있지만, 그 위치가 다릅니다. 첫 번째 코드는 구체적인 리스트 구현 내부에 변경 가능 지점이 있습니다. 멀티스레드 처리가 이루어질 경우, 내부적으로 적절한 동기화가 되어 있는지 확실하게 알 수 없으므로 위험합니다. 두 번째 코드는 프로퍼티 자체가 변경 가능 지점입니다. 따라서 멀티스레드 처리의 안정성이 더 좋다고 할 수 있습니다(물론 잘못 만들면 일부 요소가 손실될 수도 있습니다).

```
1    var list = listOf<Int>()
2        for (i in 1..1000) {
3            thread {
4            list = list + i
5        }
6    }
7    Thread.sleep(1000)
8    print(list.size) // 1000이 되지 않습니다.
9    // 실행할 때마다 911과 같은 다른 숫자가 나옵니다.
```

mutable 리스트 대신 mutable 프로퍼티를 사용하는 형태는 사용자 정의 세터 (또는 이를 사용하는 델리게이트)를 활용해서 변경을 추적할 수 있습니다. 예를 들어 Delegates.observable을 사용하면, 리스트에 변경이 있을 때 로그를 출력할 수 있습니다.

```kotlin
var names by Delegates.observable(listOf<String>()) { _, old, new ->
    println("Names changed from $old to $new")
}

names += "Fabio"
// names가 []에서 [Fabio]로 변합니다.
names += "Bill"
// names가 [Fabio]에서 [Fabio, Bill]로 변합니다.
```

mutable 컬렉션도 이처럼 관찰(observe)할 수 있게 만들려면, 추가적인 구현이 필요합니다. 따라서 mutable 프로퍼티에 읽기 전용 컬렉션을 넣어 사용하는 것이 쉽습니다. 이렇게 하면 여러 객체를 변경하는 여러 메서드 대신 세터를 사용하면 되고, 이를 private으로 만들 수도 있기 때문입니다.

```kotlin
var announcements = listOf<Announcement>()
    private set
```

mutable 컬렉션을 사용하는 것이 처음에는 더 간단하게 느껴지겠지만, mutable 프로퍼티를 사용하면 객체 변경을 제어하기가 더 쉽습니다.

 참고로 최악의 방식은 프로퍼티와 컬렉션을 모두 변경 가능한 지점으로 만드는 것입니다.

```kotlin
// 이렇게 하지 마세요.
var list3 = mutableListOf<Int>()
```

이렇게 코드를 작성하면, 변경될 수 있는 두 지점 모두에 대한 동기화를 구현해야 합니다. 또한 모호성이 발생해서 +=를 사용할 수 없게 됩니다.

```
2    var list2 = mutableListOf<Int>()
3
4  ▶ fun main() {
5        list2 += 1
```

Assignment operators ambiguity. All these functions match.
- **public operator fun <T> Collection<Int>.plus(element: Int): List<Int>** *defined in* kotlin.collections
- **@InlineOnly public inline operator fun <T> MutableCollection<in Int>.plusAssign(element: Int): Unit** *defined in* kotlin.collections

상태를 변경할 수 있는 불필요한 방법은 만들지 않아야 합니다. 상태를 변경하는 모든 방법은 코드를 이해하고 유지해야 하므로 비용이 발생합니다. 따라서 가변성을 제한하는 것이 좋습니다.

변경 가능 지점 노출하지 말기

상태를 나타내는 mutable 객체를 외부에 노출하는 것은 굉장히 위험합니다. 간단한 예를 살펴봅시다.

```
1    data class User(val name: String)
2
3    class UserRepository {
4        private val storedUsers: MutableMap<Int, String> =
5            mutableMapOf()
6
7        fun loadAll(): MutableMap<Int, String> {
8            return storedUsers
9        }
10
11       //...
12   }
```

loadAll을 사용해서 private 상태인 UserRepository를 수정할 수 있습니다.

```
1    val userRepository = UserRepository()
2
3    val storedUsers = userRepository.loadAll()
4    storedUsers[4] = "Kirill"
5    //...
6
7    print(userRepository.loadAll()) // {4=Kirill}
```

이러한 코드는 돌발적인 수정이 일어날 때 위험할 수 있습니다. 이를 처리하는 방법은 두 가지입니다. 첫 번째는 리턴되는 mutable 객체를 복제하는 것입니다. 이를 **방어적 복제**(defensive copying)라고 부릅니다. 이때 data 한정자로 만들어지는 copy 메서드를 활용하면 좋습니다.

```kotlin
1    class UserHolder {
2        private val user: MutableUser()
3
4        fun get(): MutableUser {
5            return user.copy()
6        }
7
8        //...
9    }
```

지금까지 언급했던 것처럼 가능하다면 무조건 가변성을 제한하는 것이 좋습니다. 컬렉션은 객체를 읽기 전용 슈퍼타입으로 업캐스트하여 가변성을 제한할 수도 있습니다.

```kotlin
1    data class User(val name: String)
2
3    class UserRepository {
4        private val storedUsers: MutableMap<Int, String> =
5            mutableMapOf()
6
7        fun loadAll(): Map<Int, String> {
8            return storedUsers
9        }
10
11       //...
12   }
```

정리

이번 장에서는 가변성을 제한한 immutable 객체를 사용하는 것이 좋은 이유에 대해서 알아보았습니다. 코틀린은 가변성을 제한하기 위해 다양한 도구들을 제공합니다. 이를 활용해 가변 지점을 제한하며 코드를 작성하도록 합시다. 이때 활용할 수 있는 몇 가지 규칙을 정리해 보면, 다음과 같습니다.

- var보다는 val을 사용하는 것이 좋습니다.
- mutable 프로퍼티보다는 immutable 프로퍼티를 사용하는 것이 좋습니다.
- mutable 객체와 클래스보다는 immutable 객체와 클래스를 사용하는 것이 좋습니다.
- 변경이 필요한 대상을 만들어야 한다면, immutable 데이터 클래스로 만들고 copy를 활용하는 것이 좋습니다.
- 컬렉션에 상태를 저장해야 한다면, mutable 컬렉션보다는 읽기 전용 컬렉션을 사용하는 것이 좋습니다.
- 변이 지점을 적절하게 설계하고, 불필요한 변이 지점은 만들지 않는 것이 좋습니다.
- mutable 객체를 외부에 노출하지 않는 것이 좋습니다.

다만 몇 가지 예외가 있습니다. 가끔 효율성 때문에 immutable 객체보다 mutable 객체를 사용하는 것이 좋을 때가 있습니다. 이러한 최적화는 코드에서 성능이 중요한 부분에서만 사용하는 것이 좋습니다(이와 관련된 내용은 '3부: 효율성'에서 자세하게 설명합니다). 추가로 mutable 객체를 사용할 때는 언제나 멀티스레드 때에 더 많은 주의를 기울여야 한다는 것을 기억하세요. 그래도 일단 immutable 객체와 mutable 객체를 구분하는 기준은 가변성입니다.

변수의 스코프를 최소화하라

상태를 정의할 때는 변수와 프로퍼티의 스코프를 최소화하는 것이 좋습니다.

- 프로퍼티보다는 지역 변수를 사용하는 것이 좋습니다.
- 최대한 좁은 스코프를 갖게 변수를 사용합니다. 예를 들어 반복문 내부에서만 변수가 사용된다면, 변수를 반복문 내부에 작성하는 것이 좋습니다.

요소의 스코프라는 것은 요소를 볼 수 있는(visible) 컴퓨터 프로그램 영역입니다. 코틀린의 스코프는 기본적으로 중괄호로 만들어지며, 내부 스코프에서 외부 스코프에 있는 요소에만 접근할 수 있습니다. 다음 코드를 살펴봅시다.

```
1    val a = 1
2    fun fizz() {
3        val b = 2
4        print(a + b)
5    }
6    val buzz = {
7        val c = 3
8        print(a + c)
9    }
10   // 이 위치에서는 a를 사용할 수 있지만, b와 c는 사용할 수 없습니다.
```

위의 예에서 fizz와 buzz 함수의 스코프에서는 외부 스코프에 있는 변수에 접근할 수 있습니다. 하지만 외부 스코프에서는 내부 스코프에 정의된 변수에 접근할 수 없습니다. 다음은 변수 스코프를 제한하는 예입니다.

```
1    // 나쁜 예
2    var user: User
3    for (i in users.indices) {
4        user = users[i]
5        print("User at $i is $user")
6    }
```

```
7
8    // 조금 더 좋은 예
9    for (i in users.indices) {
10       val user = users[i]
11       print("User at $i is $user")
12   }
13
14   // 제일 좋은 예
15   for ((i, user) in users.withIndex()) {
16       print("User at $i is $user")
17   }
```

첫 번째 예에서 변수 user는 for 반복문 스코프 내부뿐만 아니라 외부에서도 사용할 수 있습니다. 반면 두 번째 예와 세 번째 예에서는 user의 스코프를 for 반복문 내부로 제한합니다.

참고로 스코프 내부에 스코프가 있을 수도 있습니다(람다 표현식 내부의 람다 표현식 등). 최대한 변수는 스코프를 좁게 설정하는 것이 좋습니다.

스코프를 좁게 만드는 것이 좋은 이유는 굉장히 많지만, 가장 중요한 이유는 프로그램을 추적하고 관리하기 쉽기 때문입니다. 코드를 분석할 때는 어떤 시점에 어떤 요소가 있는지를 알아야 합니다. 이때 요소가 많아져서 프로그램에 변경될 수 있는 부분이 많아지면, 프로그램을 이해하기가 어려워집니다. 애플리케이션이 간단할수록 읽기도 쉽고 안전합니다. 이는 우리가 mutable 프로퍼티보다 immutable 프로퍼티를 선호하는 이유와 비슷합니다.

mutable 프로퍼티는 좁은 스코프에 걸쳐 있을수록, 그 변경을 추적하는 것이 쉽습니다. 이렇게 추적이 되어야 코드를 이해하고 변경하는 것이 쉽습니다.

또한 변수의 스코프 범위가 너무 넓으면, 다른 개발자에 의해서 변수가 잘못 사용될 수 있습니다. 예를 들어 반복문의 반복 변수가 반복문 외부 스코프에 있다면, 반복문 외부에서도 해당 변수를 사용할 수 있을 것입니다. 만약 다른 개발자가 이를 사용해서 코드를 구성한다면, 또 다른 개발자들이 이 코드를 이해하기 굉장히 어려울 것입니다.

변수는 읽기 전용 또는 읽고 쓰기 전용 여부와 상관 없이, 변수를 정의할 때 초기화되는 것이 좋습니다. if, when, try-catch, Elvis 표현식 등을 활용하면, 최대한 변수를 정의할 때 초기화할 수 있습니다.

```
1    // 나쁜 예
2    val user: User
3    if (hasValue) {
4        user = getValue()
5    } else {
6        user = User()
7    }
8
9    // 조금 더 좋은 예
10   val user: User = if(hasValue) {
11       getValue()
12   } else {
13       User()
14   }
```

여러 프로퍼티를 한꺼번에 설정해야 하는 경우에는 구조분해 선언(destructuring declaration)을 활용하는 것이 좋습니다.

```
1    // 나쁜 예
2    fun updateWeather(degrees: Int) {
3        val description: String
4        val color: Int
5        if (degrees < 5) {
6            description = "cold"
7            color = Color.BLUE
8        } else if (degrees < 23) {
9            description = "mild"
10           color = Color.YELLOW
11       } else {
12           description = "hot"
13           color = Color.RED
14       }
15       // ...
16   }
17
18   // 조금 더 좋은 예
19   fun updateWeather(degrees: Int) {
20       val (description, color) = when {
21           degrees < 5 -> "cold" to Color.BLUE
22           degrees < 23 -> "mild" to Color.YELLOW
23           else -> "hot" to Color.RED
24       }
25       // ...
26   }
```

결론적으로 변수의 스코프가 넓으면 굉장히 위험합니다. 어떤 위험이 있는지 조금 더 자세히 살펴봅시다.

캡처링

교육자로서 코틀린의 코루틴을 교육할 때, 시퀀스 빌더를 사용해서 에라토스 테네스의 체(소수를 구하는 알고리즘)를 구현해 보라는 문제를 많이 냅니다. 알고리즘 자체는 개념적으로 굉장히 단순합니다.

1. 2부터 시작하는 숫자 리스트(=(2..100) 등)를 만듭니다.
2. 첫 번째 요소를 선택합니다. 이는 소수입니다.
3. 남아 있는 숫자 중에서 2번에서 선택한 소수로 나눌 수 있는 모든 숫자를 제거합니다.

간단하게 구현해 보면, 다음과 같습니다.

```
1   var numbers = (2..100).toList()
2   val primes = mutableListOf<Int>()
3   while (numbers.isNotEmpty()) {
4       val prime = numbers.first()
5       primes.add(prime)
6       numbers = numbers.filter { it % prime != 0 }
7   }
8   print(primes) // [2, 3, 5, 7, 11, 13, 17, 19, 23, 29, 31,
9   // 37, 41, 43, 47, 53, 59, 61, 67, 71, 73, 79, 83, 89, 97]
```

시퀀스를 활용하는 예제로 조금 더 확장시켜 봅시다. 원하는 범위를 나중에 집어넣는 형태로 코드를 수정해 보세요. 책 읽는 것을 멈추고, 직접 구현해 보기를 추천합니다.

구현해 보면, 다음과 같습니다.

```
1   val primes: Sequence<Int> = sequence {
2       var numbers = generateSequence(2) { it + 1 }
3
4       while (true) {
5           val prime = numbers.first()
6           yield(prime)
```

```
7          numbers = numbers.drop(1)
8              .filter { it % prime != 0 }
9      }
10  }
11
12  print(primes.take(10).toList())
13  // [2, 3, 5, 7, 11, 13, 17, 19, 23, 29]
```

수업을 진행하다 보면, 이를 다음과 같이 최적화하려는 사람들이 항상 존재합니다. 위의 코드와 다르게 prime을 var로 선언했으며, 반복문 내부에서 계속 생성하는 것이 아니라, 반복문에 진입하기 전에 한 번만 생성하는 형태입니다.

```
1   val primes: Sequence<Int> = sequence {
2       var numbers = generateSequence(2) { it + 1 }
3
4       var prime: Int
5       while (true) {
6           prime = numbers.first()
7           yield(prime)
8           numbers = numbers.drop(1)
9               .filter { it % prime != 0 }
10      }
11  }
```

그런데 이렇게 코드를 작성하면, 실행 결과가 이상하게 나와 버립니다.

```
1   print(primes.take(10).toList())
2   // [2, 3, 5, 6, 7, 8, 9, 10, 11, 12]
```

무엇이 잘못된 것일까요?

이러한 결과가 나온 이유는 prime이라는 변수를 캡처했기 때문입니다. 반복문 내부에서 filter를 활용해서 prime으로 나눌 수 있는 숫자를 필터링합니다. 그런데 시퀀스를 활용하므로 필터링이 지연됩니다. 따라서 최종적인 prime 값으로만 필터링된 것입니다. prime이 2로 설정되어 있을 때 필터링된 4를 제외하면, drop만 동작하므로 그냥 연속된 숫자가 나와 버립니다.

이러한 문제가 발생할 수 있으므로, 항상 잠재적인 캡처 문제를 주의해야 합니다. 가변성을 피하고 스코프 범위를 좁게 만들면, 이런 문제를 간단하게 피할 수 있습니다.

정리

여러 가지 이유로 변수의 스코프는 좁게 만들어서 활용하는 것이 좋습니다. 또한 var보다는 val을 사용하는 것이 좋습니다. 람다에서 변수를 캡처한다는 것을 꼭 기억하세요. 간단한 규칙만 지켜 주면, 발생할 수 있는 여러 문제를 차단할 수 있습니다.

최대한 플랫폼 타입을 사용하지 말라

코틀린의 등장과 함께 소개된 널 안정성(null-safety)은 코틀린의 주요 기능 중 하나입니다. 자바에서 자주 볼 수 있었던 널 포인터 예외(Null-Pointer Exception, NPE)는 코틀린에서 null-safety 메커니즘으로 인해 거의 찾아보기 힘듭니다. 하지만 null-safety 메커니즘이 없는 자바, C 등의 프로그래밍 언어와 코틀린을 연결해서 사용할 때는 이러한 예외가 발생할 수 있습니다. 만약 자바에서 String 타입을 리턴하는 메서드가 있다고 해 봅시다. 코틀린에서 이를 사용하려면 어떻게 해야 할까요?

@Nullable 어노테이션이 붙어 있다면, 이를 nullable로 추정하고, String?으로 변경하면 됩니다. @NotNull 어노테이션이 붙어 있다면, String으로 변경하면 됩니다. 그런데 만약 다음과 같이 어노테이션이 붙어 있지 않다면 어떻게 해야 할까요?

```
1    // 자바
2    public class JavaTest {
3
4        public String giveName() {
5            // ...
6        }
7    }
```

자바에서는 모든 것이 nullable일 수 있으므로 최대한 안전하게 접근한다면, 이를 nullable로 가정하고 다루어야 합니다. 하지만 어떤 메서드는 null을 리턴하지 않을 것이 확실할 수 있습니다. 이러한 경우에는 마지막에 not-null 단정을 나타내는 !!를 붙입니다. 실제 코틀린 코드를 보면 !!를 많이 볼 수 있습니다.

nullable과 관련하여 자주 문제가 되는 부분은 바로 자바의 제네릭 타입입니다. 자바 API에서 List<User>를 리턴하고, 어노테이션이 따로 붙어 있지 않은 경우를 생각해 봅시다. 코틀린이 디폴트로 모든 타입을 nullable로 다룬다면, 우리는 이를 사용할 때 이러한 리스트와 리스트 내부의 User 객체들이 널이 아니라는 것을 알아야 합니다. 따라서 리스트 자체만 널인지 확인해서는 안 되고, 그 내부에 있는 것들도 널인지 확인해야 합니다.

```
1    // 자바
2    public class UserRepo {
3
4        public List<User> getUsers() {
5            // ***
6        }
7    }
8
9    // 코틀린
10   val users: List<User> = UserRepo().users!!.filterNotNull()
```

조금 더 나아가서, 만약 함수가 List<List<User>>를 리턴한다면 어떨까요? 훨씬 복잡해질 것입니다.

```
1    val users: List<List<User>> = UserRepo().groupedUsers!!
2            .map { it!!.filterNotNull() }
```

리스트는 적어도 map와 filterNotNull 등의 메서드를 제공합니다. 다른 제네릭 타입이라면, 널을 확인하는 것 자체가 정말로 복잡한 일이 됩니다. 그래서 코틀린은 자바 등의 다른 프로그래밍 언어에서 넘어온 타입들을 특수하게 다룹니다. 이러한 타입을 **플랫폼 타입**(platform type)[5]이라고 부릅니다.

플랫폼 타입은 String!처럼 타입 이름 뒤에 ! 기호를 붙여서 표기합니다. 물론 이러한 노테이션이 직접적으로 코드에 나타나지는 않습니다. 대신 다음 코드와 같은 형태로 이를 선택적으로 사용합니다.

```
1    // 자바
2    public class UserRepo {
3        public User getUser() {
4            //...
```

---

5 플랫폼 타입(platform type)이란, 다른 프로그래밍 언어에서 전달되어서 nullable인지 아닌지 알 수 없는 타입을 말합니다.

```
5        }
6   }
7
8   // 코틀린
9   val repo = UserRepo()
10  val user1 = repo.user        // user1의 타입은 User!
11  val user2: User = repo.user  // user2의 타입은 User
12  val user3: User? = repo.user // user3의 타입은 User?
```

이러한 코드를 사용할 수 있으므로, 이전에 언급했던 문제가 사라집니다.

```
1   val users: List<User> = UserRepo().users
2   val users: List<List<User>> = UserRepo().groupedUsers
```

문제는 null이 아니라고 생각되는 것이 null일 가능성이 있으므로, 여전히 위험하다는 것입니다. 그래서 플랫폼 타입을 사용할 때는 항상 주의를 기울여야 합니다. 설계자가 명시적으로 어노테이션으로 표시하거나, 주석으로 달아두지 않으면, 언제든지 동작이 변경될 가능성이 있습니다. 따라서 함수가 지금 당장 null을 리턴하지 않아도, 미래에는 변경될 수도 있다는 것을 염두해 둬야 합니다.

자바를 코틀린과 함께 사용할 때, 자바 코드를 직접 조작할 수 있다면, 가능한 @Nullable과 @NotNull 어노테이션을 붙여서 사용하기 바랍니다.

```
1   // 자바
2   import org.jetbrains.annotations.NotNull;
3
4   public class UserRepo {
5       public @NotNull User getUser() {
6           //...
7       }
8   }
```

이는 코틀린 개발자를 지원하고 싶을 경우, 가장 중요한 단계 중 하나라고 할 수 있습니다(물론 자바 개발자에게도 중요한 정보입니다). 안드로이드 개발에서 코틀린을 메인 언어(first-class language)로 변경했을 때, 가장 중요한 변경 사항으로 이러한 어노테이션들이 언급되고 있습니다. 이러한 어노테이션들이 붙어 있어서, 안드로이드 API가 코틀린과 친화적이라고 불리는 것입니다.

현재 다음과 같은 여러 어노테이션이 지원되고 있습니다.[6]

- JetBrains(org.jetbrains.annotations의 @Nullable, @NotNull)
- Android(androidx.annotation, com.android.annotations, android.support. annotations의 @Nullable, @NonNull)
- JSR-305(javax.annotation의 @Nullable, @CheckForNull, @Nonnull)
- JavaX(javax.annotation의 @Nullable, @CheckForNull, @Nonnull)
- FindBugs(edu.umd.cs.findbugs.annotations의 @Nullable, @CheckForNull, @PossiblyNull, @NonNull)
- ReactiveX(io.reactivex.annotations의 @Nullable, @NonNull)
- Eclipse(org.eclipse.jdt.annotation의 @Nullable, @NonNull)
- Lombok(lombok의 @NonNull)

대체적으로 JSR 305의 @ParametersAreNonnullByDefault 어노테이션 등을 활용하면, 자바에서도 디폴트로 파라미터가 널이 아니라는 것을 보장할 수 있습니다.

코틀린 코드에서도 이와 관련된 코드를 작성할 수 있습니다. 다만 개인적으로는 이와 같은 플랫폼 타입은 안전하지 않으므로, 최대한 빨리 제거하는 것이 좋다고 생각합니다. 왜 그런지 살펴볼 수 있게, 간단한 예로 다음 코드에서 statedType과 platformType의 동작을 살펴봅시다.

```
1   // 자바
2   public class JavaClass {
3       public String getValue() {
4           return null;
5       }
6   }
7
8   // 코틀린
9   fun statedType() {
10      val value: String = JavaClass().value
11      //...
12      println(value.length)
```

---

6 *https://bit.ly/2XP5rb2*에서 현재 지원되는 여러 어노테이션들을 볼 수 있습니다.

```
13    }
14
15    fun platformType() {
16        val value = JavaClass().value
17        //...
18        println(value.length)
19    }
```

두 가지 모두 NPE(Null Pointer Exception)가 발생합니다. 일반적으로 개발자는 getValue가 null을 리턴할 거라고 가정하지 않으므로, 자신이 무언가를 실수했다고 생각할 것입니다. 그런데 이 두 코드는 오류의 발생 위치에 차이가 있습니다.

statedType에서는 자바에서 값을 가져오는 위치에서 NPE가 발생합니다. 이 위치에서 오류가 발생하면, null이 아니라고 예상을 했지만 null이 나온다는 것을 굉장히 쉽게 알 수 있습니다. 따라서 코드를 굉장히 쉽게 수정할 수 있을 것입니다.

platformType에서는 값을 활용할 때 NPE가 발생합니다. 실제로는 예로 보여드린 표현식보다 복잡한 표현식을 사용할 때 이러한 오류가 발생할 것입니다. 플랫폼 타입으로 지정된 변수는 nullable일 수도 있고, 아닐 수도 있습니다. 이러한 변수를 한두 번 안전하게 사용했더라도, 이후에 다른 사람이 사용할 때는 NPE를 발생시킬 가능성이 분명 존재합니다. 이러한 문제는 타입 검사기가 검출해 줄 수 없습니다. 또한 이처럼 객체를 사용한다고 해서 NPE가 발생될 거라고 생각하지는 않으므로, 오류를 찾는 데 굉장히 오랜 시간이 걸리게 될 것입니다.

```
1     // 자바
2     public class JavaClass {
3         public String getValue() {
4             return null;
5         }
6     }
7
8     // 코틀린
9     fun statedType() {
10        val value: String = JavaClass().value // NPE
11        //...
```

```
12        println(value.length)
13    }
14
15    fun platformType() {
16        val value = JavaClass().value
17        //...
18        println(value.length) // NPE
19    }
```

이처럼 플랫폼 타입은 더 많은 위험 가능성을 갖고 있습니다. 추가적인 예로 인터페이스에서 다음과 같이 플랫폼 타입을 사용했다고 해 봅시다.

```
1    interface UserRepo {
2        fun getUserName() = JavaClass().value
3    }
```

이러한 경우 메서드의 inferred 타입(추론된 타입)이 플랫폼 타입입니다. 이는 누구나 nullable 여부를 지정할 수 있다는 것입니다. 예를 들어 어떤 사람이 이를 활용해서 nullable을 리턴하게 했는데, 사용하는 사람이 nullable이 아닐 거라고 받아들였다면, 문제가 됩니다.

```
1     class RepoImpl: UserRepo {
2         override fun getUserName(): String? {
3             return null
4         }
5     }
6
7     fun main() {
8         val repo: UserRepo = RepoImpl()
9         val text: String = repo.getUserName() // 런타임 때 NPE
10        print("User name length is ${text.length}")
11    }
```

이처럼 플랫폼 타입이 전파(다른 곳에서 사용)되는 일은 굉장히 위험합니다. 항상 위험을 내포하고 있으므로, 안전한 코드를 원한다면 이런 부분을 제거하는 것이 좋습니다. 참고로 인텔리제이 IDEA에서는 다음과 같은 경고를 출력해 줍니다.

```
2   ㅁ┊  interface UserRepo {
3   ㅁ┊      fun getUserName() = JavaClass().value
```
Declaration has type inferred from a platform call, which can lead to unchecked nullability issues. Specify type explicitly as nullable or non-nullable. more... (⌘F1)

정리

다른 프로그래밍 언어에서 와서 nullable 여부를 알 수 없는 타입을 플랫폼 타입이라고 부릅니다. 이러한 플랫폼 타입을 사용하는 코드는 해당 부분만 위험할 뿐만 아니라, 이를 활용하는 곳까지 영향을 줄 수 있는 위험한 코드입니다. 따라서 이런 코드를 사용하고 있다면 빨리 해당 코드를 제거하는 것이 좋습니다. 또한 연결되어 있는 자바 생성자, 메서드, 필드에 nullable 여부를 지정하는 어노테이션을 활용하는 것도 좋습니다. 이러한 정보는 코틀린 개발자뿐만 아니라 자바 개발자에게도 유용한 정보입니다.

아이템 4

inferred 타입으로 리턴하지 말라

코틀린의 타입 추론(type inference)은 JVM 세계에서 가장 널리 알려진 코틀린의 특징입니다. 자바도 자바10부터는 코틀린을 따라 타입 추론을 도입했습니다(물론 코틀린과 비교하면 몇 가지 제약이 있습니다).

다만 타입 추론을 사용할 때는 몇 가지 위험한 부분들이 있습니다. 이러한 위험한 부분을 피하려면, 우선 할당 때 inferred 타입은 정확하게 오른쪽에 있는 피연산자에 맞게 설정된다는 것을 기억해야 합니다. 절대로 슈퍼클래스 또는 인터페이스로는 설정되지 않습니다.

```
1    open class Animal
2    class Zebra: Animal()
3
4    fun main() {
5        var animal = Zebra()
6        animal = Animal() // 오류: Type mismatch
7    }
```

일반적인 경우에는 이러한 것이 문제가 되지 않습니다. 그냥 원하는 타입보다 제한된 타입이 설정되었다면, 타입을 명시적으로 지정해서 이러한 문제를 해결할 수 있습니다.

```
1    open class Animal
2    class Zebra: Animal()
3
4    fun main() {
5        var animal: Animal = Zebra()
6        animal = Animal()
7    }
```

하지만 직접 라이브러리(또는 모듈)를 조작할 수 없는 경우에는 이러한 문제를 간단하게 해결할 수 없습니다. 그리고 이러한 경우에서 inferred 타입을 노출하면, 위험한 일이 발생할 수 있습니다. 간단한 예제를 살펴봅시다.

다음과 같은 CarFactory 인터페이스가 있다고 해 봅시다.

```
1    interface CarFactory {
2        fun produce(): Car
3    }
```

또한 다른 것을 지정하지 않았을 경우, 다음과 같이 디폴트로 생성되는 자동차가 있다고 해 봅시다.

```
1    val DEFAULT_CAR: Car = Fiat126P()
```

대부분의 공장에서 Fiat126P[7]라는 자동차를 생산하므로, 이를 디폴트로 두었다고 가정하세요.

코드를 작성하다 보니 DEFAULT_CAR는 Car로 명시적으로 지정되어 있으므로 따로 필요 없다고 판단해서, 함수의 리턴 타입을 제거했다고 합시다.

```
1    interface CarFactory {
2        fun produce() = DEFAULT_CAR
3    }
```

그런데 이후에 다른 사람이 코드를 보다가, DEFAULT_CAR는 타입 추론에 의해 자동으로 타입이 지정될 것이므로, Car를 명시적으로 지정하지 않아도 된다고 생각해서, 다음과 같이 코드를 변경했다고 해 봅시다.

```
1    val DEFAULT_CAR = Fiat126P()
```

이제 문제가 발생했습니다. CarFactory에서는 이제 Fiat126P 이외의 자동차를 생산하지 못합니다.

만약 인터페이스를 우리가 직접 만들었다면, 문제를 굉장히 쉽게 찾아서 수

---

7 (옮긴이) Fiat 126P는 1972년에 출시된 자동차입니다. 단순하게 자동차 업계의 '홍길동'이라고 생각하고 코드를 읽으면 좋을 것 같습니다.

정할 수 있을 것입니다. 하지만 외부 API(external API)[8]라면, 문제를 쉽게 해결할 수 없습니다. 다른 사용자가 이런 외부 API를 썼다면, 화를 내면서 문제가 있다고 제작자에게 말하게 될 것입니다.

리턴 타입은 API를 잘 모르는 사람에게 전달해 줄 수 있는 중요한 정보입니다. 따라서 리턴 타입은 외부에서 확인할 수 있게 명시적으로 지정해 주는 것이 좋습니다.

정리

타입을 확실하게 지정해야 하는 경우에는 명시적으로 타입을 지정해야 한다는 원칙만 갖고 있으면 됩니다. 이는 굉장히 중요한 정보이므로, 숨기지 않는 것이 좋습니다('아이템 14: 타입이 명확하게 보이지 않는 경우 확실하게 지정하라'에서도 자세하게 설명합니다). 또한 안전을 위해서 외부 API를 만들 때는 반드시 타입을 지정하고, 이렇게 지정한 타입을 특별한 이유와 확실한 확인 없이는 제거하지 말기 바랍니다. inferred 타입은 프로젝트가 진전될 때, 제한이 너무 많아지거나 예측하지 못한 결과를 낼 수 있다는 것을 기억하세요.

---

8 다양한 개발자가 함께 유지보수하는 외부 모듈 또는 코드의 일부에서 사용될 가능성이 있는 요소 (클래스, 함수, 객체)를 의미합니다. 예를 들어 라이브러리에서는 public 클래스, protected 클래스, 함수, 객체 선언 등을 의미합니다.

예외를 활용해 코드에 제한을 걸어라

확실하게 어떤 형태로 동작해야 하는 코드가 있다면, 예외를 활용해 제한을 걸어주는 것이 좋습니다. 코틀린에서는 코드의 동작에 제한을 걸 때 다음과 같은 방법을 사용할 수 있습니다.

- require 블록: 아규먼트를 제한할 수 있습니다.
- check 블록: 상태와 관련된 동작을 제한할 수 있습니다.
- assert 블록: 어떤 것이 true인지 확인할 수 있습니다. assert 블록은 테스트 모드에서만 작동합니다.
- return 또는 throw와 함께 활용하는 Elvis 연산자

다음은 이러한 메커니즘을 사용하는 간단한 예입니다.

```
1    // Stack<T>의 일부
2    fun pop(num: Int = 1): List<T> {
3        require(num <= size) {
4            "Cannot remove more elements than current size"
5        }
6        check(isOpen) { "Cannot pop from closed stack" }
7        val ret = collection.take(num)
8        collection = collection.drop(num)
9        assert(ret.size == num)
10       return ret
11   }
```

이렇게 제한을 걸어 주면 다양한 장점이 발생합니다.

- 제한을 걸면 문서를 읽지 않은 개발자도 문제를 확인할 수 있습니다.
- 문제가 있을 경우에 함수가 예상하지 못한 동작을 하지 않고 예외를 throw 합니다. 예상하지 못한 동작을 하는 것은 예외를 throw하는 것보다 굉장히

위험하며, 상태를 관리하는 것이 굉장히 힘듭니다.[9] 이러한 제한으로 인해서 문제를 놓치지 않을 수 있고, 코드가 더 안정적으로 작동하게 됩니다.

- 코드가 어느 정도 자체적으로 검사됩니다. 따라서 이와 관련된 단위 테스트를 줄일 수 있습니다.
- 스마트 캐스트 기능을 활용할 수 있게 되므로, 캐스트(타입 변환)를 적게 할 수 있습니다.

그럼 이러한 제한들과 관련된 내용을 조금 더 자세히 살펴봅시다. 일단 가장 많이 사용하는 아규먼트와 관련된 내용부터 살펴봅시다.

아규먼트

함수를 정의할 때 타입 시스템을 활용해서 아규먼트(argument)에 제한을 거는 코드를 많이 사용합니다. 몇 가지 예를 살펴봅시다.

- 숫자를 아규먼트로 받아서 팩토리얼을 계산한다면 숫자는 양의 정수여야 합니다.
- 좌표들을 아규먼트로 받아서 클러스터를 찾을 때는 비어 있지 않은 좌표 목록이 필요합니다.
- 사용자로부터 이메일 주소를 입력받을 때는 값이 입력되어 있는지, 그리고 이메일 형식이 올바른지 확인해야 합니다.

일반적으로 이러한 제한을 걸 때는 require 함수를 사용합니다. require 함수는 제한을 확인하고, 제한을 만족하지 못할 경우 예외를 throw합니다.

---

9 과거 게임보이 시대의 포켓몬 게임은 포켓몬을 다른 사람에게 전송하는 중에 케이블을 강제로 뽑아 버리면, 포켓몬이 양쪽 게임보이 모두에 존재하는 '포켓몬 복제 문제'가 발생했습니다. 이외에도 비슷한 문제가 굉장히 많았습니다. 이런 문제를 해결하는 방법은 트랜잭션 처리를 아토믹(atomic)하게 만드는 것입니다. 예를 들어 포켓몬을 전송하고 받는 트랜잭션을 한꺼번에 처리했다면, 이런 문제가 생기지 않았을 것입니다. 이와 같은 아토믹 트랜잭션은 현대 데이터베이스가 대부분 지원하는 기능입니다.

```
1    fun factorial(n: Int): Long {
2        require(n >= 0)
3        return if (n <= 1) 1 else factorial(n - 1) * n
4    }
5
6    fun findClusters(points: List<Point>): List<Cluster> {
7        require(points.isNotEmpty())
8        //...
9    }
10
11   fun sendEmail(user: User, message: String) {
12       requireNotNull(user.email)
13       require(isValidEmail(user.email))
14       //...
15   }
```

이와 같은 형태의 입력 유효성 검사 코드는 함수의 가장 앞부분에 배치되므로, 읽는 사람도 쉽게 확인할 수 있습니다(물론 코드를 사용하는 모든 사람이 실제 코드 본문을 읽는 것은 아니므로, 문서에 관련된 내용을 반드시 명시해 두어야 합니다).

require 함수는 조건을 만족하지 못할 때 무조건적으로 IllegalArgument Exception을 발생시키므로 제한을 무시할 수 없습니다. 일반적으로 이러한 처리는 함수의 가장 앞부분에 하게 되므로, 코드를 읽을 때 쉽게 확인할 수 있습니다. 참고로 코드를 읽지 않는 사람이 있을 수도 있으므로 반드시 문서에 이러한 제한이 있다고 별도로 표시해 놓아야 합니다.

또한 다음과 같은 방법으로 람다를 활용해서 지연 메시지를 정의할 수도 있습니다.

```
1    fun factorial(n: Int): Long {
2        require(n >= 0) { "Cannot calculate factorial of $n " +
3    "because it is smaller than 0" }
4        return if (n <= 1) 1 else factorial(n - 1) * n
5    }
```

지금까지 살펴본 것처럼 require 함수는 아규먼트와 관련된 제한을 걸 때 사용할 수 있습니다.

이외에도 예외를 활용해 제한을 거는 대표적인 대상으로 상태가 있습니다.

상태

어떤 구체적인 조건을 만족할 때만 함수를 사용할 수 있게 해야 할 때가 있습니다. 예를 들어 다음과 같은 경우입니다.

- 어떤 객체가 미리 초기화되어 있어야만 처리를 하게 하고 싶은 함수
- 사용자가 로그인했을 때만 처리를 하게 하고 싶은 함수
- 객체를 사용할 수 있는 시점에 사용하고 싶은 함수

상태와 관련된 제한을 걸 때는 일반적으로 check 함수를 사용합니다.

```
1    fun speak(text: String) {
2        check(isInitialized)
3        //...
4    }
5
6    fun getUserInfo(): UserInfo {
7        checkNotNull(token)
8        //...
9    }
10
11   fun next(): T {
12       check(isOpen)
13       //...
14   }
```

check 함수는 require와 비슷하지만, 지정된 예측을 만족하지 못할 때, IllegalStateException을 throw합니다. 상태가 올바른지 확인할 때 사용합니다. 예외 메시지는 require와 마찬가지로 지연 메시지를 사용해서 변경할 수 있습니다. 함수 전체에 대한 어떤 예측이 있을 때는 일반적으로 require 블록 뒤에 배치합니다. check를 나중에 하는 것입니다.

이러한 확인은 사용자가 규약을 어기고, 사용하면 안 되는 곳에서 함수를 호출하고 있다고 의심될 때 합니다. 사용자가 코드를 제대로 사용할 거라고 믿고 있는 것보다는 항상 문제 상황을 예측하고, 문제 상황에 예외를 throw하는 것이 좋습니다. 이러한 확인은 사용자뿐만 아니라 이를 구현하는 사람에게도 좋습니다. 참고로 스스로 구현한 내용을 확인할 때는 일반적으로 assert라는 또

다른 함수를 사용합니다.

Assert 계열 함수 사용

함수가 올바르게 구현되었다면, 확실하게 참을 낼 수 있는 코드들이 있습니다. 예를 들어 어떤 함수가 10개의 요소를 리턴한다면, '함수가 10개의 요소를 리턴 하는가?'라는 코드는 참을 낼 것입니다. 그런데 함수가 올바르게 구현되어 있지 않을 수도 있습니다. 처음부터 구현을 잘못했을 수도 있고, 해당 코드를 이후에 다른 누군가가 변경(또는 리팩터링)해서 제대로 작동하지 않게 된 것일 수도 있습니다. 이러한 구현 문제로 발생할 수 있는 추가적인 문제를 예방하려면, 단위 테스트를 사용하는 것이 좋습니다.

```
1    class StackTest {
2
3        @Test
4        fun 'Stack pops correct number of elements'() {
5            val stack = Stack(20) { it }
6            val ret = stack.pop(10)
7            assertEquals(10, ret.size)
8        }
9
10       //...
11   }
```

단위 테스트는 구현의 정확성을 확인하는 가장 기본적인 방법입니다. 현재 코드에서 스택이 10개의 요소를 팝(pop)하면, 10개의 요소가 나온다는 보편적인 사실을 테스트하고 있습니다. 하지만 현재와 같이 한 경우만 테스트해서 모든 상황에서 괜찮을지는 알 수 없습니다. 따라서 모든 pop 호출 위치에서 제대로 동작하는지 확인해도 좋을 것입니다. 다음 코드와 같이 pop 함수 내부에서 Assert 계열의 함수를 사용해 봅시다.

```
1    fun pop(num: Int = 1): List<T> {
2        //...
3        assert(ret.size == num)
4        return ret
5    }
```

이러한 조건은 현재 코틀린/JVM에서만 활성화되며, –ea JVM 옵션을 활성화해야 확인할 수 있습니다. 이러한 코드도 코드가 예상대로 동작하는지 확인하므로 테스트라고 할 수 있습니다. 다만 프로덕션 환경에서는 오류가 발생하지 않습니다. 테스트를 할 때만 활성화되므로, 오류가 발생해도 사용자가 알아차릴 수는 없습니다. 만약 이 코드가 정말 심각한 오류고, 심각한 결과를 초래할 수 있는 경우에는 check를 사용하는 것이 좋습니다. 단위 테스트 대신 함수에서 assert를 사용하면, 다음과 같은 장점이 있습니다.

- Assert 계열의 함수는 코드를 자체 점검하며, 더 효율적으로 테스트할 수 있게 해 줍니다.
- 특정 상황이 아닌 모든 상황에 대한 테스트를 할 수 있습니다.
- 실행 시점에 정확하게 어떻게 되는지 확인할 수 있습니다.
- 실제 코드가 더 빠른 시점에 실패하게 만듭니다. 따라서 예상하지 못한 동작이 언제 어디서 실행되었는지 쉽게 찾을 수 있습니다.

참고로 이를 활용해도 여전히 단위 테스트는 따로 작성해야 합니다. 표준 애플리케이션 실행에서는 assert가 예외를 throw하지 않는다는 것도 기억하세요.

사실 이런 assert는 파이썬에서 굉장히 많이 사용되고, 자바에서는 딱히 사용되지 않습니다. 코틀린에서는 코드를 안정적으로 만들고 싶을 때 양념처럼 사용할 수 있다는 것을 기억하세요.

nullability와 스마트 캐스팅

코틀린에서 require와 check 블록으로 어떤 조건을 확인해서 true가 나왔다면, 해당 조건은 이후로도 true일 거라고 가정합니다.

```
1    public inline fun require(value: Boolean): Unit {
2        contract {
3            returns() implies value
4        }
5        require(value) { "Failed requirement." }
6    }
```

따라서 이를 활용해서 타입 비교를 했다면, 스마트 캐스트가 작동합니다. 다음
예에서는 어떤 사람(person)의 복장(person.outfit)이 드레스(Dress)여야 코드
가 정상적으로 진행됩니다. 따라서 만약 이러한 outfit 프로퍼티가 final이라
면, outfit 프로퍼티가 Dress로 스마트 캐스트됩니다.

```
1    fun changeDress(person: Person) {
2        require(person.outfit is Dress)
3        val dress: Dress = person.outfit
4        //...
5    }
```

이러한 특징은 어떤 대상이 null인지 확인할 때 굉장히 유용합니다.

```
1    class Person(val email: String?)
2
3    fun sendEmail(person: Person, message: String) {
4        require(person.email != null)
5        val email: String = person.email
6        //...
7    }
```

이러한 경우 requireNotNull, checkNotNull이라는 특수한 함수를 사용해도 괜
찮습니다. 둘 다 스마트 캐스트를 지원하므로, 변수를 '언팩(unpack)'하는 용도
로 활용할 수 있습니다.

```
1    class Person(val email: String?)
2    fun validateEmail(email: String) { /*...*/ }
3
4    fun sendEmail(person: Person, text: String) {
5        val email = requireNotNull(person.email)
6        validateEmail(email)
7        //...
8    }
9
10   fun sendEmail(person: Person, text: String) {
11       requireNotNull(person.email)
12       validateEmail(person.email)
13       //...
14   }
```

nullability를 목적으로, 오른쪽에 throw 또는 return을 두고 Elvis 연산자를 활용하는 경우가 많습니다. 이러한 코드는 굉장히 읽기 쉽고, 유연하게 사용할수 있습니다. 첫 번째로 오른쪽에 return을 넣으면, 오류를 발생시키지 않고 단순하게 함수를 중지할 수도 있습니다.

```
1    fun sendEmail(person: Person, text: String) {
2        val email: String = person.email ?: return
3        //...
4    }
```

프로퍼티에 문제가 있어서 null일 때 여러 처리를 해야 할 때도, return/throw와 run 함수를 조합해서 활용하면 됩니다. 이는 함수가 중지된 이유를 로그에출력해야 할 때 사용할 수 있습니다.

```
1    fun sendEmail(person: Person, text: String) {
2        val email: String = person.email ?: run {
3            log("Email not sent, no email address")
4            return
5        }
6        //...
7    }
```

이처럼 return과 throw를 활용한 Elvis 연산자는 nullable을 확인할 때 굉장히많이 사용되는 관용적인 방법입니다. 따라서 적극적으로 활용하는 것이 좋습니다. 또한 이러한 코드는 함수의 앞부분에 넣어서 잘 보이게 만드는 것이 좋습니다.

정리

이번 절에서 활용한 내용을 기반으로, 다음과 같은 이득을 얻을 수 있습니다.

• 제한을 훨씬 더 쉽게 확인할 수 있다.
• 애플리케이션을 더 안정적으로 지킬 수 있다.
• 코드를 잘못 쓰는 상황을 막을 수 있다.
• 스마트 캐스팅을 활용할 수 있다.

이를 위해 활용했던 메커니즘을 정리하면 다음과 같습니다.

- require 블록: 아규먼트와 관련된 예측을 정의할 때 사용하는 범용적인 방법
- check 블록: 상태와 관련된 예측을 정의할 때 사용하는 범용적인 방법
- assert 블록: 테스트 모드에서 테스트를 할 때 사용하는 범용적인 방법
- return과 throw와 함께 Elvis 연산자 사용하기

이외에도 다른 오류들을 발생시킬 때 throw를 활용할 수도 있습니다.

아이템 6

사용자 정의 오류보다는 표준 오류를 사용하라

require, check, assert 함수를 사용하면, 대부분의 코틀린 오류를 처리할 수 있습니다. 하지만 이외에도 예측하지 못한 상황을 나타내야 하는 경우가 있습니다. 예를 들어 JSON 형식을 파싱하는 라이브러리를 구현한다고 해 봅시다.[10] 기본적으로 입력된 JSON 파일의 형식에 문제가 있다면, JSONParsingException 등을 발생시키는 것이 좋을 것입니다.

```
1    inline fun <reified T> String.readObject(): T {
2        //...
3        if (incorrectSign) {
4            throw JsonParsingException()
5        }
6        //...
7        return result
8    }
```

표준 라이브러리에는 이를 나타내는 적절한 오류가 없으므로, 사용자 정의 오류를 사용했습니다. 하지만 가능하다면, 직접 오류를 정의하는 것보다는 최대한 표준 라이브러리의 오류를 사용하는 것이 좋습니다. 표준 라이브러리의 오류는 많은 개발자가 알고 있으므로, 이를 재사용하는 것이 좋습니다. 잘 만들어진 규약을 가진 널리 알려진 요소를 재사용하면, 다른 사람들이 API를 더 쉽게 배우고 이해할 수 있습니다. 일반적으로 사용되는 예외를 몇 가지 정리해 보면 다음과 같습니다.

- IllegalArgumentException과 IllegalStateException: '아이템 5: 예외를 활

---

10 잘 만들어진 'JSON 형식을 파싱하는 라이브러리'가 이미 많습니다. 연습을 위해서 구현해야 하는 상황을 가정하세요.

용해 코드에 제한을 걸어라'에서 다루었던 require와 check를 사용해 throw 할 수 있는 예외입니다.

- IndexOutOfBoundsException: 인덱스 파라미터의 값이 범위를 벗어났다는 것을 나타냅니다. 일반적으로 컬렉션 또는 배열과 함께 사용합니다. 예를 들어 ArrayList.get(Int)를 사용할 때 throw됩니다.

- ConcurrentModificationException: 동시 수정(concurrent modification)을 금지했는데, 발생해 버렸다는 것을 나타냅니다.

- UnsupportedOperationException: 사용자가 사용하려고 했던 메서드가 현재 객체에서는 사용할 수 없다는 것을 나타냅니다. 기본적으로는 사용할 수 없는 메서드는 클래스에 없는 것이 좋습니다.[11]

- NoSuchElementException: 사용자가 사용하려고 했던 요소가 존재하지 않음을 나타냅니다. 예를 들어 내부에 요소가 없는 Iterable에 대해 next를 호출할 때 발생합니다.

---

11 이렇게 구현해 버리면 인터페이스 분리 원칙을 위반하게 됩니다. 인터페이스 분리 원칙은 클라이언트가 자신이 사용하지 않는 메서드에 의존하면 안 된다는 원칙입니다.
(옮긴이) 클래스 내부에 사용할 수 없는 메서드를 일부러 두는 경우도 있습니다. 예를 들어 listOf에는 사용하면 무조건적으로 오류가 발생하는 메서드들이 있습니다. 이는 'listOf로 만들어진 컬렉션은 immutable이므로 조작할 수 없습니다'라고 명시적으로 알려 주기 위한 목적으로 사용됩니다.

아이템 7

결과 부족이 발생할 경우 null과 Failure를 사용하라

함수가 원하는 결과를 만들어 낼 수 없을 때가 있습니다. 몇 가지 예를 들어보면, 다음과 같습니다.

- 서버로부터 데이터를 읽어 들이려고 했는데, 인터넷 연결 문제로 읽어 들이지 못한 경우
- 조건에 맞는 첫 번째 요소를 찾으려 했는데, 조건에 맞는 요소가 없는 경우
- 텍스트를 파싱해서 객체를 만들려고 했는데, 텍스트의 형식이 맞지 않는 경우

이러한 상황을 처리하는 메커니즘은 크게 다음과 같이 두 가지가 있습니다.

- null 또는 '실패를 나타내는 sealed 클래스(일반적으로 Failure라는 이름을 붙입니다)'를 리턴한다.
- 예외를 throw한다.

이러한 두 가지는 중요한 차이점이 있습니다. 일단 예외는 정보를 전달하는 방법으로 사용해서는 안 됩니다. 예외는 잘못된 특별한 상황을 나타내야 하며, 처리되어야 합니다. 예외는 예외적인 상황이 발생했을 때 사용하는 것이 좋습니다(조슈아 블로크(Joshua Bloch)의 《이펙티브 자바(effective Java)》(인사이트, 2018)). 이러한 이유를 정리하면 다음과 같습니다.

- 많은 개발자가 예외가 전파되는 과정을 제대로 추적하지 못합니다.
- 코틀린의 모든 예외는 unchecked 예외[12]입니다. 따라서 사용자가 예외를 처

---

12 (옮긴이) 사용자가 반드시 처리하게 강제되는 예외를 checked 예외라고 부르고, 처리하지 않아도 실행에 문제가 없는 예외를 unchecked 예외라고 부릅니다.

리하지 않을 수도 있으며, 이와 관련된 내용은 문서에도 제대로 드러나지 않습니다. 실제로 API를 사용할 때 예외와 관련된 사항을 단순하게 메서드 등을 사용하면서 파악하기 힘듭니다.

- 예외는 예외적인 상황을 처리하기 위해서 만들어졌으므로 명시적인 테스트 (explicit test)만큼 빠르게 동작하지 않습니다.
- try-catch 블록 내부에 코드를 배치하면, 컴파일러가 할 수 있는 최적화가 제한됩니다.

반면, 첫 번째로 설명했던 null과 Failure는 예상되는 오류를 표현할 때 굉장히 좋습니다. 이는 명시적이고, 효율적이며, 간단한 방법으로 처리할 수 있습니다. 따라서 충분이 예측할 수 있는 범위의 오류는 null과 Failure를 사용하고, 예측하기 어려운 예외적인 범위의 오류는 예외를 throw해서 처리하는 것이 좋습니다. 간단한 예를 살펴봅시다.

```
1    inline fun <reified T> String.readObjectOrNull(): T? {
2        //...
3        if(incorrectSign) {
4            return null
5        }
6        //...
7        return result
8    }
9
10   inline fun <reified T> String.readObject(): Result<T> {
11       //...
12       if(incorrectSign) {
13           return Failure(JsonParsingException())
14       }
15       //...
16       return Success(result)
17   }
18
19   sealed class Result<out T>
20   class Success<out T>(val result: T): Result<T>()
21   class Failure(val throwable: Throwable): Result<Nothing>()
22
23   class JsonParsingException: Exception()
```

이렇게 표시되는 오류는 다루기 쉬우며 놓치기 어렵습니다. null을 처리해야 한다면, 사용자는 안전 호출(safe call) 또는 Elvis 연산자 같은 다양한 널 안정성(null-safety) 기능을 활용합니다.

```
1    val age = userText.readObjectOrNull<Person>()?.age ?: -1
```

Result와 같은 공용체(union type)를 리턴하기로 했다면, when 표현식을 사용해서 이를 처리할 수 있습니다.

```
1    val person = userText.readObjectOrNull<Person>()
2    val age = when(person) {
3        is Success -> person.age
4        is Failure -> -1
5    }
```

이러한 오류 처리 방식은 try-catch 블록보다 효율적이며, 사용하기 쉽고 더 명확합니다. 예외는 놓칠 수도 있으며, 전체 애플리케이션을 중지시킬 수도 있습니다. null 값과 sealed result 클래스는 명시적으로 처리해야 하며, 애플리케이션의 흐름을 중지하지도 않습니다.

null 값과 sealed result 클래스의 차이점이 궁금할 수 있는데요. 추가적인 정보를 전달해야 한다면 sealed result를 사용하고, 그렇지 않으면 null을 사용하는 것이 일반적입니다. Failure는 처리할 때 필요한 정보를 가질 수 있다는 것을 기억하세요.

일반적으로 두 가지 형태의 함수를 사용합니다. 하나는 예상할 수 있을 때, 다른 하나는 예상할 수 없을 때 사용합니다. List는 두 가지를 모두 갖고 있으므로 이를 기반으로 살펴봅시다.

- get: 특정 위치에 있는 요소를 추출할 때 사용합니다. 만약 요소가 해당 위치에 없다면 IndexOutOfBoundsException을 발생시킵니다.
- getOrNull: out of range 오류가 발생할 수 있는 경우에 사용하며, 발생한 경우에는 null을 리턴합니다.

이외에도 일부 상황에 유용한 getOrDefault와 같은 다른 선택지도 있습니다.

하지만 일반적으로 getOrNull 또는 Elvis 연산자(?:)를 사용하는 것이 쉽습니다.

개발자는 항상 자신이 요소를 안전하게 추출할 거라 생각합니다. 따라서 nullable을 리턴하면 안 됩니다. 개발자에게 null이 발생할 수 있다는 경고를 주려면, getOrNull 등을 사용해서 무엇이 리턴되는지 예측할 수 있게 하는 것이 좋습니다.

아이템 8

적절하게 null을 처리하라

null은 '값이 부족하다(lack of value)'는 것을 나타냅니다. 프로퍼티가 null이라는 것은 값이 설정되지 않았거나, 제거되었다는 것을 나타냅니다. 함수가 null을 리턴한다는 것은 함수에 따라서 여러 의미를 가질 수 있습니다. 예를 들어,

- String.toIntOrNull()은 String을 Int로 적절하게 변환할 수 없을 경우 null 을 리턴합니다.
- Iterable<T>.firstOrNull(() -> Boolean)은 주어진 조건에 맞는 요소가 없을 경우 null을 리턴합니다.

이처럼 null은 최대한 명확한 의미를 갖는 것이 좋습니다. 이는 nullable 값을 처리해야 하기 때문인데, 이를 처리하는 사람은 API 사용자(API 요소를 사용하는 개발자)입니다.

```
1    val printer: Printer? = getPrinter()
2    printer.print() // 컴파일 오류
3
4    printer?.print() // 안전 호출
5    if (printer != null) printer.print() // 스마트 캐스팅
6    printer!!.print() // not-null assertion
```

기본적으로 nullable 타입은 세 가지 방법으로 처리합니다.

- ?., 스마트 캐스팅, Elvis 연산자 등을 활용해서 안전하게 처리한다.
- 오류를 throw한다.
- 함수 또는 프로퍼티를 리팩터링해서 nullable 타입이 나오지 않게 바꾼다.

그럼 각각의 내용을 하나하나 살펴봅시다.

null을 안전하게 처리하기

이전에 언급했던 것처럼 null을 안전하게 처리하는 방법 중 널리 사용되는 방법으로는 안전 호출(safe call)과 스마트 캐스팅(smart casting)이 있습니다.

```
1    printer?.print() // 안전 호출
2    if (printer != null) printer.print() // 스마트 캐스팅
```

두 가지 모두 printer가 null이 아닐 때 print 함수를 호출합니다. 애플리케이션 사용자의 관점에서 가장 안전한 방법입니다. 사실 개발자에게도 정말 편리하여, nullable 값을 처리할 때 이 방법을 가장 많이 활용합니다.

코틀린은 nullable 변수와 관련된 처리를 굉장히 광범위하게 지원합니다. 대표적으로 인기 있는 다른 방법은 Elvis 연산자를 사용하는 것입니다. Elvis 연산자는 오른쪽에 return 또는 throw[13]을 포함한 모든 표현식이 허용됩니다.

```
1    val printerName1 = printer?.name ?: "Unnamed"
2    val printerName2 = printer?.name ?: return
3    val printerName3 = printer?.name ?:
4        throw Error("Printer must be named")
```

많은 객체가 nullable과 관련된 처리를 지원합니다. 예를 들어 컬렉션 처리를 할 때 무언가 없다는 것을 나타낼 때는 null이 아닌 빈 컬렉션을 사용하는 것이 일반적입니다. 따라서 Collection<T>?.orEmpty() 확장 함수를 사용하면 nullable이 아닌 List<T>를 리턴받습니다.

스마트 캐스팅은 코틀린의 규약 기능(contracts feature)을 지원합니다. 이 기능을 사용하면 다음 코드처럼 스마트 캐스팅할 수 있습니다.

```
1    println("What is your name?")
2    val name = readLine()
3    if (!name.isNullOrBlank()) {
```

---

13 return과 throw 모두 Nothing(모든 타입의 서브타입)을 리턴하게 설계되어서 가능합니다. 더 자세한 내용은 *https://bit.ly/2Gn6ftO*를 참고하세요.

```
4          println("Hello ${name.toUpperCase()}")
5      }
6
7      val news: List<News>? = getNews()
8      if (!news.isNullOrEmpty()) {
9          news.forEach { notifyUser(it) }
10     }
```

지금까지 살펴본 null을 적절하게 처리하기 위한 방법들은 반드시 알아 두어야
합니다.

> **방어적 프로그래밍과 공격적 프로그래밍**
>
> 모든 가능성을 올바른 방식으로 처리하는 것(예를 들어 null일 때는 출력하지 않기 등)을
> **방어적 프로그래밍**(defensive programming)이라고 부릅니다. 방어적 프로그래밍은 코
> 드가 프로덕션 환경으로 들어갔을 때 발생할 수 있는 수많은 것들로부터 프로그램을 방
> 어해서 안정성을 높이는 방법을 나타내는 굉장히 포괄적인 용어입니다. 상황을 처리할 수
> 있는 올바른 방법이 있을 때는 굉장히 좋습니다.
>
> 하지만 모든 상황을 안전하게 처리하는 것은 불가능합니다. 이러한 경우에는 **공격적**
> **프로그래밍**(offensive programming)이라는 방법을 사용합니다. 공격적 프로그래밍
> 이란 예상하지 못한 상황이 발생했을 때, 이러한 문제를 개발자에게 알려서 수정하게 만
> 드는 것입니다. '아이템 5: 예외로 코드에 제한 걸기'에서 살펴보았던 require, check,
> assert가 바로 이러한 공격적 프로그래밍을 위한 도구입니다. 공격적과 방어적이라는 이
> 름 때문에 둘이 충돌되는 것처럼 보이지만, 둘은 코드의 안전을 위해 모두 필요합니다. 둘
> 을 모두 이해하고 적절하게 사용할 수 있어야 합니다.

오류 throw하기

이전에 살펴보았던 코드에서는 printer가 null일 때, 이를 개발자에게 알리지
않고 코드가 그대로 진행됩니다. 하지만 printer가 null이 되리라 예상하지 못
했다면, print 메서드가 호출되지 않아서 이상할 것입니다. 이는 개발자가 오
류를 찾기 어렵게 만듭니다. 따라서 다른 개발자가 어떤 코드를 보고 선입견처

럼 '당연히 그럴 것이다'라고 생각하게 되는 부분이 있고, 그 부분에서 문제가 발생할 경우에는 개발자에게 오류를 강제로 발생시켜 주는 것이 좋습니다. 오류를 강제로 발생시킬 때는 throw, !!, requireNotNull, checkNotNull 등을 활용합니다.

```
1    fun process(user: User) {
2        requireNotNull(user.name)
3        val context = checkNotNull(context)
4        val networkService =
5            getNetworkService(context) ?:
6            throw NoInternetConnection()
7        networkService.getData { data, userData ->
8            show(data!!, userData!!)
9        }
10   }
```

not-null assertion(!!)과 관련된 문제

nullable을 처리하는 가장 간단한 방법은 not-null assertion(!!)을 사용하는 것입니다. 그런데 !!를 사용하면 자바에서 nullable을 처리할 때 발생할 수 있는 문제가 똑같이 발생합니다. 어떤 대상이 null이 아니라고 생각하고 다루면, NPE 예외가 발생합니다. !!은 사용하기 쉽지만, 좋은 해결 방법은 아닙니다. 예외가 발생할 때, 어떤 설명도 없는 제네릭 예외(generic exception)가 발생합니다. 또한 코드가 짧고 너무 사용하기 쉽다 보니 남용하게 되는 문제도 있습니다. !!은 타입은 nullable이지만, null이 나오지 않는다는 것이 거의 확실한 상황에서 많이 사용됩니다. 하지만 현재 확실하다고, 미래에 확실한 것은 아닙니다. 문제는 미래의 어느 순간에 일어납니다.

간단한 예로 파라미터로 4개의 숫자를 받고, 이 중에서 가장 큰 것을 찾는 함수를 생각해 봅시다.[14] 모든 파라미터를 리스트에 넣은 뒤에 max 함수를 사용해서 가장 큰 값을 찾게 설계하기로 했다고 가정하겠습니다. 문제는 컬렉션 내부에 아무것도 없을 경우 null을 리턴하므로, 최종적으로 nullable을 리턴한다는

---

14 코틀린 표준 라이브러리에 있는 maxOf 함수는 2~3개의 값을 비교할 수 있습니다.

것입니다. 이 리턴값이 null일 수 없다는 것을 알고 있는 개발자는 다음과 같이 !! 연산자를 사용하게 될 것입니다.

```
1    fun largestOf(a: Int, b: Int, c: Int, d: Int): Int =
2        listOf(a, b, c, d).max()!!
```

이런 간단한 함수에서도 !!는 NPE로 이어질 수 있습니다. 미래의 누군가가 함수를 리팩터링하면서 컬렉션이 null일 수 있다는 것을 놓칠 수 있기 때문입니다.

```
1    fun largestOf(vararg nums: Int): Int =
2        nums.max()!!
3
4    largestOf() // NPE
```

nullability(널일 수 있는지)와 관련된 정보는 숨겨져 있으므로, 굉장히 쉽게 놓칠 수 있습니다. 변수와 비슷합니다. 변수를 일단 선언하고, 이후에 사용하기 전에 값을 할당해서 사용하기로 하고, 다음과 같은 코드를 작성했다고 해 봅시다. 이처럼 변수를 null로 설정하고, 이후에 !! 연산자를 사용하는 방법은 좋은 방법이 아닙니다.

```
1    class UserControllerTest {
2
3        private var dao: UserDao? = null
4        private var controller: UserController? = null
5
6        @BeforeEach
7        fun init() {
8            dao = mockk()
9            controller = UserController(dao!!)
10       }
11
12       @Test
13       fun test() {
14           controller!!.doSomething()
15       }
16
17   }
```

이렇게 코드를 작성하면, 이후에 프로퍼티를 계속해서 언팩(unpack)해야 하므로 사용하기 귀찮습니다. 또한 해당 프로퍼티가 실제로 이후에 의미 있는 null 값을 가질 가능성 자체를 차단해 버립니다. 이후에 살펴보겠지만, 이러한 코드를 작성하는 올바른 방법은 lateinit 또는 Delegates.notNull을 사용하는 것입니다.

미래에 코드가 어떻게 변화할지는 아무도 알 수 없습니다. !! 연산자를 사용하거나 명시적으로 예외를 발생시키는 형태로 설계하면, 미래의 어느 시점에서 해당 코드가 오류를 발생시킬 수 있다는 것을 염두에 둬야 합니다. 예외는 예상하지 못한 잘못된 부분을 알려 주기 위해서 발생하는 것입니다('아이템 7: 결과 부족이 발생할 경우 null과 Failure를 사용하라'). 하지만 명시적 오류는 제네릭 NPE보다는 훨씬 더 많은 정보를 제공해 줄 수 있으므로 !! 연산자를 사용하는 것보다는 훨씬 좋습니다.

!! 연산자가 의미 있는 경우는 굉장히 드뭅니다. 일반적으로 nullability가 제대로 표현되지 않는 라이브러리를 사용할 때 정도에만 사용해야 합니다. 코틀린을 대상으로 설계된 API를 활용한다면, !! 연산자를 사용하는 것을 이상하게 생각해야 합니다.

일반적으로 !! 연산자 사용을 피해야 합니다. 이러한 제안은 코틀린 커뮤니티 전체에서 널리 승인되고 있는 제안입니다. 대부분의 팀이 !! 연산자를 아예 사용하지 못하게 하는 정책을 갖고 있습니다. Detekt와 같은 정적 분석 도구는 !! 연산자를 사용하면, 아예 오류를 발생하도록 설정되어 있습니다. 필자의 경우, 오류까지 발생시키는 것은 조금 극단적이라고 생각하기는 하지만, 문제가 발생할 수 있는 코드를 짚어 줄 수 있다는 것에는 동의합니다. !! 연산자를 보면 반드시 조심하고, 무언가가 잘못되어 있을 가능성을 생각합시다.

의미 없는 nullability 피하기

nullability는 어떻게든 적절하게 처리해야 하므로, 추가 비용이 발생합니다. 따라서 필요한 경우가 아니라면, nullability 자체를 피하는 것이 좋습니다. null은 중요한 메시지를 전달하는 데 사용될 수 있습니다. 따라서 다른 개발자가 보기에 의미가 없을 때는 null을 사용하지 않는 것이 좋습니다. 만약 이유 없이 null을 사용했다면, 다른 개발자들이 코드를 작성할 때, 위험한 !! 연산자를 사용하게 되고, 의미 없이 코드를 더럽히는 예외 처리를 해야 할 것입니다. nullability를 피할 때 사용할 수 있는 몇 가지 방법을 소개하겠습니다.

- 클래스에서 nullability에 따라 여러 함수를 만들어서 제공할 수도 있습니다. 대표적인 예로 List<T>의 get과 getOrNull 함수가 있습니다. 이와 관련된 내용은 '아이템 7: 결과 부족이 발생할 경우 null과 Failure를 사용하라'에서 자세하게 설명했습니다.
- 어떤 값이 클래스 생성 이후에 확실하게 실징된다는 보장이 있다면, lateinit 프로퍼티와 notNull 델리게이트를 사용하세요.
- 빈 컬렉션 대신 null을 리턴하지 마세요. List<Int>?와 Set<String?>과 같은 컬렉션을 빈 컬렉션으로 둘 때와 null로 둘 때는 의미가 완전히 다릅니다. null은 컬렉션 자체가 없다는 것을 나타냅니다. 요소가 부족하다는 것을 나타내려면, 빈 컬렉션을 사용하세요.
- nullable enum과 None enum 값은 완전히 다른 의미입니다. null enum은 별도로 처리해야 하지만, None enum 정의에 없으므로 필요한 경우에 사용하는 쪽에서 추가해서 활용할 수 있다는 의미입니다.

그럼 이제 lateinit 프로퍼티와 notNull 델리게이트에 대해서 자세하게 살펴봅시다.

lateinit 프로퍼티와 notNull 델리게이트

클래스가 클래스 생성 중에 초기화할 수 없는 프로퍼티를 가지는 것은 드문 일은 아니지만 분명 존재하는 일입니다. 이러한 프로퍼티는 사용 전에 반드시 초기화해서 사용해야 합니다. 예로 JUnit의 @BeforeEach처럼 다른 함수들보다도 먼저 호출되는 함수에서 프로퍼티가 설정되는 경우가 있습니다.

```
1    class UserControllerTest {
2
```

```
3        private var dao: UserDao? = null
4        private var controller: UserController? = null
5
6        @BeforeEach
7        fun init() {
8            dao = mockk()
9            controller = UserController(dao!!)
10       }
11
12       @Test
13       fun test() {
14           controller!!.doSomething()
15       }
16
17   }
```

프로퍼티를 사용할 때마다 nullable에서 null이 아닌 것으로 타입 변환하는 것은 바람직하지 않습니다. 이러한 값은 테스트 전에 설정될 거라는 것이 명확하므로, 의미 없는 코드가 사용된다고 할 수 있습니다. 이러한 코드에 대한 바람직한 해결책은 나중에 속성을 초기화할 수 있는, lateinit 한정자를 사용하는 것입니다. lateinit 한정자는 프로퍼티가 이후에 설정될 것임을 명시하는 한정자입니다.

```
1    class UserControllerTest {
2        private lateinit var dao: UserDao
3        private lateinit var controller: UserController
4
5        @BeforeEach
6        fun init() {
7            dao = mockk()
8            controller = UserController(dao)
9        }
10
11       @Test
12       fun test() {
13           controller.doSomething()
14       }
15   }
```

물론 lateinit를 사용할 경우에도 비용이 발생합니다. 만약 초기화 전에 값을 사용하려고 하면 예외가 발생합니다. 무섭게 들릴 수도 있겠지만, 무서워

할 필요가 없습니다. 처음 사용하기 전에 반드시 초기화가 되어 있을 경우에만 lateinit를 붙이는 것입니다. 만약 그런 값이 사용되어 예외가 발생한다면, 그 사실을 알아야 하므로 예외가 발생하는 것은 오히려 좋은 일입니다. lateinit 는 nullable과 비교해서 다음과 같은 차이가 있습니다.

- !! 연산자로 언팩(unpack)하지 않아도 됩니다.
- 이후에 어떤 의미를 나타내기 위해서 null을 사용하고 싶을 때, nullable로 만들 수도 있습니다.
- 프로퍼티가 초기화된 이후에는 초기화되지 않은 상태로 돌아갈 수 없습니다.

lateinit은 프로퍼티를 처음 사용하기 전에 반드시 초기화될 거라고 예상되는 상황에 활용합니다. 이러한 상황으로는 라이프 사이클(lifecycle)을 갖는 클래스처럼 메서드 호출에 명확한 순서가 있을 경우가 있습니다. 안드로이드 Activity의 onCreate, iOS UIViewController의 viewDidAppear, 리액트 React. Component의 componentDidMount 등이 대표적인 예입니다.

반대로 lateinit를 사용할 수 없는 경우도 있습니다. JVM에서 Int, Long, Double, Boolean과 같은 기본 타입과 연결된 타입으로 프로퍼티를 초기화해야 하는 경우입니다. 이런 경우에는 lateinit보다는 약간 느리지만, Delegates. notNull을 사용합니다.

```
1    class DoctorActivity: Activity() {
2        private var doctorId: Int by Delegates.notNull()
3        private var fromNotification: Boolean by
4            Delegates.notNull()
5
6        override fun onCreate(savedInstanceState: Bundle?) {
7            super.onCreate(savedInstanceState)
8            doctorId = intent.extras.getInt(DOCTOR_ID_ARG)
9            fromNotification = intent.extras
10               .getBoolean(FROM_NOTIFICATION_ARG)
11       }
12   }
```

위의 코드처럼 onCreate 때 초기화하는 프로퍼티는 지연 초기화하는 형태로 다음과 같이 프로퍼티 위임(property delegation)을 사용할 수도 있습니다.

```
1    class DoctorActivity: Activity() {
2        private var doctorId: Int by arg(DOCTOR_ID_ARG)
3        private var fromNotification: Boolean by
4            arg(FROM_NOTIFICATION_ARG)
5    }
```

프로퍼티 위임을 사용하는 패턴은 '아이템 21: 일반적인 프로퍼티 패턴은 프로퍼티 위임으로 만들어라'에서 자세하게 다룰 예정입니다. 프로퍼티 위임을 사용하면, nullability로 발생하는 여러 가지 문제를 안전하게 처리할 수 있습니다.

use를 사용하여 리소스를 닫아라

더 이상 필요하지 않을 때, close 메서드를 사용해서 명시적으로 닫아야 하는
리소스가 있습니다. 코틀린/JVM에서 사용하는 자바 표준 라이브러리에는 이
런 리소스들이 굉장히 많습니다. 예를 들어

- InputStream과 OutputStream
- java.sql.Connection
- java.io.Reader(FileReader, BufferedReader, CSSParser)
- java.new.Socket과 java.util.Scanner

등이 있습니다. 이러한 리소스들은 AutoCloseable을 상속받는 Closeable 인터
페이스를 구현(implement)하고 있습니다.

이러한 모든 리소스는 최종적으로 리소스에 대한 레퍼런스가 없어질 때, 가
비지 컬렉터가 처리합니다. 하지만 굉장히 느리며(쉽게 처리되지 않습니다),
그동안 리소스를 유지하는 비용이 많이 들어갑니다. 따라서 더 이상 필요하지
않다면, 명시적으로 close 메서드를 호출해 주는 것이 좋습니다. 전통적으로
이러한 리소스는 다음과 같이 try-finally 블록을 사용해서 처리했습니다.

```
1    fun countCharactersInFile(path: String): Int {
2        val reader = BufferedReader(FileReader(path))
3        try {
4            return reader.lineSequence().sumBy { it.length }
5        } finally {
6            reader.close()
7        }
8    }
```

하지만 이런 코드는 굉장히 복잡하고 좋지 않습니다. 리소스를 닫을 때 예외가

발생할 수도 있는데, 이러한 예외를 따로 처리하지 않기 때문입니다. 또한 try 블록과 finally 블록 내부에서 오류가 발생하면, 둘 중 하나만 전파됩니다. 둘 다 전파될 수 있다면 좋을 것입니다. 하지만 이를 직접 구현하려면 코드가 굉장히 길고 복잡해집니다. 그래도 굉장히 많이 사용되는 일반적인 구현이므로, 표준 라이브러리에 use라는 이름의 함수로 포함되어 있습니다. use 함수를 사용해서 앞의 코드를 적절하게 변경하면, 다음과 같습니다. 이러한 코드는 모든 Closeable 객체에 사용할 수 있습니다.

```
1   fun countCharactersInFile(path: String): Int {
2       val reader = BufferedReader(FileReader(path))
3       reader.use {
4           return reader.lineSequence().sumBy { it.length }
5       }
6   }
```

람다 매개변수로 리시버(현재 코드에서는 reader)가 전달되는 형태도 있으므로, 줄여서 다음과 같이 작성할 수도 있습니다.

```
1   fun countCharactersInFile(path: String): Int {
2       BufferedReader(FileReader(path)).use { reader ->
3           return reader.lineSequence().sumBy { it.length }
4       }
5   }
```

파일을 리소스로 사용하는 경우가 많고, 파일을 한 줄씩 읽어 들이는 경우도 많으므로, 코틀린 표준 라이브러리는 파일을 한 줄씩 처리할 때 활용할 수 있는 useLines 함수도 제공합니다.

```
1   fun countCharactersInFile(path: String): Int {
2       File(path).useLines { lines ->
3           return lines.sumBy { it.length }
4       }
5   }
```

이렇게 처리하면 메모리에 파일의 내용을 한 줄씩만 유지하므로, 대용량 파일도 적절하게 처리할 수 있습니다. 다만 파일의 줄을 한 번만 사용할 수 있다는 단점이 있습니다. 파일의 특정 줄을 두 번 이상 반복 처리하려면, 파일을 두 번 이상 열어야 합니다. 앞의 코드는 다음과 같이 간단하게 작성할 수도 있습니다.

```
1    fun countCharactersInFile(path: String): Int =
2        File(path).useLines { lines ->
3            lines.sumBy { it.length }
4        }
```

지금까지 시퀀스를 활용해서 파일을 처리하는 적절한 방법을 살펴보았습니다. 시퀀스 처리와 관련된 추가적인 내용은 '아이템 49: 하나 이상의 처리 단계를 가진 경우에는 시퀀스를 사용하라'에서 알아보도록 하겠습니다.

정리

use를 사용하면 Closeable/AutoCloseable을 구현한 객체를 쉽고 안전하게 처리할 수 있습니다. 또한 파일을 처리할 때는 파일을 한 줄씩 읽어 들이는 useLines를 사용하는 것이 좋습니다.

단위 테스트를 만들어라

#범용적인 #기본적인

지금까지 코드를 안전하게 만드는 방법을 살펴보았습니다. 사실 코드를 안전하게 만드는 가장 궁극적인 방법은 다양한 종류의 테스트를 하는 것입니다. 이러한 종류의 테스트는 개발자의 관점에서 애플리케이션 내부적으로 올바르게 작동하는지 확인하는 것이 아니라, 사용자의 관점에서 애플리케이션 외부적으로 제대로 작동하는지 확인하는 것이 목표입니다. 일반적으로 대부분의 관리자는 이러한 테스트만 인지하고 있습니다.

이러한 테스트는 개발자에게 유용하지만 충분하지는 않습니다. 이것만으로는 해당 요소가 올바르게 작동한다는 것을 완전하게 보증할 수는 없습니다. 또한 개발 시점에서 빠른 피드백을 받을 수 없습니다. 이러한 문제를 해결하려면, 단위 테스트(unit test)가 필요합니다. 단위 테스트는 개발자가 작성하며, 개발자에게 유용합니다. 예를 들어 다음은 피보나치 수를 계산하는 fib 함수에 대한 단위 테스트로, 앞에 있는 피보나치 숫자 5개를 제대로 구하는지 확인하는 테스트입니다.

```
1    @Test
2    fun 'fib works correctly for the first 5 positions'() {
3        assertEquals(1, fib(0))
4        assertEquals(1, fib(1))
5        assertEquals(2, fib(2))
6        assertEquals(3, fib(3))
7        assertEquals(5, fib(4))
8    }
```

단위 테스트는 일반적으로 다음과 같은 내용을 확인합니다.[15]

- 일반적인 유스 케이스(이를 happy path라고 표현합니다): 요소가 사용될 거라고 예상되는 일반적인 방법을 테스트합니다. 예를 들어 앞의 코드처럼 함수로 간단한 숫자 몇 개를 테스트합니다.
- 일반적인 오류 케이스와 잠재적인 문제: 제대로 동작하지 않을 거라고 예상되는 일반적인 부분, 과거에 문제가 발생했던 부분 등을 테스트합니다.
- 에지 케이스와 잘못된 아규먼트: Int의 경우 Int.MAX_VALUE를 사용하는 경우, nullable의 경우 'null' 또는 'null 값으로 채워진 객체'를 사용하는 경우를 의미합니다. 또한 피보나치 수는 양의 정수로만 구할 수 있습니다. 음의 정수 등을 넣으면 아규먼트 자체가 잘못된 것입니다. 이러한 경우를 테스트할 수 있습니다.

단위 테스트는 개발자가 만들고 있는 요소가 제대로 동작하는지를 빠르게 피드백해 주므로 개발하는 동안에 큰 도움이 됩니다. 테스트는 계속해서 축적되므로, 회귀 테스트[16]도 쉽습니다. 또한 수동으로 테스트하기 어려운 것들도 확인할 수 있습니다. TDD(Test Driven Development)라는 접근 방식도 있습니다. TDD는 개발 전에 테스트를 먼저 작성하고, 테스트를 통과시키는 것을 목적으로 하나하나 구현해 나가는 방식입니다.[17]

단위 테스트의 장점을 정리해 보면 다음과 같습니다.

- 테스트가 잘 된 요소는 신뢰할 수 있습니다. 요소를 신뢰할 수 있으므로 요소를 활용한 작업에 자신감이 생깁니다.
- 테스트가 잘 만들어져 있다면, 리팩터링하는 것이 두렵지 않습니다. 테스트

---

15 (옮긴이) 유스 케이스(use case)는 '일반적으로 사용하는 경우', 에지 케이스(edge case)는 '아슬아슬하게 사용하는 경우'(Int.MAX_VALUE와 같이 위험할 거라고 예상되는 것을 사용하는 경우)를 의미합니다.

16 (옮긴이) 기존에 누적된 테스트 케이스(테스트해야 하는 부분)를 기반으로 전체 또는 부분을 반복적으로 테스트하는 것을 회귀 테스트(regression test)라고 부릅니다.

17 TDD는 일반적으로 3단계로 이루어집니다. Red, 단위 테스트를 작성합니다. Green, 처음에는 코드가 작성되어 있지 않으므로 단위 테스트가 모두 실패합니다. 테스트를 통과시킬 수 있게 코드를 작성합니다. Refactor(리팩터), 코드를 깔끔하게 만듭니다. 이러한 Red, Green, Refactor 단계를 반복합니다.

가 있으므로, 리팩터링했을 때 버그가 생기는지 쉽게 확인할 수 있습니다. 따라서 테스트를 잘 만든 프로그램은 코드가 점점 발전합니다. 반면 테스트가 없으면 실수로 오류를 일으킬 수도 있다는 생각에 레거시 코드(기존의 코드)를 수정하려고 만지는 것을 두려워하게 됩니다.

- 수동으로 테스트하는 것보다 단위 테스트로 확인하는 것이 빠릅니다. 빠른 속도의 피드백 루프(코드를 작성하고 테스트하고를 반복하는 것)가 만들어지므로, 개발의 전체적인 속도가 빨라지고 재미있습니다.[18] 또한 버그를 빨리 찾을 수 있으므로 버그를 수정하는 비용도 줄어듭니다.

하지만 다음과 같은 단점도 있습니다.

- 단위 테스트를 만드는 데 시간이 걸립니다. 다만 장기적으로 좋은 단위 테스트는 '디버깅 시간'과 '버그를 찾는 데 소모되는 시간'을 줄여 줍니다. 또한 단위 테스트가 수동 테스트(또는 다른 종류의 테스트)보다 훨씬 빠르므로 시간이 절약됩니다.
- 테스트를 활용할 수 있게 코드를 조정해야 합니다. 변경하기 어렵기는 하지만, 이러한 변경을 통해서 훌륭하고 잘 정립된 아키텍처를 사용하는 것이 강제됩니다.
- 좋은 단위 테스트를 만드는 작업이 꽤 어렵습니다. 남은 개발 과정에 대한 확실한 이해가 필요합니다. 잘못 만들어진 단위 테스트는 득보다 실이 큽니다. 단위 테스트를 제대로 하려면, 올바르게 단위 테스트를 하는 방법을 배워야 합니다. 소프트웨어 테스팅 또는 테스트 주도 개발과 관련된 내용을 이해해야 합니다.

효과적인 단위 테스트를 하는 방법을 습득하고, 단위 테스트를 위한 코드를 작성하는 것이 생각보다 어렵습니다. 숙련된 코틀린 개발자가 되려면, 단위 테스트와 관련된 기술을 습득하고, 중요한 코드라고 할 수 있는 다음과 같은 부분에 대해 단위 테스트하는 방법을 알고 있어야 합니다.

---

18 프로젝트를 중간중간 돌려볼 수 있다는 것 자체가 재미 있습니다. 프로젝트를 모두 완성할 때까지 실행 한 번 못해 본다면 재미 없을 것입니다.

- 복잡한 부분
- 계속해서 수정이 일어나고 리팩터링이 일어날 수 있는 부분
- 비즈니스 로직 부분
- 공용 API 부분
- 문제가 자주 발생하는 부분
- 수정해야 하는 프로덕션 버그[19]

정리

지금까지 프로그램이 올바르게 작동해야 한다는 것을 최우선적인 목표로 두고 여러 가지 내용을 살펴보았습니다. 이번 장에서 설명한 내용들을 활용하면, 안정적인 프로그램을 만들 수 있습니다. 하지만 가장 중요한 것은 애플리케이션이 진짜로 올바르게 동작하는지 확인하는 것입니다. 이것이 테스트입니다. 테스트 중에서 개발 과정에서 가장 효율적으로 활용할 수 있는 테스트는 바로 단위 테스트입니다. 그래서 이번 장의 마지막 부분에서 간단히 다루어 보았습니다. 비즈니스 애플리케이션 등에서는 최소한 몇 개라도 단위 테스트가 꼭 필요합니다.

---

19 (옮긴이) 프로덕션 환경(production environment)에서 발생하는 버그를 의미합니다.

2장

가독성

컴퓨터가 인식할 수 있는 코드는 바보라도 작성할 수 있지만, 인간이 이해할 수 있는 코드는 실력 있는 프로그래머만 작성할 수 있다.

- 마틴 파울러(Martin Fowler), 《리팩터링》

많은 사람이 코틀린이 간결하게 설계되어 있다고 생각하지만, 필자의 생각에는 그렇지 않습니다. 필자가 아는 훨씬 더 간결한 언어로는 APL이 있습니다. 존 콘웨이(John Conway)의 '생명 게임(Game of Life)'을 APL로 구현하면, 다음과 같습니다.

```
life←{↑1 ⍵∨.∧3 4=+/,¯1 0 1∘.⊖¯1 0 1∘.⌽⊂⍵}
```

일단 짧습니다. 그런데 일반적인 키보드로는 입력할 수 없는 글자가 포함되어 있습니다. 이것보다는 살짝 더 복잡하지만, 키보드로 코드를 짧게 입력할 수 있는 프로그래밍 언어가 더 있습니다. 예를 들어 J라는 프로그래밍 언어로 작성하면, 다음과 같습니다.

```
1    life=:[:+/(3 4=/[:+/(,/,"0/~i:1)|.])*.1,:]
```

이 두 프로그래밍 언어는 매우 간결해서, 코드 골프 대회[1]에서 항상 우승을 합니다. 하지만 코드를 보면, 대체 무슨 코드인지 알 수가 없습니다. 사실 숙련된 APL 개발자조차도, 이러한 코드를 보고서 무엇을 하는 코드인지는 쉽게 알 수 없을 것입니다.

코틀린은 간결성을 목표로 설계된 프로그래밍 언어가 아니라, **가독성**(readability)을 좋게 하는 데 목표를 두고 설계된 프로그래밍 언어입니다. 물론 다른 인기 있는 프로그래밍 언어에 비해서는 간결합니다. 다만 간결성은 가독성을 목표로 두고, 자주 쓰이는 반복적인 코드를 짧게 쓸 수 있게 했기 때문에 발생한 부가적인 효과일 뿐입니다.

코틀린을 사용하면 깨끗하고 의미 있는 코드와 API를 쉽게 작성할 수 있습니다. 코틀린은 우리가 원하는 것을 숨기거나 강조할 수 있게 하는 기능을 많이 제공합니다. 이번 장부터는 이러한 기능들을 사용하는 방법에 대해서 알아보겠습니다. 다만 이번 장에서는 가독성에 대한 소개와 일반적인 내용만 다룹니다. 가독성과 관련된 내용은 이 책의 나머지 부분에서도 계속해서 다룰 것입니다. 특히 '2부: 코드 설계'에서 클래스와 함수 설계를 살펴보면서 자세히 다룹니다.

가독성과 관련된 내용을 추상적인 내용부터 구체적인 상황까지 차근차근 살펴봅시다.

---

1 (옮긴이) 코드 골프 대회는 특정한 알고리즘을 최대한 짧은 코드를 사용해 만드는 대회입니다.

가독성을 목표로 설계하라

로버트 마틴(Robert C. Martin)의 《클린 코드(Clean Code)》(인사이트, 2013)라는 책을 통해 널리 알려진 이야기로 "개발자가 코드를 작성하는 데는 1분 걸리지만, 이를 읽는 데는 10분이 걸린다"가 있습니다. 즉, 개발자는 어떤 코드를 작성하는 것보다 읽는 데 많은 시간을 소모한다는 것입니다. '이게 무슨 말인가?' 싶을 수도 있겠지만, 코드를 작성하다가 오류가 발생한 경우를 생각해 보세요. 오류를 찾기 위해 코드를 작성할 때보다 오랜 시간 코드를 읽는 자신을 발견할 수 있을 것입니다. 실제로 프로젝트를 진행할 때도 코드 한 줄 고치겠다고, 몇 주 동안 코드를 살펴보는 상황도 많습니다. 프로그래밍은 쓰기보다 읽기가 중요하다는 의미입니다. 따라서 항상 가독성을 생각하면서 코드를 작성해야 합니다.

인식 부하 감소

사실 가독성은 사람에 따라 다르게 느낄 수 있습니다. 하지만 일반적으로 많은 사람의 '경험'과 '인식에 대한 과학'으로 만들어진 어느 정도의 규칙이 있습니다. 일단 다음 두 코드를 살펴봅시다.

```
1    // 구현 A
2    if (person != null && person.isAdult) {
3        view.showPerson(person)
4    } else {
5        view.showError()
6    }
7
8    // 구현 B
9    person?.takeIf { it.isAdult }
10       ?.let(view::showPerson)
11       ?: view.showError()
```

어떤 것이 더 좋다고 생각하나요? 만약 B가 더 짧다는 이유로 B를 골랐다면, 아쉽게 좋은 대답이 아닙니다(줄바꿈을 제거하면 A도 짧아집니다). B는 일단 읽고 이해하기 어렵습니다.

가독성이란 코드를 읽고 얼마나 빠르게 이해할 수 있는지를 의미합니다. 이는 우리의 뇌가 얼마나 많은 관용구(구조, 함수, 패턴)에 익숙해져 있는지에 따라서 다릅니다. 코틀린 초보자에게는 구현 A가 더 읽고 이해하기 쉽습니다. 일반적인 관용구(if/else, &&, 메서드 호출)를 사용하고 있기 때문입니다. 구현 B는 코틀린에서는 꽤 일반적으로 사용되는 관용구(안전 호출 ?., takeIf, let, Elvis 연산자, 제한된 함수 레퍼런스 view::showPerson)를 사용하고 있습니다. 코틀린에서 일반적으로 사용되는 관용구이므로, 경험이 많은 코틀린 개발자라면 그래도 코드를 쉽게 읽을 수 있을 것입니다. 하지만 숙련된 개발자만을 위한 코드는 좋은 코드가 아닙니다. 구현 A와 구현 B는 사실 비교조차 할 수 없을 정도로 A가 훨씬 가독성이 좋은 코드입니다.

코틀린은 대부분의 개발자들에게 있어 첫 번째 프로그래밍 언어가 아닙니다. 아마 대부분의 코틀린 개발자는 코틀린보다 다른 언어에 대한 경험이 많을 것입니다. 숙련된 개발자를 찾지 못해서 고용한 신입 개발자가 있다고 합시다. 이 개발자는 아마 let, takeIf와 제한된 함수 레퍼런스가 무엇인지 모를 것이고, Elvis 연산자를 이와 같은 형태로 사용하는 것을 본 적이 없을 것입니다. 신입 개발자에게 이런 코드는 코드가 대체 무엇을 하는지를 이해시키기 위해서 하루가 걸릴 수도 있습니다.

그리고 사실 숙련된 코틀린 개발자도 이런 코드는 익숙하지 않아서 이해하는 데 시간이 꽤 걸릴 것입니다. 숙련된 개발자라고 내내 코틀린만 붙잡고 있는 것은 아니기 때문입니다. 필자도 코틀린을 꽤 오래 사용했지만, 첫 번째 구현을 이해하는 것이 훨씬 쉽습니다. 사용 빈도가 적은 관용구는 코드를 복잡하게 만듭니다. 그리고 그런 관용구들을 한 문장 내부에 조합해서 사용하면 복잡성은 훨씬 더 빠르게 증가합니다.

또한 구현 A는 수정하기 쉽습니다. if 블록에 작업을 추가해야 한다고 생각해 봅시다. 쉽게 추가할 수 있을 것입니다. 구현 B는 어떻게 수정해야 할까요? 일단 더 이상 함수 참조를 사용할 수 없으므로, 코드를 수정해야 합니다. 그리고 else 블록 쪽을 수정하는 일은 좀 어렵습니다. Elvis 연산자의 오른쪽 부분이 하나 이상의 표현식을 갖게 하려면, 함수를 추가로 사용해야 합니다.

```
1    if (person != null && person.isAdult) {
2        view.showPerson(person)
3        view.hideProgressWithSuccess()
4    } else {
5        view.showError()
6        view.hideProgress()
7    }
8
9    person?.takeIf { it.isAdult }
10       ?.let {
11               view.showPerson(it)
12               view.hideProgressWithSuccess()
13       } ?: run {
14               view.showError()
15               view.hideProgress()
16       }
```

구현 A는 디버깅도 더 간단합니다. 일반적으로 디버깅 도구조차 이러한 기본 구조를 더 잘 분석해 주기 때문입니다.

이처럼 일반적이지 않고 '굉장히 창의적인' 구조는 유연하지 않고, 지원도 제대로 받지 못합니다. 예를 들어 여기에 person이 null인지 확인하는 코드를 넣고, null이 아닐 경우에는 성인인지 아동인지에 따라서 다른 처리를 하게 하는 조건문을 추가한다고 해 봅시다. if/else로 구현된 구현 A는 인텔리제이의 리팩터링 기능을 활용해서 if/else와 관련된 부분을 수정할 수 있습니다. 반면 구현 B를 수정하려면, 굉장한 고통이 따를 것입니다. 아예 코드를 다시 작성해야 할 수도 있습니다.

근데 참고로 구현 A와 구현 B는 실행 결과가 다릅니다. 무엇이 다른지 지금까지 내용을 읽으면서 눈치챌 수 있었나요?

let은 람다식의 결과를 리턴합니다. 즉, showPerson이 null을 리턴하면, 두 번째 구현 때는 showError도 호출합니다. 익숙하지 않은 구조를 사용하면, 이처럼 잘못된 동작을 코드를 보면서 확인하기 어렵습니다.

정리하면, 기본적으로 '인지 부하'를 줄이는 방향으로 코드를 작성하세요. 우리의 뇌는 패턴을 인식하고, 패턴을 기반으로 프로그램의 작동 방식을 이해합니다. 가독성은 '뇌가 프로그램의 작동 방식을 이해하는 과정'을 더 짧게 만드는 것입니다. 자주 사용되는 패턴을 활용하면, 이와 같은 과정을 더 짧게 만들 수 있습니다. 뇌는 기본적으로 짧은 코드를 빠르게 읽을 수 있겠지만, 익숙한 코드는 더 빠르게 읽을 수 있습니다.

극단적이 되지 않기

방금 let으로 인해서 예상하지 못한 결과가 나올 수 있다고 했습니다. 이 이야기를 'let은 절대로 쓰면 안 된다'로 이해하는 사람들이 꽤 많습니다. 극단적이 되지 말기 바랍니다. let은 좋은 코드를 만들기 위해서 다양하게 활용되는 인기 있는 관용구입니다. 예를 들어 nullable 가변 프로퍼티가 있고, null이 아닐 때만 어떤 작업을 수행해야 하는 경우가 있다고 합시다. 가변 프로퍼티는 쓰레드와 관련된 문제를 발생시킬 수 있으므로, 스마트 캐스팅이 불가능합니다. 여러 가지 해결 방법이 있는데, 일반적으로 다음과 같이 안전 호출 let을 사용합니다.

```
1    class Person(val name: String)
2    var person: Person? = null
3
4    fun printName() {
5        person?.let {
6            print(it.name)
7        }
8    }
```

이런 관용구는 널리 사용되며, 많은 사람이 쉽게 인식합니다. 이외에도 다음과 같은 경우에 let을 많이 사용합니다.

- 연산을 아규먼트 처리 후로 이동시킬 때[2]
- 데코레이터를 사용해서 객체를 랩할 때

---

2 (옮긴이) print(students.filter{}.joinToString{})라는 코드에서 print라는 연산을 뒤로 이동시켜서, students.filter{}.joinToString{}.let(::print)처럼 만든다는 의미입니다.

그럼 이러한 두 가지를 예로 살펴봅시다(두 가지 모두 함수 레퍼런스를 추가로 활용합니다).

```
1    students
2      .filter { it.result >= 50 }
3      .joinToString(separator = "\n") {
4        "${it.name} ${it.surname}, ${it.result}"
5      }
6      .let(::print)
7
8    var obj = FileInputStream("/file.gz")
9      .let(::BufferedInputStream)
10     .let(::ZipInputStream)
11     .let(::ObjectInputStream)
12     .readObject() as SomeObject
```

이 코드들은 디버그하기 어렵고, 경험이 적은 코틀린 개발자는 이해하기 어렵습니다. 따라서 비용이 발생합니다. 하지만 이 비용은 지불할 만한 가치가 있으므로 사용해도 괜찮습니다. 문제가 되는 경우는 비용을 지불할 만한 가치가 없는 코드에 비용을 지불하는 경우(정당한 이유 없이 복잡성을 추가할 때)입니다.

물론 어떤 것이 비용을 지불할 만한 코드인지 아닌지는 항상 논란이 있을 수 있습니다. 균형을 맞추는 것이 중요합니다. 일단 어떤 구조들이 어떤 복잡성을 가져오는지 등을 파악하는 것이 좋습니다. 또한 두 구조를 조합해서 사용하면, 단순하게 개별적인 복잡성의 합보다 훨씬 커진다는 것을 기억해 주세요.[3]

컨벤션

사람에 따라서 가독성에 대한 관점이 다르다는 것을 알아보았습니다. 많은 개발에서 함수 이름을 어떻게 지어야 하는지, 어떤 것이 명시적이어야 하는지, 어떤 것이 암묵적이어야 하는지, 어떤 관용구를 사용해야 하는지 등으로 토론합니다. 프로그래밍은 표현력의 예술입니다. 이를 위해 이해하고 기억해야 하는 몇 가지 규칙이 있습니다.

---

3 복잡성이 1 + 1 = 2가 아니라, 훨씬 커진다는 의미입니다.

필자가 생각하는 코틀린으로 할 수 있는 최악의 코드는 다음과 같습니다.

```
1    val abc = "A" { "B" } and "C"
2    print(abc) // ABC
```

이 코드가 기능하게 하려면, 다음과 같은 코드가 있어야 합니다.

```
1    operator fun String.invoke(f: ()->String): String =
2        this + f()
3
4    infix fun String.and(s: String) = this + s
```

이 코드는 이후에 설명하는 수많은 규칙들을 위반합니다.

- 연산자는 의미에 맞게 사용해야 합니다. invoke를 이러한 형태로 사용하면 안 됩니다.
- '람다를 마지막 아규먼트로 사용한다'라는 컨벤션을 여기에 적용하면, 코드가 복잡해집니다. invoke 연산자와 함께 이러한 컨벤션을 적용하는 것은 신중해야 합니다.
- 현재 코드에서 and라는 함수 이름이 실제 함수 내부에서 이루어지는 처리와 맞지 않습니다.
- 문자열을 결합하는 기능은 이미 언어에 내장되어 있습니다. 이미 있는 것을 다시 만들 필요는 없습니다.

그럼 이제 이러한 내용들을 하나하나 자세하게 살펴봅시다.

연산자 오버로드를 할 때는 의미에 맞게 사용하라

연산자 오버로딩은 굉장히 강력한 기능이지만, '큰 힘에는 큰 책임이 따른다'라는 말처럼 위험할 수 있습니다. 교육자로서 많은 학생이 연산자 오버로딩을 처음 공부할 때, 연산자 오버로딩의 매력에 빠져드는 것을 많이 보았습니다. 예를 들어 팩토리얼을 구하는 함수를 생각해 봅시다.

```
1    fun Int.factorial(): Int = (1..this).product()
2
3    fun Iterable<Int>.product(): Int =
4        fold(1) { acc, i -> acc * i }
```

이 함수는 Int 확장 함수로 정의되어 있으므로, 굉장히 편리하게 사용할 수 있습니다.

```
1    print(10 * 6.factorial()) // 7200
```

중고등학교 수학 시간에 팩토리얼은 다음과 같이 ! 기호를 사용해 표기한다는 것을 배웠을 것입니다.

```
1    10 * 6!
```

코틀린은 이런 연산자를 지원하지 않지만, 다음과 같이 연산자 오버로딩을 활용하면, 만들어 낼 수 있습니다.

```
1    operator fun Int.not() = factorial()
2
3    print(10 * !6) // 7200
```

이렇게 할 수는 있지만, 이렇게 하면 될까요? 당연히 안 됩니다. 이 함수의 이름이 not이라는 것에 주목해 주세요. 함수의 이름이 not이므로 논리 연산에 사용해야지, 팩토리얼 연산에 사용하면 안 됩니다. 코드를 이렇게 작성하면 굉장히 혼란스럽고 오해의 소지가 있습니다. 코틀린의 모든 연산자는 다음 표와 같은 구체적인 이름을 가진 함수에 대한 별칭일 뿐입니다. 모든 연산자는 연산자 대신 함수로도 호출할 수 있습니다. 다음과 같은 코드는 어떻게 보이나요?

```
1    print(10 * 6.not()) // 7200
```

연산자	대응되는 함수
+a	a.unaryPlus()
-a	a.unaryMinus()
!a	a.not()
++a	a.inc()
--a	a.dec()
a+b	a.plus(b)
a-b	a.minus(b)
a*b	a.times(b)
a/b	a.div(b)
a..b	a.rangeTo(b)
a in b	b.contains(a)
a+=b	a.plusAssign(b)
a-=b	a.minusAssign(b)
a*=b	a.timesAssign(b)
a/=b	a.divAssign(b)
a==b	a.equals(b)
a>b	a.compareTo(b) > 0
a<b	a.compareTo(b) < 0
a>=b	a.compareTo(b) >= 0
a<=b	a.compareTo(b) <= 0

코틀린에서 연산자에 대응되는 함수 이름

코틀린에서 각 연산자의 의미는 항상 같게 유지됩니다. 이는 매우 중요한 설계 결정입니다. 스칼라(Scala)와 같은 일부 프로그래밍 언어는 무제한 연산자 오버로딩(unlimited operator overloading)을 지원합니다. 하지만 이 정도의 자유는 많은 개발자가 해당 기능을 오용하게 만듭니다. 예를 들어 + 연산자가 일반적인 의미로 사용되지 않고 있다면, 연산자를 볼 때마다 연산자를 개별적으로 이해해야 하기 때문에 코드를 이해하기 어려울 것입니다. 코틀린에서는 각각의 연산자에 구체적인 의미가 있으므로 이러한 문제가 없습니다. 예를 들어 다음 코드를 봅시다.

```
x + y == z
```

이 코드는 언제나 다음과 같은 코드로 변환됩니다.

```
x.plus(y).equal(z)
```

참고로 만약 plus의 리턴 타입이 nullable이라면, 다음과 같이 변환됩니다.

```
(x.plus(y))?.equal(z) ?: (z == null)
```

이는 구체적인 이름을 가진 함수이며, 모든 연산자가 이러한 이름이 나타내는 역할을 할 거라고 기대됩니다. 이처럼 이름만으로 연산자의 사용이 크게 제한됩니다. 따라서 팩토리얼을 계산하기 위해서 ! 연산자를 사용하면 안 됩니다. 이는 관례에 어긋나기 때문입니다.

분명하지 않은 경우

하지만 관례를 충족하는지 아닌지 확실하지 않을 때가 문제입니다. 예를 들어 함수를 세 배 한다는 것(* 연산자)은 무슨 의미일까요? 어떤 사람은 다음과 같이 이 함수를 세 번 반복하는 새로운 함수를 만들어 낸다고 생각할 수 있습니다.

```
1   operator fun Int.times(operation: () -> Unit): ()->Unit =
2       { repeat(this) { operation() } }
3
4   val tripledHello = 3 * { print("Hello") }
5
6   tripledHello() // 출력: HelloHelloHello
```

물론 어떤 사람은 다음과 같이 이러한 코드가 함수를 세 번 호출한다는 것을 쉽게 이해할 수 있을 것입니다.[4]

```
1    operator fun Int.times(operation: ()->Unit) {
2        repeat(this) { operation() }
3    }
4
5    3 * { print("Hello") } // 출력: HelloHelloHello
```

의미가 명확하지 않다면, infix를 활용한 확장 함수를 사용하는 것이 좋습니다. 일반적인 이항 연산자 형태처럼 사용할 수 있습니다.

```
1    infix fun Int.timesRepeated(operation: ()->Unit) = {
2        repeat(this) { operation() }
3    }
4
5    val tripledHello = 3 timesRepeated { print("Hello") }
6    tripledHello() // 출력: HelloHelloHello
```

톱레벨 함수[5](top-level function)를 사용하는 것도 좋습니다. 사실 함수를 n번 호출하는 것은 다음과 같은 형태로 이미 stdlib에 구현되어 있습니다.

```
1    repeat(3) { print("Hello") } // 출력: HelloHelloHello
```

규칙을 무시해도 되는 경우

지금까지 설명한 연산자 오버로딩 규칙을 무시해도 되는 중요한 경우가 있습니다. 바로 도메인 특화 언어(Domain Specific Language, DSL)를 설계할 때입니다. 고전적인 HTML DSL을 생각해 봅시다.

```
1    body {
2        div {
3            +"Some text"
```

---

4 앞 코드는 함수를 생성하고, 아래 코드는 함수를 호출한다는 것이 다릅니다. 앞 코드의 경우 곱셈의 결과는 ()-> Unit이고, 아래 코드의 경우 곱셈의 결과는 Unit입니다.

5 (옮긴이) 클래스 또는 다른 대상 내부에 있지 않고, 가장 외부에 있는 함수를 의미합니다.

```
4        }
5    }
```

문자열 앞에 String.unaryPlus가 사용된 것을 볼 수 있습니다. 이렇게 코드를 작성해도 되는 이유는 이 코드가 DSL 코드이기 때문입니다.

정리

연산자 오버로딩은 그 이름의 의미에 맞게 사용해 주세요. 연산자 의미가 명확하지 않다면, 연산자 오버로딩을 사용하지 않는 것이 좋습니다. 대신 이름이 있는 일반 함수를 사용하기 바랍니다. 꼭 연산자 같은 형태로 사용하고 싶다면, infix 확장 함수 또는 톱레벨 함수를 활용하세요.

Unit?을 리턴하지 말라

채용 인터뷰 과정에서 필자의 친구는 "함수에서 Unit?을 리턴한다면, 그 이유는 무엇일까요?"라는 질문을 받았습니다. 마치 Boolean이 true 또는 false를 갖는 것처럼, Unit?은 Unit 또는 null이라는 값을 가질 수 있습니다. 따라서 Boolean과 Unit? 타입은 서로 바꿔서 사용할 수 있습니다. 일반적으로 Unit?을 사용한다는 것은 이런 경우입니다. 다음 코드를 살펴봅시다.

```
1    fun keyIsCorrect(key: String): Boolean = //...
2
3    if(!keyIsCorrect(key)) return
```

다음 코드처럼 사용할 수도 있습니다.

```
1    fun verifyKey(key: String): Unit? = //...
2
3    verifyKey(key) ?: return
```

사실 인터뷰에서 "그렇다면 이러한 코드를 사용해도 괜찮을까요?"라는 질문까지 물어봤어야 한다고 생각합니다. 이러한 트릭은 코드를 작성할 때는 멋있게 보일 수도 있겠지만, 읽을 때는 그렇지 않습니다. Unit?으로 불을 표현하는 것은 오해의 소지가 있으며, 예측하기 어려운 오류를 만들 수 있습니다. 이전에 다음과 같은 코드는 이해하기 어렵다고 이야기했습니다.

```
1    getData()?.let{ view.showData(it) } ?: view.showError()
```

이 코드는 showData가 null을 리턴하고, getData가 null이 아닌 값을 리턴할 때, showData와 showError가 모두 호출됩니다. 이런 코드보다는 if-else 조건문을 사용하는 것이 훨씬 이해하기 쉽고 깔끔합니다.

```
1    if (person != null && person.isAdult) {
2        view.showPerson(person)
3    } else {
4        view.showError()
5    }
```

다음 두 가지 코드를 비교해 봅시다.

```
1    if(!keyIsCorrect(key)) return
2
3    verifyKey(key) ?: return
```

지금까지 여러 코드를 보면서 Unit?을 쉽게 읽을 수 있는 경우는 거의 보지 못했습니다. 이 코드는 오해를 불러 일으키기 쉽습니다. 따라서 Boolean을 사용하는 형태로 변경하는 것이 좋습니다. 기본적으로 Unit?을 리턴하거나, 이를 기반으로 연산하지 않는 것이 좋습니다.

변수 타입이 명확하지 않은 경우 확실하게 지정하라

코틀린은 개발자가 타입을 지정하지 않아도, 타입을 지정해서 넣어 주는 굉장히 수준 높은 타입 추론 시스템을 갖추고 있습니다.

```
1    val num = 10
2    val name = "Marcin"
3    val ids = listOf(12, 112, 554, 997)
```

이는 개발 시간을 줄여 줄 뿐만 아니라 유형이 명확할 때 코드가 짧아지므로 코드의 가독성이 크게 향상됩니다. 하지만 유형이 명확하지 않을 때는 남용하면 좋지 않습니다.

```
1    val data = getSomeData()
```

위의 코드는 타입을 숨기고 있습니다. 가독성을 위해 코드를 설계할 때 읽는 사람에게 중요한 정보를 숨겨서는 안 됩니다. '코드를 읽으면서 함수 정의를 보며 타입을 확인하면 되지 않나?'라고 생각할 수도 있지만, 이는 곧 가독성이 떨어진다는 의미입니다. 또한 코드 정의로 쉽게 이동할 수 없는 깃허브 등의 환경에서 코드를 읽을 수도 있습니다. 사람도 작업할 때 활용할 수 있는 메모리는 한정적이므로, 이런 것에 쓸데없이 메모리를 낭비하는 것은 좋지 않습니다. 다음과 같이 타입을 지정해 주면, 코드를 훨씬 쉽게 읽을 수 있습니다.

```
1    val data: UserData = getSomeData()
```

가독성 향상 이외에 안전을 위해서도 타입을 지정하는 것이 좋습니다. 이와 관련된 내용은 '아이템 3: 최대한 플랫폼 타입을 사용하지 말라'와 '아이템 4: inferred 타입으로 리턴하지 말라'에서 다루었습니다. 타입은 개발자와 컴파일러 모두에게 중요한 정보입니다. 그렇다고 타입을 무조건 지정하라는 것이 아 닙니다. 상황에 맞게 사용해 주세요.

아이템 15

리시버를 명시적으로 참조하라

무언가를 더 자세하게 설명하기 위해서, 명시적으로 긴 코드를 사용할 때가 있습니다. 대표적으로 함수와 프로퍼티를 지역 또는 톱레벨 변수가 아닌 다른 리시버로부터 가져온다는 것을 나타낼 때가 있습니다. 예로 클래스의 메서드라는 것을 나타내기 위한 this가 있습니다.

```
1    class User: Person() {
2        private var beersDrunk: Int = 0
3
4        fun drinkBeers(num: Int) {
5            // ...
6            this.beersDrunk += num
7            // ...
8        }
9    }
```

비슷하게 확장 리시버(확장 메서드에서의 this)를 명시적으로 참조하게 할 수도 있습니다. 비교를 위해서 일단 리시버를 명시적으로 표시하지 않은 퀵소트 구현을 살펴봅시다.

```
1    fun <T : Comparable<T>> List<T>.quickSort(): List<T> {
2        if (size < 2) return this
3        val pivot = first()
4        val (smaller, bigger) = drop(1)
5            .partition { it < pivot }
6        return smaller.quickSort() + pivot + bigger.quickSort()
7    }
```

명시적으로 표시하면, 다음과 같습니다.

```
1    fun <T : Comparable<T>> List<T>.quickSort(): List<T> {
2        if (this.size < 2) return this
```

```
3        val pivot = this.first()
4        val (smaller, bigger) = this.drop(1)
5            .partition { it < pivot }
6        return smaller.quickSort() + pivot + bigger.quickSort()
7    }
```

두 함수의 사용에 차이는 없습니다.

```
1    listOf(3, 2, 5, 1, 6).quickSort() // [1, 2, 3, 5, 6]
2    listOf("C", "D", "A", "B").quickSort() // [A, B, C, D]
```

여러 개의 리시버

스코프 내부에 둘 이상의 리시버가 있는 경우, 리시버를 명시적으로 나타내면 좋습니다. apply, with, run 함수를 사용할 때가 대표적인 예입니다. 상황을 이해할 수 있게 다음 코드를 살펴봅시다.[5]

```
1    class Node(val name: String) {
2
3        fun makeChild(childName: String) =
4            create("$name.$childName")
5                .apply { print("Created ${name}") }
6
7        fun create(name: String): Node? = Node(name)
8    }
9
10   fun main() {
11       val node = Node("parent")
12       node.makeChild("child")
13   }
```

어떤 결과가 나올까요? 잠시 멈추고, 직접 생각해 보기 바랍니다.

일반적으로 'Created parent.child'가 출력된다고 예상하지만, 실제로는 'Created parent'가 출력됩니다. 왜 그럴까요? 조금 더 이해할 수 있게 앞에 명시적으로 리시버를 붙여 봅시다.

---

5 이 코드는 로만 다비드킨(Roman Dawydkin)이 드미트리 칸달로프(Dmitry Kandalov)의 코틀린 퍼즐러(kotlin-puzzler 리포지토리)에 추가했던 내용을 기반으로 작성된 것입니다. 참고로 안톤 켁스(Anton Keks)가 KotlinConf에서 발표했던 내용이기도 합니다.

```
1    class Node(val name: String) {
2
3        fun makeChild(childName: String) =
4            create("$name.$childName")
5                .apply { print("Created ${this.name}") }
6                // 컴파일 오류
7
8        fun create(name: String): Node? = Node(name)
9    }
```

문제는 apply 함수 내부에서 this의 타입이 Node?라서, 이를 직접 사용할 수 없다는 것입니다. 이를 사용하려면 언팩(unpack)하고 호출해야 합니다. 이렇게 하면 일반적으로 생각하는 답이 나옵니다.

```
1    class Node(val name: String) {
2
3        fun makeChild(childName: String) =
4            create("$name.$childName")
5                .apply { print("Created ${this?.name}") }
6
7        fun create(name: String): Node? = Node(name)
8    }
9
10   fun main() {
11       val node = Node("parent")
12       node.makeChild("child")
13       // 출력: Created parent.child
14   }
```

사실 이는 apply의 잘못된 사용 예입니다. 만약 also 함수와 파라미터 name을 사용했다면, 이런 문제 자체가 일어나지 않습니다. also를 사용하면, 이전과 마찬가지로 명시적으로 리시버를 지정하게 됩니다. 일반적으로 also 또는 let을 사용하는 것이 nullable 값을 처리할 때 훨씬 좋은 선택지입니다.

```
1    class Node(val name: String) {
2
3        fun makeChild(childName: String) =
4            create("$name.$childName")
5                .also { print("Created ${it?.name}") }
6
7        fun create(name: String): Node? = Node(name)
8    }
```

리시버가 명확하지 않다면, 명시적으로 리시버를 적어서 이를 명확하게 해 주세요. 레이블 없이 리시버를 사용하면, 가장 가까운 리시버를 의미합니다. 외부에 있는 리시버를 사용하려면, 레이블을 사용해야 합니다. 둘 모두를 사용하는 예를 살펴봅시다.

```
1    class Node(val name: String) {
2
3        fun makeChild(childName: String) =
4            create("$name.$childName").apply {
5                print("Created ${this?.name} in "+
6                    " ${this@Node.name}")
7            }
8
9        fun create(name: String): Node? = Node(name)
10   }
11
12   fun main() {
13       val node = Node("parent")
14       node.makeChild("child")
15       // Created parent.child in parent
26   }
```

어떤 리시버를 활용하는지 의미가 훨씬 명확해졌습니다. 이렇게 명확하게 작성하면, 코드를 안전하게 사용할 수 있을 뿐만 아니라 가독성도 향상됩니다.

DSL 마커

코틀린 DSL을 사용할 때는 여러 리시버를 가진 요소들이 중첩되더라도, 리시버를 명시적으로 붙이지 않습니다. DSL은 원래 그렇게 사용하도록 설계되었기 때문입니다. 그런데 DSL에서는 외부의 함수를 사용하는 것이 위험한 경우가 있습니다. 예로 간단하게 HTML table 요소를 만드는 HTML DSL을 생각해 봅시다.

```
1    table {
2        tr {
3            td { +"Column 1" }
4            td { +"Column 2" }
5        }
```

```
6     tr {
7         td { +"Value 1" }
8         td { +"Value 2" }
9     }
10  }
```

기본적으로 모든 스코프에서 외부 스코프에 있는 리시버의 메서드를 사용할
수 있습니다. 하지만 이렇게 하면 코드에 문제가 발생합니다.

```
1   table {
2       tr {
3           td { +"Column 1" }
4           ld { +"Column 2" }
5           tr {
6               td { +"Value 1" }
7               td { +"Value 2" }
8           }
9       }
10  }
```

이러한 잘못된 사용을 막으려면, 암묵적으로 외부 리시버를 사용하는 것을 막
는 DslMarker라는 메타 어노테이션(어노테이션을 위한 어노테이션)을 사용합
니다. 다음과 같은 형태로 사용합니다.

```
1   @DslMarker
2   annotation class HtmlDsl
3
4   fun table(f: TableDsl.() -> Unit) { /*...*/ }
5
6   @HtmlDsl
7   class TableDsl { /*...*/ }
```

이렇게 하면 암묵적으로 외부 리시버를 사용하는 것이 금지됩니다.

```
1   table {
2       tr {
3           td { +"Column 1" }
4           td { +"Column 2" }
5           tr { // 컴파일 오류
6               td { +"Value 1" }
7               td { +"Value 2" }
8           }
```

```
9        }
10    }
```

외부 리시버의 함수를 사용하려면, 다음과 같이 명시적으로 해야 합니다.

```
1     table {
2         tr {
3             td { +"Column 1" }
4             td { +"Column 2" }
5             this@table.tr {
6                 td { +"Value 1" }
7                 td { +"Value 2" }
8             }
9         }
10    }
```

DSL 마커는 가장 가까운 리시버만을 사용하게 하거나, 명시적으로 외부 리시버를 사용하지 못하게 할 때 활용할 수 있는 굉장히 중요한 메커니즘입니다. DSL 설계에 따라서 사용 여부를 결정하는 것이 좋으므로, 설계에 따라서 사용하기 바랍니다.

정리

짧게 적을 수 있다는 이유만으로 리시버를 제거하지 말기 바랍니다. 여러 개의 리시버가 있는 상황 등에는 리시버를 명시적으로 적어 주는 것이 좋습니다. 리시버를 명시적으로 지정하면, 어떤 리시버의 함수인지를 명확하게 알 수 있으므로, 가독성이 향상됩니다. DSL에서 외부 스코프에 있는 리시버를 명시적으로 적게 강제하고 싶다면, DslMarker 메타 어노테이션을 사용합니다.

아이템 16

프로퍼티는 동작이 아니라 상태를 나타내야 한다

코틀린의 프로퍼티는 자바의 필드와 비슷해 보입니다. 하지만 사실 서로 완전히 다른 개념입니다.

```
1    // 코틀린의 프로퍼티
2    var name: String? = null
3
4    // 자바의 필드
5    String name = null;
```

둘 다 데이터를 저장한다는 점은 같습니다. 하지만 프로퍼티에는 더 많은 기능이 있습니다. 일단 기본적으로 프로퍼티는 사용자 정의 세터와 게터를 가질 수 있습니다.

```
1    var name: String? = null
2        get() = field?.toUpperCase()
3        set(value) {
4            if(!value.isNullOrBlank()) {
5                field = value
6            }
7        }
```

이 코드에서 field라는 식별자를 확인할 수 있습니다. 이는 프로퍼티의 데이터를 저장해 두는 백킹 필드(backing field)에 대한 레퍼런스입니다. 이러한 백킹 필드는 세터와 게터의 디폴트 구현에 사용되므로, 따로 만들지 않아도 디폴트로 생성됩니다. 참고로 val을 사용해서 읽기 전용 프로퍼티를 만들 때는 field가 만들어지지 않습니다.

```
1    val fullName: String
2        get() = "$name $surname"
```

var을 사용해서 만든 읽고 쓸 수 있는 프로퍼티는 게터와 세터를 정의할 수 있습니다. 이러한 프로퍼티를 **파생 프로퍼티**(derived property)라고 부르며, 자주 사용됩니다.

이처럼 코틀린의 모든 프로퍼티는 디폴트로 캡슐화되어 있습니다. 예를 들어 자바 표준 라이브러리 Date를 활용해 객체에 날짜를 저장해서 많이 활용한 상황을 가정해 봅시다. 그런데 프로젝트를 진행하는 중에 직렬화 문제 등으로 객체를 더 이상 이러한 타입으로 저장할 수 없게 되었는데, 이미 프로젝트 전체에서 이 프로퍼티를 많이 참조하고 있다면 어떻게 해야 할까요? 코틀린은 데이터를 millis라는 별도의 프로퍼티로 옮기고, 이를 활용해서 date 프로퍼티에 데이터를 저장하지 않고, 랩(wrap)/언랩(unwrap)하도록 코드를 변경하기만 하면 됩니다.

```
1    var date: Date
2        get() = Date(millis)
3        set(value) {
4            millis = value.time
5        }
```

프로퍼티는 필드가 필요 없습니다. 오히려 프로퍼티는 개념적으로 접근자(val의 경우 게터, var의 경우 게터와 세터)를 나타냅니다. 따라서 코틀린은 인터페이스에도 프로퍼티를 정의할 수 있는 것입니다.

```
1    interface Person {
2        val name: String
3    }
```

이렇게 코드를 작성하면, 이는 게터를 가질 거라는 것을 나타냅니다. 따라서 다음과 같이 오버라이드할 수 있습니다.

```
1    open class Supercomputer {
2        open val theAnswer: Long = 42
3    }
4
5    class AppleComputer : Supercomputer() {
6        override val theAnswer: Long = 1_800_275_2273
7    }
```

마찬가지의 이유로 프로퍼티를 위임할 수도 있습니다.

```
1    val db: Database by lazy { connectToDb() }
```

프로퍼티 위임(property delegation)은 '아이템 21: 일반적인 프로퍼티 패턴은 프로퍼티 위임으로 만들어라'에서 자세하게 설명하겠습니다. 프로퍼티는 본질적으로 함수이므로, 확장 프로퍼티를 만들 수도 있습니다.

```
1    val Context.preferences: SharedPreferences
2        get() = PreferenceManager
3            .getDefaultSharedPreferences(this)
4
5    val Context.inflater: LayoutInflater
6        get() = getSystemService(
7            Context.LAYOUT_INFLATER_SERVICE) as LayoutInflater
8
9    val Context.notificationManager: NotificationManager
10       get() = getSystemService(Context.NOTIFICATION_SERVICE)
11           as NotificationManager
```

코드에서 확인할 수 있는 것처럼 프로퍼티는 필드가 아니라 접근자를 나타냅니다. 이처럼 프로퍼티를 함수 대신 사용할 수도 있지만, 그렇다고 완전히 대체해서 사용하는 것은 좋지 않습니다. 예를 들어 프로퍼티로 다음과 같이 알고리즘의 동작을 나타내는 것은 좋지 않습니다.

```
1    // 이렇게 하지 마세요!
2    val Tree<Int>.sum: Int
3        get() = when (this) {
4            is Leaf -> value
5            is Node -> left.sum + right.sum
6        }
```

여기에서 sum 프로퍼티는 모든 요소를 반복 처리하므로, 알고리즘의 동작을 나타낸다고 할 수 있습니다. 이런 프로퍼티는 여러 가지 오해를 불러일으킬 수 있습니다. 큰 컬렉션의 경우 답을 찾을 때, 많은 계산량이 필요합니다. 하지만 관습적으로 이런 게터에 그런 계산량이 필요하다고 예상하지는 않습니다. 따라서 이러한 처리는 프로퍼티가 아니라 함수로 구현해야 합니다.

```
1    fun Tree<Int>.sum(): Int = when (this) {
2        is Leaf -> value
3        is Node -> left.sum() + right.sum()
4    }
```

원칙적으로 프로퍼티는 상태를 나타내거나 설정하기 위한 목적으로만 사용하는 것이 좋고, 다른 로직 등을 포함하지 않아야 합니다. 어떤 것을 프로퍼티로 해야 하는지 판단할 수 있는 간단한 질문이 있습니다. '이 프로퍼티를 함수로 정의할 경우, 접두사로 get 또는 set을 붙일 것인가?' 만약 아니라면, 이를 프로퍼티로 만드는 것은 좋지 않습니다. 조금 더 구체적으로 프로퍼티 대신 함수를 사용하는 것이 좋은 경우를 정리해 보면, 다음과 같습니다.

- 연산 비용이 높거나, 복잡도가 O(1)보다 큰 경우: 관습적으로 프로퍼티를 사용할 때 연산 비용이 많이 필요하다고 생각하지 않습니다. 연산 비용이 많이 들어간다면, 함수를 사용하는 것이 좋습니다. 그래야 사용자가 연산 비용을 예측하기 쉽고, 이를 기반으로 캐싱 등을 고려할 수 있기 때문입니다.
- 비즈니스 로직(애플리케이션의 동작)을 포함하는 경우: 관습적으로 코드를 읽을 때 프로퍼티가 로깅, 리스너 통지, 바인드된 요소 변경과 같은 단순한 동작 이상을 할 거라고 기대하지 않습니다.
- 결정적이지 않은 경우: 같은 동작을 연속적으로 두 번 했는데 다른 값이 나올 수 있다면, 함수를 사용하는 것이 좋습니다.
- 변환의 경우: 변환은 관습적으로 Int.toDouble()과 같은 변환 함수로 이루어집니다. 따라서 이러한 변환을 프로퍼티로 만들면, 오해를 불러 일으킬 수 있습니다.
- 게터에서 프로퍼티의 상태 변경이 일어나야 하는 경우: 관습적으로 게터에서 프로퍼티의 상태 변화를 일으킨다고 생각하지는 않습니다. 따라서 게터에서 프로퍼티의 상태 변화를 일으킨다면, 함수를 사용하는 것이 좋습니다.

예를 들어 요소의 합계를 계산하려면, 모든 요소를 더하는 반복 처리가 필요합니다(어떤 처리가 실질적으로 이루어지므로, 상태가 아니라 동작입니다). 선형 복잡도를 가지므로, 이는 프로퍼티가 아니라 함수로 정의하는 것이 좋습니다.

표준 라이브러리에서도 다음과 같이 함수로 정의되어 있습니다.

```
1    val s = (1..100).sum()
```

반대로 상태를 추출/설정할 때는 프로퍼티를 사용해야 합니다. 특별한 이유가 없다면 함수를 사용하면 안 됩니다.

```
1    // 이렇게 하지 마세요!
2    class UserIncorrect {
3        private var name: String = ""
4
5        fun getName() = name
6
7        fun setName(name: String) {
8            this.name = name
9        }
10   }
11
12   class UserCorrect {
13       var name: String = ""
14   }
```

많은 사람은 경험적으로, 프로퍼티는 상태 집합을 나타내고, 함수는 행동을 나타낸다고 생각합니다.

아이템 17

이름 있는 아규먼트를 사용하라

코드에서 아규먼트의 의미가 명확하지 않은 경우가 있습니다. 다음 예를 살펴봅시다.

```
1    val text = (1..10).joinToString("|")
```

"|"는 무엇을 의미할까요? 만약 joinToString에 대해서 이미 알고 있다면, 이것이 구분자(separator)를 의미한다는 것을 알 것입니다. 하지만 모른다면, 이를 접두사(prefix)로 생각할 수도 있을 것입니다. 따라서 명확하지 않게 보일 수도 있습니다.[6] 파라미터가 명확하지 않은 경우에는 이를 직접 지정해서 명확하게 만들어 줄 수 있습니다. 다음 코드처럼 이름 있는 아규먼트(named argument)를 사용하면 됩니다.

```
1    val text = (1..10).joinToString(separator = "|")
```

또는 다음과 같이 변수를 사용해서도 의미를 명확하게 할 수 있습니다.

```
1    val separator = "|"
2    val text = (1..10).joinToString(separator)
```

물론 이름 있는 파라미터를 사용하면 더 신뢰할 수 있습니다. 변수 이름을 사용하는 방법도 개발자의 의도를 쉽게 알 수 있지만, 실제로 코드에서 제대로 사용되고 있는지는 알 수 없습니다. 변수를 잘못 만들 수도 있고, 함수 호출 때 잘못된 위치에 배치할 수도 있습니다. 이름 있는 아규먼트는 이러한 문제가 발생하지 않습니다. 그래서 변수를 사용할 때도 이름 있는 아규먼트를 함께 활용

---

[6] 인텔리제이는 함수 호출 코드를 작성할 때, 여러 가지 힌트를 보여 줍니다. 하지만 다른 사람은 이를 끄고 사용할 수도 있고, 다른 IDE를 사용할 수도 있습니다.

하면 좋습니다.

```
1    val separator = "|"
2    val text = (1..10).joinToString(separator = separator)
```

이름 있는 아규먼트는 언제 사용해야 할까?

이름 있는 아규먼트를 사용하면 코드가 길어지지만, 다음과 같은 두 가지 장점이 생깁니다.

• 이름을 기반으로 값이 무엇을 나타내는지 알 수 있습니다.
• 파라미터 입력 순서와 상관 없으므로 안전합니다.

아규먼트 이름은 함수를 사용하는 개발자뿐만 아니라 코드를 읽는 다른 사람들에게도 굉장히 중요한 정보입니다. 다음 코드를 살펴봅시다.

```
1    sleep(100)
```

얼마나 sleep할까요? 100ms인지 100s인지 명확하지 않습니다. 이름 있는 아규먼트를 활용하면 명확해집니다.

```
1    sleep(timeMillis = 100)
```

물론 그밖에도 다양한 선택지가 있을 수 있습니다. 예를 들어 다음과 같이 함수를 만들어서 시간 단위를 표현할 수도 있습니다.

```
1    sleep(Millis(100))
```

또는 확장 프로퍼티로 DSL과 유사한 문법을 만들어 활용할 수도 있습니다.

```
1    sleep(100.ms)
```

타입은 이러한 정보를 전달하는 굉장히 좋은 방법이라고 할 수 있습니다. 만약 성능에 영향을 줄 것 같아서 걱정된다면, '아이템 46: 함수 타입 파라미터를 갖는 함수에 inline 한정자 붙여라'에서 다루는 인라인 클래스를 사용하기 바랍니다. 하지만 여전히 이전에 설명했던 것처럼 파라미터의 순서를 잘못 입력하는 등의 문제가 발생할 수 있습니다. 그래서 이름 있는 아규먼트를 추천합니다. 특히 다음과 같은 경우에는 더 추천합니다.

- 디폴트 아규먼트의 경우
- 같은 타입의 파라미터가 많은 경우
- 함수 타입의 파라미터가 있는 경우(마지막 경우 제외)

디폴트 아규먼트의 경우

프로퍼티가 디폴트 아규먼트를 가질 경우, 항상 이름을 붙여서 사용하는 것이 좋습니다. 일반적으로 함수 이름은 필수 파라미터들과 관련되어 있기 때문에 디폴트 값을 갖는 옵션 파라미터(optional parameter)의 설명이 명확하지 않습니다. 따라서 이러한 것들은 이름을 붙여서 사용하는 것이 좋습니다.[7]

같은 타입의 파라미터가 많은 경우

파라미터가 모두 다른 타입이라면, 위치를 잘못 입력하면 오류가 발생할 것이므로 쉽게 문제를 발견할 수 있습니다. 하지만 파라미터에 같은 타입이 있다면, 잘못 입력했을 때 문제를 찾아내기 어려울 수 있습니다.

```
1    fun sendEmail(to: String, message: String) { /*...*/ }
```

이러한 함수가 있다면, 이름 있는 아규먼트를 사용하는 것이 좋습니다.

```
1    sendEmail(
2        to = "contact@kt.academy",
3        message = "Hello, ..."
4    )
```

---

7 다른 프로그래밍 언어도 비슷합니다. 예를 들어 《파이썬 코딩의 기술(Effective Python)》(길벗, 2016)도 'Better way 19: 키워드 인수로 선택적인 동작을 제공하자'도 디폴트 아규먼트에 이름을 붙여서 사용하는 것을 추천합니다.

함수 타입 파라미터

마지막으로, 함수 타입 파라미터는 조금 특별하게 다루어야 합니다. 일반적으로 함수 타입 파라미터는 마지막 위치에 배치하는 것이 좋습니다. 함수 이름이함수 타입 아규먼트를 설명해 주기도 합니다. 예를 들어 repeat를 생각해 봅시다. repeat 뒤에 오는 람다는 반복될 블록을 나타냅니다. thread도 그 이후의블록이 스레드 본문이라는 것을 쉽게 알 수 있습니다. 이러한 이름들은 일반적으로 마지막에 위치하는 함수 파라미터에 대해서만 설명합니다.

```
1    thread {
2        // ...
3    }
```

그 밖의 모든 함수 타입 아규먼트는 이름 있는 아규먼트를 사용하는 것이 좋습니다. 이렇게 하는 것이 훨씬 이해하기 쉽습니다. 예를 들어 다음 뷰 DSL을 살펴봅시다.

```
1    val view = linearLayout {
2        text("Click below")
3        button({ /* 1 */ }, { /* 2 */ })
4    }
```

{ /* 1 */ }, { /* 2 */ } 부분 중에서 어떤 부분이 빌더 부분이고, 어떤 부분이 클릭 리스너일까요? 이름을 부여하고, 위치를 수정하면 훨씬 명확해집니다.

```
1    val view = linearLayout {
2        text("Click below")
3        button(onClick = {/* 1 */}) {
4            /* 2 */
5        }
6    }
```

여러 함수 타입의 옵션 파라미터가 있는 경우에는 더 헷갈립니다.

```
1    fun call(before: ()->Unit = {}, after: ()->Unit = {}){
2        before()
```

```
3           print("Middle")
4           after()
5       }
6
7       call({ print("CALL") }) // CALLMiddle
8       call { print("CALL") }  // MiddleCALL
```

이름을 붙여서 사용하면, 훨씬 더 쉽게 이해할 수 있습니다.

```
1       call(before = { print("CALL") }) // CALLMiddle
2       call(after = { print("CALL") })  // MiddleCALL
```

리액티브 라이브러리에서 굉장히 자주 볼 수 있는 형태입니다. 예를 들어 RxJava에서 Observable을 구독할 때 함수를 설정합니다.

- 각각의 아이템을 받을 때(onNext)
- 오류가 발생했을 때(onError)
- 전체가 완료되었을 때(onComplete)

자바에서는 일반적으로 람다 표현식을 사용해서 코드를 작성하고, 주석을 활용해서 설명을 붙입니다.

```
1       // Java
2       observable.getUsers()
3               .subscribe((List<User> users) -> { // onNext
4                   // ...
5               }, (Throwable throwable) -> { // onError
6                   // ...
7               }, () -> { // onCompleted
8                   // ...
9               });
```

코틀린에서는 다음과 같이 이름 있는 아규먼트를 활용해서 의미를 더 명확하게 할 수 있습니다.

```
1       observable.getUsers()
2           .subscribeBy(
3               onNext = { users: List<User> ->
4                   // ...
5               },
```

```
6              onError = { throwable: Throwable ->
7                  // ...
8              },
9              onCompleted = {
10                 // ...
11             })
```

참고로, 자바에서 subscribe라고 작성했던 코드를 코틀린에서는 subscribeBy 로 변경했습니다. 이는 RxJava가 자바로 작성되어 있으며, 자바 함수를 호출할 때는 이름 있는 파라미터를 사용할 수 없기 때문입니다. 이름 있는 파라미터를 사용하려면, 이처럼 함수를 활용하는 별도의 코틀린 함수를 만들어서 사용해 야 합니다.

정리

이름 있는 아규먼트는 디폴트 값들을 생략할 때만 유용한 것이 아닙니다. 이 름 있는 아규먼트는 개발자가 코드를 읽을 때도 편리하게 활용되며, 코드의 안 정성도 향상시킬 수 있습니다. 또한 함수에 같은 타입의 파라미터가 여러 개 있는 경우, 함수 타입의 파라미터가 있는 경우, 옵션 파라미터가 있는 경우에 는 이름 있는 아규먼트를 활용하는 것이 좋습니다. 예외는 마지막 파라미터가 DSL처럼 특별한 의미를 갖고 있는 경우입니다.

아이템 18

코딩 컨벤션을 지켜라

#기본적인

코틀린 문서의 'Coding Convensions'[7]을 보면 알 수 있는 것처럼, 코틀린은 굉장히 잘 정리된 코딩 컨벤션을 갖고 있습니다. 물론 이러한 컨벤션이 모든 프로젝트에 최적인 것은 아니지만, 코틀린 커뮤니티에 속한 사람이라면 이러한 컨벤션을 최대한 지켜 주는 것이 좋습니다. 이를 지켜야

- 어떤 프로젝트를 접해도 쉽게 이해할 수 있습니다.
- 다른 외부 개발자도 프로젝트의 코드를 쉽게 이해할 수 있습니다.
- 다른 개발자도 코드의 작동 방식을 쉽게 추측할 수 있습니다.
- 코드를 병합하고, 한 프로젝트의 코드 일부를 다른 코드로 이동하는 것이 쉽습니다.

코틀린 개발자라면 문서에 설명되어 있는 컨벤션에 익숙해져야 합니다. 컨벤션은 시간이 지나면서 조금씩 변화할 수 있습니다. 이런 변화도 받아들일 수 있어야 합니다. 컨벤션을 지킬 때 도움이 되는 두 가지 도구가 있습니다.

- IntelliJ 포매터(formatter): 공식 코딩 컨벤션 스타일에 맞춰서 코드를 변경해 줍니다. Settings → Editor → Code Style → Kotlin에서 오른쪽 위에 있는 'Set from…' 링크를 누른 뒤, 메뉴에서 'Predefined style/Kotlin style guide'를 선택하면 사용할 수 있습니다.
- ktlint[8]: 많이 사용되는 코드를 분석하고 컨벤션 위반을 알려 주는 린터(linter)입니다.

---

7   *https://kotlinlang.org/docs/reference/coding-conventions.html*
8   *https://github.com/pinterest/ktlint*

자바 개발자가 여러 코틀린 프로젝트를 살펴보면, 코딩 컨벤션을 따로 보지 않아도 어느 정도 쉽게 이해할 수 있을 것입니다. 이는 코틀린이 자바의 코딩 컨벤션을 잘 따르고 있으며, 많은 코틀린 개발자가 이전에 자바 개발자였기 때문일 수 있습니다. 자주 위반되는 규칙 중 하나는 클래스와 함수의 형식입니다.

```
1    class FullName(val name: String, val surname: String)
```

하지만 많은 파라미터를 갖고 있는 클래스는 다음과 같이 각각의 파라미터를 한 줄씩 작성하는 방법을 사용합니다.[9]

```
1    class Person(
2        val id: Int = 0,
3        val name: String = "",
4        val surname: String = ""
5    ) : Human(id, name) {
6        // 본문
7    }
```

함수도 파라미터들을 많이 갖고 있고 길다면, 다음과 같이 작성합니다.

```
1    public fun <T> Iterable<T>.joinToString(
2        separator: CharSequence = ", ",
3        prefix: CharSequence = "",
4        postfix: CharSequence = "",
5        limit: Int = -1,
6        truncated: CharSequence = "...",
7        transform: ((T) -> CharSequence)? = null
8    ): String {
9        // …
10    }
```

참고로, 코딩 컨벤션을 다음과 같이 이해하는 사람들도 있지만, 다음 코드와 위에서 설명한 코드는 완전히 다릅니다.

```
1    // 이렇게 하지 마세요.
2    class Person(val id: Int = 0,
```

---

9 x좌표, y좌표와 같은 형태로 연관성이 있는 경우에는 한 줄에 작성해도 괜찮다고는 하지만, 개인적으로는 추천하지 않습니다.

```
3              val name: String = "",
4              val surname: String = "") : Human(id, name){
5      // 본문
6    }
```

이 코드는 두 가지 측면에서 문제가 될 수 있습니다.

- 모든 클래스의 아규먼트가 클래스 이름에 따라서 다른 크기의 들여쓰기를 갖습니다. 이런 형태로 작성하면, 클래스 이름을 변경할 때 모든 기본 생성자 파라미터의 들여쓰기를 조정해야 합니다.
- 클래스가 차지하는 공간의 너비가 너무 큽니다. 처음 class 키워드가 있는 줄도 너비가 너무 크고, 이름이 가장 긴 마지막 파라미터와 슈퍼클래스 지정이 함께 있는 줄도 너무 큽니다.

물론 일부 팀이 다른 규칙을 사용하기로 결정할 수 있습니다. 그래도 실행에는 문제가 없겠지만, 프로젝트의 컨벤션은 반드시 지켜 주는 것이 좋습니다. 프로젝트의 모든 코드는 여러 사람이 싸우는 느낌으로 작성되면 안 되며, 마치 한 사람이 작성한 것처럼 작성되어야 합니다.

많은 개발자가 코딩 컨벤션을 지키지 않습니다. 하지만 코딩 컨벤션은 굉장히 중요합니다. 가독성과 관련된 어떤 책을 보아도, 코딩 컨벤션과 관련된 내용을 강조한다는 것을 확인할 수 있을 것입니다. 코딩 컨벤션을 확실하게 읽고, 정적 검사기(static checker)를 활용해서 프로젝트의 코딩 컨벤션 일관성을 유지하기 바랍니다. 코딩 컨벤션을 준수하면 우리 모두에게 좋습니다.

2부

코드 설계

3장
E f f e c t i v e   K o t l i n

재사용성

System.out.print 함수가 어떻게 작동하는지 궁금했던 적이 있지 않나요(코틀린/JVM에서의 print 함수)? System.out.print 함수는 굉장히 많이 사용되는 함수입니다. 하지만 어느 날 이 함수가 사라진다면, 이를 직접 구현할 수 있을까요? 쉬운 일이 아닙니다. 또한 java.io도 함께 사라진다면, 더욱 더 힘들어질 것입니다. 이러한 상황에서 System.out.print 함수를 구현하려면, JNI를 통해 C를 사용해, 운영체제와 통신하는 부분까지 만들어 내야 합니다.[1] 따로 직접 해보지 않아도, 이 작업이 굉장히 어렵다는 것을 알 수 있을 것입니다. 그리고 만약 이를 프로젝트를 진행할 때마다 다시 해야 한다면, 끔찍한 일이 아닐 수 없습니다.

다른 함수들도 마찬가지일 것입니다. 안드로이드 뷰를 만드는 작업은 굉장히 간단합니다. 이는 안드로이드가 복잡한 코드를 API로 간단하게 제공해 주기 때문입니다. 백엔드 개발자도 HTTP와 HTTPS 프로토콜에 대한 자세한 내용을 몰라도, 일을 하는 데 아무런 문제가 없습니다. Iterable.sorted를 호출해서 사용하면, 정렬 알고리즘과 관련된 자세한 내용을 몰라도 됩니다. 누군가가 이러한 것을 한 번 만들어 놓으면, 필요할 때 이를 활용할 수 있는 것입

---

1 다음 글을 한번 참고해 보세요.
https://luckytoilet.wordpress.com/2010/05/21/how-system-out-println-really-works/

니다. 이것이 바로 프로그래밍 언어의 핵심 특징이라고 할 수 있는 **재사용성** (reusability)입니다.

하지만 재사용성은 그만큼의 힘이 있는 만큼 굉장히 위험할 수도 있습니다. print 함수를 약간만 변경해도, 프로그램에 수많은 문제가 발생할 수 있습니다. A와 B에서 공통 부분을 추출한다면, 이후에 공통 부분을 수정할 일이 있을 때 한꺼번에 수정할 수 있을 것입니다. 하지만 실제로 해 보면, A를 대상으로 수정한 것이 B에서 문제가 될 수 있고, B를 대상으로 수정한 것이 A에서 문제가 될 수도 있습니다. 그래서 재사용성을 고려하는 일은 생각보다 어렵고, 다양한 오류를 발생시킬 수 있습니다.

이번 장에서는 이러한 재사용성에 대해서 살펴봅니다. 이는 어떠한 답이 있는 것이 아니라, 지금까지 수많은 개발자가 개발하는 과정에서 만들어진 방법들입니다. 예를 들어 '무언가를 추출했는데 문제가 발생한다', '추출하지 않았을 때 어떠한 문제가 발생한다'처럼 과거의 코드가 현재에 어떠한 영향을 미치는지 등을 확인하면서 정립된 것들입니다. 다른 언어 또는 프로젝트를 보고서 '이렇게 하니까 짧고 읽기 쉽네'라고 생각했을 수도 있습니다. 이것은 일반적인 학습 방법이며, 가장 좋은 학습 방법 중 하나입니다.

하지만 한 가지 문제가 있습니다. 이는 수년간의 연습이 필요합니다. 연습 속도를 빠르게 하고 지식을 체계화하기 위해, 장기적으로 코드를 개선하는 데 도움이 되는 여러 가지 방법을 설명하겠습니다. 이 책의 다른 장과 비교해서 훨씬 이론적인 내용이라고 할 수 있습니다. (이전 장에서 설명한 것과 같은) 구체적인 내용을 보고 싶다면 건너뛰기 바랍니다.

아이템 19

knowledge^{2}를 반복하여 사용하지 말라

#범용적인 #기본적인

필자가 생각하는 프로그래밍의 가장 큰 규칙은 다음과 같습니다.

"프로젝트에서 이미 있던 코드를 복사해서 붙여넣고 있다면, 무언가가 잘못된 것이다."

굉장히 단순한 휴리스틱이지만, 정말로 잘 들어맞습니다. 필자는 이를 'knowledge를 반복하여 사용하지 말라'라는 규칙으로 표현하고 있습니다. 《실용주의 프로그래머》라는 책에서는 'Don't Repeat Yourself'라는 규칙을 'DRY 규칙'이라고 표현하고 있습니다. WET 안티패턴^{3}이라는 이름으로 알고 있는 사람도 있을 것입니다. DRY는 또한 SSOT(Single Source of Truth)라는 이름으로도 알려져 있습니다. 굉장히 많은 개발자가 결국 같은 이야기를 하고 있는 것입니다. 그런데 너무 자주 하는 이야기이다 보니 굉장히 많이 오용 또는 남용되고 있습니다. 이 규칙을 확실하게 적용하려면, 이 이야기가 언제 왜 나오는지 이해해야 합니다. 그리고 이를 이해하려면 간단한 이론을 알아야 합니다. 차근차근 살펴보도록 합시다.

---

2 (옮긴이) 《실용주의 프로그래머(Pragmatic Programmer)》(인사이트, 2014)를 보면, DRY 원칙에 대해서 "모든 지식은 시스템 내에서 단일하고, 애매하지 않고, 정말로 믿을 만한 표현 양식을 가져야 한다(Every piece of knowledge must have a single, unambiguous, authoritative representation within a system)"라고 설명합니다. 여기서 'knowledge'는 우리가 일반적으로 표현하는 '지식'과 약간 다르게 '의도적인 정보'를 나타내는 개념이므로, 이 책에서는 'knowledge'를 원어 그대로 'knowledge'라고 부르겠습니다.

3 개발자는 타이핑하는 것을 좋아하므로, 많은 사람의 시간을 낭비하게 만들거나 같은 코드를 두 번씩 작성한다(We Enjoy Typing, Waste Everyone's Time or Write Everything Twice).
(옮긴이) '이게 무슨 말인가?'라고 생각할 수 있는데요. 안티패턴이라는 이름처럼 "많은 사람이 같은 코드를 두 번씩 작성하는 의미 없는 행동을 하는데, 이는 아마도 타이핑하기 좋아하기 때문일 것이다"라는 말로 비꼬는 것입니다.

knowledge

프로그래밍에서 knowledge는 넓은 의미로 '의도적인 정보'를 뜻합니다. 이와 같은 knowledge는 코드 또는 데이터로 표현할 수 있습니다. 또한 기본 동작을 하게 아예 코드와 데이터를 부족하게 만들어서도 표현할 수 있습니다. 상속을 하는데도 불구하고 특정 메서드를 오버라이드하지 않게 강제한다는 것은, '해당 메서드가 슈퍼클래스와 동일하게 동작하기 원한다'는 의미입니다.

이처럼 프로젝트를 진행할 때 정의한 모든 것이 knowledge입니다. knowledge의 종류는 굉장히 다양합니다. 알고리즘의 작동 방식, UI의 형태, 우리가 원하는 결과 등이 모두 '의도적인 정보'이며, knowledge입니다. knowledge는 코드, 설정, 템플릿 등으로 표현할 수 있습니다. 이러한 knowledge는 어떤 도구, 가상머신, 다른 프로그램들에서 직접 또는 간접적으로 이해할 수 있는 정보라고 할 수 있습니다.

우리 프로그램에서 중요한 knowledge를 크게 두 가지 뽑는다면, 다음과 같습니다.

1. 로직(logic): 프로그램이 어떠한 식으로 동작하는지와 프로그램이 어떻게 보이는지
2. 공통 알고리즘(common algorithm): 원하는 동작을 하기 위한 알고리즘

둘의 가장 큰 차이점은 시간에 따른 변화입니다. 비즈니스 로직은 시간이 지나면서 계속해서 변하지만, 공통 알고리즘은 한 번 정의된 이후에는 크게 변하지 않습니다. 물론 공통 알고리즘을 최적화를 하거나, 같은 카테고리의 더 빠른 알고리즘으로 바꿀 수도 있지만, 동작은 크게 변하지 않습니다. 따라서 이후에 다루는 내용에서는 공통 알고리즘 부분을 더 자세하게 살펴볼 것입니다. 하지만 일단 그 전에 로직과 관련된 내용을 간단하게 살펴봅시다.

모든 것은 변화한다

프로그래밍에서 유일하게 유지되는 것은 '변화한다는 속성'이라는 말이 있습니다. 10년 또는 20년 전의 프로젝트를 생각해 보기 바랍니다. 많은 프로젝트

가 그 정도 기간은 유지됩니다. 하지만 유명한 애플리케이션 또는 웹사이트 중에 변하지 않은 사이트를 알고 있나요? 안드로이드는 2008년에 배포되었습니다. 코틀린의 첫 번째 stable 버전은 2016년에 배포되었습니다. 기술뿐만 아니라 언어도 빠른 속도로 변화합니다. 실무에서 진행했던 프로젝트가 있다면 생각해 보세요. 그 프로젝트의 라이브러리, 아키텍처, 설계가 꽤 많이 변화했을 것입니다.

변화는 우리가 예상하지 못한 곳에서 일어납니다. 과거에 아인슈타인이 학생들을 대상으로 시험을 볼 때, 한 학생이 문제가 작년과 같다고 큰소리로 불평했던 적이 있습니다. 그리고 아인슈타인은 "맞다"라고 답했지만, 실제로 문제의 답이 완전히 달랐다는 이야기가 있습니다. 법과 과학 등에 기반을 둔 것은 일반적으로 변화하지 않는다고 생각하지만, 이런 것조차 시간이 지나면서 변화합니다. 무엇도 가만히 있는 것은 없습니다.

UI 디자인과 기술 표준 등은 훨씬 빠르게 변화합니다. 또한 고객에 대한 이해도 매일매일 변화합니다. 이처럼 우리 프로젝트의 knowledge도 계속해서 변화합니다. 변화하는 이유를 몇 가지 적어보면, 다음과 같습니다.

- 회사가 사용자의 요구 또는 습관을 더 많이 알게 되었다.
- 디자인 표준이 변화했다.
- 플랫폼, 라이브러리, 도구 등이 변화해서 이에 대응해야 한다.

오늘날 대부분의 프로젝트는 몇 달마다 요구 사항과 내부적인 구조를 계속해서 변경합니다. 이는 바람직한 일입니다. 널리 사용되는 많은 관리 시스템은 애자일(agile)하며, 요구 사항의 변화를 맞추는 데 적합합니다. 예를 들어 슬랙은 글리치라는 온라인 게임이었습니다. 게임은 운영이 중단됐지만, 소비자는 이 게임의 커뮤니케이션 방식을 굉장히 마음에 들어했습니다. 그래서 현재의 슬랙으로 변화한 것입니다.

모든 것은 변화하고, 우리는 이에 대비해야 합니다. 변화할 때 가장 큰 적은 knowledge가 반복되어 있는 부분입니다. 잠시 생각해 봅시다. 프로그램 내부에서 여러 부분에 반복되어 있는 코드를 변경하려면 어떻게 해야 할까요? 가장 간단하게는 반복된 부분을 모두 찾고, 모두 변경하면 됩니다. 하지만 이러한 과정에서 검색 중 실수가 발생할 수도 있고, 무엇보다 귀찮습니다. 변경을 했어야 했는데, 실수로 변경을 하지 못한 부분은 어떻게 해야 할까요? 또한 일부가 과거에 약간 다른 방식으로 이미 변경되었다면 어떻게 해야 할까요? 모든 부분을 변경하는 것은 이처럼 힘듭니다. 이는 굉장히 큰 문제입니다.

조금 더 구체적인 예를 생각해 봅시다. 프로젝트의 여러 곳에서 사용되고 있는 범용적인 버튼이 있다고 해 봅시다. 그래픽 디자이너가 이 버튼의 모양을 변경해야 한다고 결정했을 때, 모든 부분을 하나하나 수정해야 한다면, 거대한 작업이 될 것입니다. 프로젝트의 모든 부분을 찾아서, 모든 인스턴스를 만드는 부분을 하나하나 수정해야 하니까요. 실수한 부분을 찾기 위해서 테스터에게 테스트를 요청해야 할 수도 있습니다.

또 다른 예를 생각해 봅시다. 프로젝트에서 데이터베이스를 사용하고 있는데, 어느 날 데이터베이스 내부의 테이블 이름을 변경해야 한다고 생각해 봅시다. 이 테이블에 의존하는 모든 SQL 구문을 변경해야 할 것입니다. 만약 한 부분이라도 수정하는 것을 잊는다면, 굉장히 큰 문제가 발생할 수도 있습니다.

위의 두 가지 예에서 knowledge 반복이 얼마나 위험하고 문제가 있는지 알 수 있습니다. knowledge 반복은 프로젝트의 확장성(scalable)을 막고, 쉽게 깨지게(fragile) 만듭니다. 다행히도 개발자는 knowledge 반복을 줄일 수 있는 도구와 기능들을 활용할 수 있습니다. 대부분의 플랫폼에서는 사용자 정의 스타일 기능을 통해 한꺼번에 전체적인 뷰와 컴포넌트의 디자인을 변경할 수 있습니다. SQL을 직접 작성하지 않고 하이버네이트(Hibernate)와 같은 ORM(Object Relational Mapping), 익스포즈드(Exposed)와 같은 DAO(Data Access Object)를 활용할 수 있습니다.

여러 종류의 추상화를 표현할 수 있는 수많은 솔루션이 있으며, 이를 활용하면 반복을 줄일 수 있습니다. 어떤 종류의 추상화를 표현해 주는지는 '아이템 27: 변화로부터 코드 보호하려면 추상화를 사용하라'에서 살펴보겠습니다.

언제 코드를 반복해도 될까?

반대로 추출을 통해 knowledge 반복을 줄이면 안 되는 상황을 살펴봅시다.

결론부터 말하면 얼핏보면 knowledge 반복처럼 보이지만, 실질적으로 다른 knowledge를 나타내므로 추출하면 안 되는 부분입니다.

어떤 프로젝트에서 독립적인 2개의 안드로이드 애플리케이션을 만들고 있다고 해 봅시다. 빌드 도구 설정이 비슷할 것이므로, 이를 추출해서 knowledge 반복을 줄일 수 있다고 생각할 수 있습니다. 하지만 두 애플리케이션은 독립적이므로 구성 변경이 일부 필요할 수도 있습니다. 한 애플리케이션 쪽의 구성만 변경해야 한다면 문제가 됩니다. 이처럼 신중하지 못한 추출은 변경을 더 어렵게 만들어 버립니다. 또한 구성을 읽을 때도 더 어려울 수 있습니다.

두 코드가 같은 knowledge를 나타내는지, 다른 knowledge를 나타내는지는 "함께 변경될 가능성이 높은가? 따로 변경될 가능성이 높은가?"라는 질문으로 어느 정도 결정할 수 있습니다. 코드를 추출하는 이유는 변경을 쉽게 만들기 위함이므로, 이 질문은 가장 근본적인 질문이라고 할 수 있습니다.

한 가지 유용한 휴리스틱으로, 비즈니스 규칙이 다른 곳(source)에서 왔는지 확인하는 방법이 있습니다. 다른 곳에서 왔다면, 독립적으로 변경될 가능성이 높습니다. 잘못된 코드 추출로부터 우리를 보호할 수 있는 규칙도 있습니다. 바로 **단일 책임 원칙**(Single Responsibility Principle, SRP)입니다.

단일 책임 원칙

코드를 추출해도 되는지를 확인할 수 있는 원칙으로, SOLID 원칙 중 하나인 단일 책임 원칙이 있습니다. 단일 책임 원칙이란 '클래스를 변경하는 이유는 단한 가지여야 한다(A class should have only one reason to change)'라는 의미입니다. 단일 책임 원칙이라는 용어를 만든 로버트 C. 마틴(Robert C. Martin)이 직접 집필한 《클린 아키텍처(Clean Architecture)》(인사이트, 2019)라는 책을 보면, 이를 약간의 비유와 함께 설명합니다. '두 액터(actor)가 같은 클래스를 변경하는 일은 없어야 한다'라고 표현했는데, 여기서 액터는 변화를 만들어 내는 존재(source of change)를 의미합니다. 액터는 서로의 업무와 분야에 대해서 잘 모르는 개발자들로 비유됩니다. 이러한 개발자들이 같은 코드를 변경하는 것은 굉장히 위험한 일입니다.

말이 굉장히 어려운데요. 간단한 예를 통해 조금 더 자세하게 살펴봅시다. 어떤 대학에서 Student라는 클래스를 갖고 있다고 합시다. 이 클래스는 장학금과 관련된 부서와 인증과 관련된 부서에서 모두 사용됩니다. 두 부서에서는 Student라는 클래스에 대해서 다음과 같은 다른 두 가지 프로퍼티를 추가했습니다.

- qualifiesForScholarship은 장학금 관련 부서에서 만든 프로퍼티로, 학생이 장학금을 받을 수 있는 포인트를 갖고 있는지 나타냅니다.
- isPassing은 인증 관련 부서에서 만든 프로퍼티로, 학생이 인증을 통과했는지를 나타냅니다.

이 두 프로퍼티는 모두 학생의 이전 학기 성적을 기반으로 계산됩니다. 그래서 개발자는 두 프로퍼티를 한꺼번에 계산하는 calculatePointsFromPassedCourses 함수를 만들었습니다.

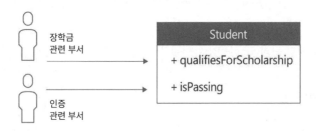

```
1    class Student {
2        // ...
3
4        fun isPassing(): Boolean =
5            calculatePointsFromPassedCourses() > 15
6
7        fun qualifiesForScholarship(): Boolean =
8            calculatePointsFromPassedCourses() > 30
9
10       private fun calculatePointsFromPassedCourses(): Int {
11           //...
12       }
13   }
```

그런데 어느 날 학부장이 "덜 중요한 과목은 장학금 포인트를 줄여달라"라고 요청해서, 규칙을 바꿔야 하는 상황이 생겼습니다. 이것을 변경하기 위해 파견된 다른 개발자는 qualifiesForScholarship 프로퍼티를 확인하고, calculatePoints FromPassedCourses에서 이 값을 수정하고 있다는 것을 확인했습니다. 그리고 이를 기반으로 학부장의 요청 사항에 맞게 코드를 수정했습니다. 그런데 의도하지 않게 isPassing도 비슷한 프로퍼티라고 생각해서, 이와 관련된 동작도 수정했습니다. 이렇게 되면 인증을 통과할 줄 알았던 학생이 통과하지 못할 수도 있습니다. 아마 학생은 굉장히 당황스러워할 것입니다.

물론 단위 테스트를 제대로 만들었다면, 이러한 상황을 쉽게 미리 방지할 수 있습니다('아이템 10: 단위 테스트를 만들어라'). 하지만 일단 단위 테스트는 없다고 가정하겠습니다.

아마 개발자는 해당 함수가 활용되고 있는 다른 부분도 확인했을 것입니다. 하지만 이 함수가 자신이 해야 하는 일 이외의 책임을 갖고 있을 거라는 것은 예측하지 못한 것입니다. 이는 일반적으로 private 함수는 두 가지 이상의 역할을 하지 않기 때문에, 이러한 관습에 따라서 생각했기 때문입니다.

아마 위의 코드를 처음 만든 개발자는 두 책임이 위치적(파일 또는 클래스)으로 가까우므로 그냥 합쳐서 개발했을 것입니다. 따라서 이런 문제를 방지하려면, 처음부터 책임에 따라서 다른 클래스로 구분해서 만들어야 합니다. 예를 들어 책임에 따라 StudentIsPassingValidator와 StudentQualifiesForScholarshipValidator 클래스를 구분해서 만들었다면 어땠을까요?

조금 더 간단하게 코틀린의 확장 함수를 활용하면('아이템 4: inferred 타입으로 리턴하지 말라' 참고), 두 함수는 Student 클래스 아래에 두면서도, 각각의 부서가 관리하는 서로 다른 모듈 파일에 배치할 수도 있을 것입니다.

```
1    // accreditations 모듈
2    fun Student.qualifiesForScholarship(): Boolean {
3        /*...*/
4    }
5
6    // scholarship 모듈
7    fun Student.calculatePointsFromPassedCourses(): Boolean {
8        /*...*/
9    }
```

두 결과를 계산하는 추가적인 함수를 만들면 어떨까요? 할 수 있습니다. 그렇지만 헬퍼 함수는 private 함수로 만들지 않고, 다음과 같이 만드는 것이 일반적입니다.

1. 두 부서에서 모두 사용하는 일반적인 public 함수로 헬퍼 함수를 만듭니다. 공통 부분은 두 부서에서 모두 사용하므로, 이를 함부로 수정해서는 안 되게 규약을 정합니다.
2. 헬퍼 함수를 각각의 부서 모듈에 따라 2개 만듭니다.

어떤 선택지를 사용해도 안전합니다.

단일 책임 원칙은 우리에게 두 가지 사실을 알려 줍니다.

- 서로 다른 곳(위의 예에서는 서로 다른 부서)에서 사용하는 knowledge는 독립적으로 변경할 가능성이 많습니다. 따라서 비슷한 처리를 하더라도, 완전히 다른 knowledge로 취급하는 것이 좋습니다.
- 다른 knowledge는 분리해 두는 것이 좋습니다. 그렇지 않으면, 재사용해서는 안 되는 부분을 재사용하려는 유혹이 발생할 수 있습니다.

정리

모든 것은 변화합니다. 따라서 공통 knowledge가 있다면, 이를 추출해서 이러한 변화에 대비해야 합니다.

여러 요소에 비슷한 부분이 있는 경우, 변경이 필요할 때 실수가 발생할 수 있습니다. 이런 부분은 추출하는 것이 좋습니다. 추가적으로 의도하지 않은 수정을 피하려면 또는 다른 곳(이전 예에서 부서)에서 조작하는 부분이 있다면, 분리해서 사용하는 것이 좋습니다. 많은 개발자는 'Don't Repeat Yourself'라는 문장을 엄격하게 지키려고 비슷해 보이는 코드는 모두 추출하려는 경향이 있습니다. 극단적인 것은 언제나 좋지 않습니다. 항상 균형이 중요합니다. 어떤 것을 추출해야 할지 결정하기 어려울 수 있습니다. 정보 시스템 설계는 예술의 영역과 비슷하기 때문입니다. 수많은 시간과 많은 연습이 필요합니다.

아이템 20

일반적인 알고리즘을 반복해서 구현하지 말라

#기본적인

많은 개발자는 같은 알고리즘을 여러 번 반복해서 구현합니다. 여기에서 말하는 알고리즘은 특정 프로젝트에 국한된 것(비즈니스 로직을 포함하는 것이 아닌 것)이 아니라, 수학적인 연산, 수집 처리처럼 별도의 모듈 또는 라이브러리로 분리할 수 있는 부분을 의미합니다. 물론 최적화된 정렬 알고리즘처럼 굉장히 길고 복잡한 알고리즘도 있겠지만, 다음과 같이 숫자를 특정 범위에 맞추는 간단한 알고리즘도 있을 수 있습니다.

```
1    val percent = when {
2        numberFromUser > 100 -> 100
3        numberFromUser < 0 -> 0
4        else -> numberFromUser
5    }
```

이 알고리즘은 사실 stdlib의 coerceIn 확장 함수로 이미 존재합니다. 따라서 따로 구현하지 않아도 됩니다.

```
1    val percent = numberFromUser.coerceIn(0, 100)
```

이렇게 이미 있는 것을 활용하면, 단순하게 코드가 짧아진다는 것 이외에도 다양한 장점이 있습니다.

• 코드 작성 속도가 빨라집니다. 호출을 한 번 하는 것이 알고리즘을 만드는 것보다 빠릅니다.
• 구현을 따로 읽지 않아도, 함수의 이름 등만 보고도 무엇을 하는지 확실하게 알 수 있습니다. 물론 함수를 처음 본다면 무엇을 하는 함수인지 따로 확인해야 할 것입니다. 하지만 한 번 보고 나면, 그 이후로는 함수의 이름만 보아도 무엇을 하는지 쉽게 알 수 있을 것입니다.

- 직접 구현할 때 발생할 수 있는 실수를 줄일 수 있습니다. 정렬을 하는 sortedBy 와 sortedByDescending을 생각해 봅시다. 이 함수들은 내부 설계가 거의 비슷하지만, 정렬 방향이 반대입니다. 이러한 로직을 직접 반복적으로 구현해 보면 느낄 수 있겠지만, 작성한 코드의 정렬 순서가 오름차순인지 내림차순인지 헷갈리게 되는 경우가 많습니다. 알고리즘 구현 앞에 주석을 달 수도 있겠지만, 사실 이는 큰 도움이 되지 않습니다. 통계적으로 개발자는 코드를 업데이트하고 나서 이전의 주석을 거의 변경하지 않습니다. 그래서 주석은 시간이 갈수록 신뢰를 잃기 때문에 크게 살펴보지 않게 됩니다.
- 제작자들이 한 번만 최적화하면, 이러한 함수를 활용하는 모든 곳이 최적화의 혜택을 받을 수 있습니다.

표준 라이브러리 살펴보기

일반적인 알고리즘은 대부분 이미 다른 사람들이 정의해 놓았습니다. 그중에서 가장 대표적인 라이브러리는 바로 표준 라이브러리인 stdlib입니다. stdlib은 확장 함수를 활용해서 만들어진 굉장히 거대한 유틸리티 라이브러리입니다. stdlib의 함수들을 하나하나 살펴보는 것은 굉장히 어려울 수 있지만, 그럴만한 가치가 있는 일입니다. 만약 자세히 살펴보지 않으면, 계속해서 같은 함수를 여러 번 만들게 될 것입니다. 예를 들어 오픈 소스 프로젝트에서 일부 발췌한 다음 코드를 살펴봅시다.

```
1    override fun saveCallResult(item: SourceResponse) {
2        var sourceList = ArrayList<SourceEntity>()
3        item.sources.forEach {
4            var sourceEntity = SourceEntity()
5            sourceEntity.id = it.id
6            sourceEntity.category = it.category
7            sourceEntity.country = it.country
8            sourceEntity.description = it.description
9            sourceList.add(sourceEntity)
10       }
11       db.insertSources(sourceList)
12   }
```

앞의 코드에서 forEach를 사용하는 것은 사실 좋지 않습니다. 이러한 코드는 for 반복문을 사용하는 것과 아무런 차이가 없습니다. 현재 코드에서는, 어떤 자료형을 다른 자료형으로 매핑하는 처리를 합니다. 따라서 map 함수를 사용하면 됩니다. 또한 현재 코드에서는 SourceEntity를 설정하는 부분이 어설 픕니다. 이는 코틀린으로 작성된 코드에서는 더 이상 찾아볼 수 없는 자바빈 (JavaBean) 패턴입니다. 이런 형태보다는 팩토리 메서드를 활용하거나, 기본 생성자를 활용하는 것이 좋습니다(이와 관련된 내용은 5장에서 자세하게 살펴보겠습니다). 그래도 위와 같은 패턴을 써야겠다면, 다음과 같이 최소한 apply를 활용해서 모든 단일 객체들의 프로퍼티를 암묵적으로 설정하는 것이 좋습니다.

```
1   override fun saveCallResult(item: SourceResponse) {
2       val sourceEntries = item.sources.map(::sourceToEntry)
3       db.insertSources(sourceEntries)
4   }
5
6   private fun sourceToEntry(source: Source) = SourceEntity()
7       .apply {
8           id = source.id
9           category = source.category
10          country = source.country
11          description = source.description
12      }
```

나만의 유틸리티 구현하기

상황에 따라서 표준 라이브러리에 없는 알고리즘이 필요할 수도 있습니다. 예를 들어 컬렉션에 있는 모든 숫자의 곱을 계산하는 라이브러리가 필요하다면 어떻게 해야 할까요? 이는 널리 알려진 추상화이므로 범용 유틸리티 함수 (universal utility function)로 정의하는 것이 좋습니다.

```
1   fun Iterable<Int>.product() =
2           fold(1) { acc, i -> acc * i }
```

여러 번 사용되지 않는다고 해도 이렇게 만드는 것이 좋습니다. 이는 잘 알려진 수학적 개념이고, product라는 이름이 숫자를 곱할 거라는 것은 대부분의 개발자들이 예측할 수 있기 때문입니다. 이후에 다른 개발자가 컬렉션의 숫자를 곱하는 함수를 만들어야 할 때, 이렇게 이미 구현되어 있다면 기쁠 것입니다(다만 찾았다는 전제가 필요합니다).

동일한 결과를 얻는 함수를 여러 번 만드는 것은 잘못된 일입니다. 모든 함수는 테스트되어야 하고, 기억되어야 하며, 유지보수되어야 합니다. 따라서 함수를 만들 때는 이러한 비용이 들어갈 수 있다는 것을 전제해야 합니다. 따라서 필요 없는 함수를 중복해서 만들지 않게, 기존에 관련된 함수가 있는지 탐색하는 과정이 필요합니다.

코틀린 stdlib에 정의된 대부분의 함수처럼, 앞 코드의 product도 확장 함수로 구현되어 있습니다. 많이 사용되는 알고리즘을 추출하는 방법으로는 톱레벨 함수, 프로퍼티 위임, 클래스 등이 있습니다. 확장 함수는 이러한 방법들과 비교해서, 다음과 같은 장점을 갖고 있습니다.

- 함수는 상태를 유지하지 않으므로, 행위를 나타내기 좋습니다. 특히 부가 작용(side-effect)이 없는 경우에는 더 좋습니다.[4]
- 톱레벨 함수와 비교해서, 확장 함수는 구체적인 타입이 있는 객체에만 사용을 제한할 수 있으므로 좋습니다.
- 수정할 객체를 아규먼트로 전달받아 사용하는 것보다는 확장 리시버로 사용하는 것이 가독성 측면에서 좋습니다.
- 확장 함수는 객체에 정의한 함수보다 객체를 사용할 때, 자동 완성 기능 등으로 제안이 이루어지므로 쉽게 찾을 수 있습니다. 예를 들어 TextUtils.isEmpty("Text")보다는 "Text".isEmpty()가 더 사용하기 쉽습니다. TextUtils.isEmpty는 사용하기 전에 isEmpty가 어디에 포함되어 있는지를 알고 있어야 합니다. 여러 라이브러리를 사용하고 있는 경우에는 이를 아는 것이 꽤 어렵습니다.

---

4 (옮긴이) 함수 호출로 상태를 변경하는 것을 부가 작용이라고 부릅니다. 예를 들어 = 연산자, 설정자 함수들은 부가 작용을 갖는 연산입니다.

정리

일반적인 알고리즘을 반복해서 만들지 말아 주세요. 우선 대부분 stdlib에 이미 정의되어 있을 가능성이 높습니다. 따라서 stdlib을 공부해 두면 좋습니다. stdlib에 없는 일반적인 알고리즘이 필요하거나, 특정 알고리즘을 반복해서 사용해야 하는 경우에는 프로젝트 내부에 직접 정의하기 바랍니다. 일반적으로 이런 알고리즘들은 확장 함수로 정의하는 것이 좋습니다.

일반적인 프로퍼티 패턴은 프로퍼티 위임으로 만들어라

#교육적인

코틀린은 코드 재사용과 관련해서 프로퍼티 위임[5]이라는 새로운 기능을 제공합니다. 프로퍼티 위임을 사용하면 일반적인 프로퍼티의 행위를 추출해서 재사용할 수 있습니다. 대표적인 예로 지연 프로퍼티가 있습니다. lazy 프로퍼티는 이후에 처음 사용하는 요청이 들어올 때 초기화되는 프로퍼티를 의미합니다. 이러한 패턴은 굉장히 많이 사용됩니다. 일반적으로 대부분의 언어(자바스크립트 등)에서는 필요할 때마다 이를 복잡하게 구현해야 하지만, 코틀린에서는 프로퍼티 위임을 활용해 간단하게 구현할 수 있습니다. 코틀린의 stdlib는 lazy 프로퍼티 패턴을 쉽게 구현할 수 있게 lazy 함수를 제공합니다.

```
1    val value by lazy { createValue() }
```

프로퍼티 위임을 사용하면, 이외에도 변화가 있을 때 이를 감지하는 observable 패턴을 쉽게 만들 수 있습니다. 예를 들어 목록을 출력하는 리스트 어댑터가 있다면, 내부 데이터가 변경될 때마다 변경된 내용을 다시 출력해야 할 것입니다. 또한 프로퍼티의 변경 사항을 로그로 출력하고 싶은 경우도 있을 것입니다. 이러한 것들은 다음과 같이 stdlib의 **observable** 델리게이트를 기반으로 간단하게 구현할 수 있습니다.

```
1    var items: List<Item> by
2        Delegates.observable(listOf()) { _, _, _ ->
3            notifyDataSetChanged()
4        }
```

---

5 (옮긴이) property delegate를 '프로퍼티 델리게이트', property delegation을 '프로퍼티 위임'으로 나누어서 번역해서, 읽을 때 두 가지가 전혀 다른 개념처럼 느낄 수도 있는데요. 프로퍼티 델리게이트(property delegate)를 사용하는 것을 프로퍼티 위임(property delegation)이라고 부릅니다. 연관시켜서 내용을 읽어주세요!

```
5
6    var key: String? by
7      Delegates.observable(null) { _, old, new ->
8        Log.e("key changed from $old to $new")
9    }
```

lazy와 observable 델리게이터는 언어적인 관점에서 보았을 때, 그렇게 특별한 것은 아닙니다.[6] 일반적으로 프로퍼티 위임 메커니즘을 활용하면, 다양한 패턴들을 만들 수 있습니다. 좋은 예로 뷰, 리소스 바인딩, 의존성 주입, 데이터 바인딩 등이 있습니다. 일반적으로 이런 패턴들을 사용할 때 자바 등에서는 어노테이션을 많이 활용해야 합니다. 하지만 코틀린은 프로퍼티 위임을 사용해서 간단하고 type-safe하게 구현할 수 있습니다.

```
1    // 안드로이드에서의 뷰와 리소스 바인딩
2    private val button: Button by bindView(R.id.button)
3    private val textSize by bindDimension(R.dimen.font_size)
4    private val doctor: Doctor by argExtra(DOCTOR_ARG)
5
6    // Koin에서의 종속성 주입
7    private val presenter: MainPresenter by inject()
8    private val repository: NetworkRepository by inject()
9    private val vm: MainViewModel by viewModel()
10
11   // 데이터 바인딩
12   private val port by bindConfiguration("port")
13   private val token: String by preferences.bind(TOKEN_KEY)
```

어떻게 이런 코드가 가능하고, 프로퍼티 위임을 어떻게 활용할 수 있는지 살펴볼 수 있게, 간단한 프로퍼티 델리게이트를 만들어 보겠습니다. 예를 들어 일부 프로퍼티가 사용될 때, 간단한 로그를 출력하고 싶다고 해 봅시다. 가장 기본적인 구현 방법은 다음과 같이 게터와 세터에서 로그를 출력하는 방법입니다.

```
1    var token: String? = null
2        get() {
3            print("token returned value $field")
```

---

6 lazy를 기본적으로 제공하는 스위프트, 스칼라와는 다릅니다.

```
4          return field
5      }
6      set(value) {
7          print("token changed from $field to $value")
8          field = value
9      }
10
11   var attempts: Int = 0
12      get() {
13          print("attempts returned value $field")
14          return field
15      }
16      set(value) {
17          print("attempts changed from $field to $value")
18          field = value
19      }
```

두 프로퍼티는 타입이 다르지만, 내부적으로 거의 같은 처리를 합니다. 또한
프로젝트에서 자주 반복될 것 같은 패턴처럼 보입니다. 따라서 프로퍼티 위임
을 활용해서 추출하기 좋은 부분입니다. 프로퍼티 위임은 다른 객체의 메서드
를 활용해서 프로퍼티의 접근자(게터와 세터)를 만드는 방식입니다. 이때 다
른 객체의 메서드 이름이 중요한데요. 게터는 getValue, 세터는 setValue 함
수를 사용해서 만들어야 합니다. 객체를 만든 뒤에는 by 키워드를 사용해서,
getValue와 setValue를 정의한 클래스와 연결해 주면 됩니다. 다음 코드는 이
전에 살펴본 코드를 프로퍼티 위임을 활용해 변경한 예입니다.

```
1    var token: String? by LoggingProperty(null)
2    var attempts: Int by LoggingProperty(0)
3
4    private class LoggingProperty<T>(var value: T) {
5        operator fun getValue(
6            thisRef: Any?,
7            prop: KProperty<*>
8        ): T {
9            print("${prop.name} returned value $value")
10           return value
11       }
12
13       operator fun setValue(
14           thisRef: Any?,
15           prop: KProperty<*>,
```

```
16              newValue: T
17          ) {
18              val name = prop.name
19              print("$name changed from $value to $newValue")
20              value = newValue
21          }
22      }
```

프로퍼티 위임이 어떻게 동작하는지 이해하려면, by가 어떻게 컴파일되는지 보는 것이 좋습니다. 위의 코드에서 token 프로퍼티는 다음과 비슷한 형태로 컴파일됩니다.[7]

```
1   @JvmField
2   private val 'token$delegate' =
3       LoggingProperty<String?>(null)
4   var token: String?
5       get() = 'token$delegate'.getValue(this, ::token)
6       set(value) {
7           'token$delegate'.setValue(this, ::token, value)
8       }
```

코드를 보면 알 수 있는 것처럼 getValue와 setValue는 단순하게 값만 처리하게 바뀌는 것이 아니라, 컨텍스트(this)와 프로퍼티 레퍼런스의 경계도 함께 사용하는 형태로 바뀝니다. 프로퍼티에 대한 레퍼런스는 이름, 어노테이션과 관련된 정보 등을 얻을 때 사용됩니다. 그리고 컨텍스트는 함수가 어떤 위치에서 사용되는지와 관련된 정보를 제공해 줍니다.

이러한 정보로 인해서 getValue와 setValue 메서드가 여러 개 있어도 문제 없습니다. getValue와 setValue 메서드가 여러 개 있어도 컨텍스트를 활용하므로, 상황에 따라서 적절한 메서드가 선택됩니다. 이는 굉장히 다양하게 활용됩니다. 예를 들어 여러 종류의 뷰와 함께 사용할 수 있는 델리게이트가 필요한 경우를 생각해 봅시다. 이는 다음과 같이 구현해서, 컨텍스트의 종류에 따라서 적절한 메서드가 선택되게 만들 수 있습니다.

---

7 프로퍼티가 톱레벨에서 사용될 때는 this 대신 null로 바뀝니다.

```
1    class SwipeRefreshBinderDelegate(val id: Int) {
2        private var cache: SwipeRefreshLayout? = null
3
4        operator fun getValue(
5            activity: Activity,
6            prop: KProperty<*>
7        ): SwipeRefreshLayout {
8        return cache ?: activity
9            .findViewById<SwipeRefreshLayout>(id)
10            .also { cache = it }
11        }
12
13        operator fun getValue(
14            fragment: Fragment,
15            prop: KProperty<*>
16        ): SwipeRefreshLayout {
17            return cache ?: fragment.view
18            .findViewById<SwipeRefreshLayout>(id)
19            .also { cache = it }
20        }
21    }
```

객체를 프로퍼티 위임하려면 val의 경우 getValue 연산, var의 경우 getValue
와 setValue 연산이 필요합니다. 이러한 연산은 지금까지 살펴본 것처럼 멤버
함수로도 만들 수 있지만, 확장 함수로도 만들 수 있습니다. 예를 들어 다음 코
드는 Map<String, *>를 사용하는 예입니다.

```
1    val map: Map<String, Any> = mapOf(
2        "name" to "Marcin",
3        "kotlinProgrammer" to true
4    )
5    val name by map
6    print(name) // Marcin
```

이는 코틀린 stdlib에 다음과 같은 확장 함수가 정의되어 있어서 사용할 수 있
는 것입니다.

```
1    inline operator fun <V, V1 : V> Map<in String, V>
2    .getValue(thisRef: Any?, property: KProperty<*>): V1 =
3    getOrImplicitDefault(property.name) as V1
```

코틀린 stdlib에서 다음과 같은 프로퍼티 델리게이터를 알아 두면 좋습니다.

- lazy
- Delegates.observable
- Delegates.vetoable
- Delegates.notNull

굉장히 범용적으로 사용되는 패턴들에 대한 프로퍼티 델리게이터이므로 알아두면 좋습니다. 또한 프로퍼티 델리게이터를 직접 만들어서 사용할 수도 있다는 것도 기억하세요.

정리

프로퍼티 델리게이트는 프로퍼티와 관련된 다양한 조작을 할 수 있으며, 컨텍스트와 관련된 대부분의 정보를 갖습니다. 이러한 특징으로 인해서 다양한 프로퍼티의 동작을 추출해서 재사용할 수 있습니다. 표준 라이브러리의 lazy와 observable이 대표적인 예입니다. 프로퍼티 위임은 프로퍼티 패턴을 추출하는 일반적인 방법이라 많이 사용되고 있습니다. 따라서 코틀린 개발자라면 프로퍼티 위임이라는 강력한 도구와 관련된 내용을 잘 알고 있어야 합니다. 이를 잘 알면, 일반적인 패턴을 추출하거나 더 좋은 API를 만들 때 활용할 수 있을 것입니다.

아이템 22

일반적인 알고리즘을 구현할 때 제네릭을 사용하라

#교육적인

아규먼트로 함수에 값을 전달할 수 있는 것처럼, 타입 아규먼트를 사용하면 함수에 타입을 전달할 수 있습니다. 타입 아규먼트를 사용하는 함수(즉, 타입 파라미터를 갖는 함수)를 **제네릭 함수**(generic function)[8]라고 부릅니다. 대표적인 예로는 stdlib에 있는 filter 함수가 있습니다. filter 함수는 타입 파라미터 T를 갖습니다.

```
1    inline fun <T> Iterable<T>.filter(
2        predicate: (T) -> Boolean
3    ): List<T> {
4        val destination = ArrayList<T>()
5        for (element in this) {
6            if (predicate(element)) {
7                destination.add(element)
8            }
9        }
10       return destination
11   }
```

타입 파라미터는 컴파일러에 타입과 관련된 정보를 제공하여 컴파일러가 타입을 조금이라도 더 정확하게 추측할 수 있게 해 줍니다. 따라서 프로그램이 조금 더 안전해지고, 개발자는 프로그래밍이 편해집니다.[9] 예를 들어 filter 함수에서 람다 표현식 내부를 생각해 봅시다. 컴파일러가 아규먼트가 컬렉션의 요소와 같은 타입이라는 것을 알 수 있으므로, 잘못 처리하는 것을 막을 수 있습

---

8 함수에서는 fun 키워드와 함수 이름 사이에 <T> 형태의 코드를 입력합니다. 클래스와 인터페이스는 이름 뒤에 <T> 형태의 코드를 입력합니다.

9 참고로 타입 파라미터를 사용하면 개발자는 여러 가지 이득을 얻지만, 프로그램은 실질적인 이득이 없습니다. JVM 바이트 코드의 제한으로 인해, 컴파일 시점에 제네릭과 관련된 정보는 사라집니다. 따라서 런타임 때 어떤 이득도 얻을 수 없습니다.

니다. 또한 IDE도 이를 기반으로 여러 가지 유용한 제안을 해 줍니다.

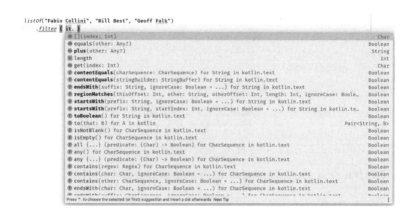

제네릭은 기본적으로 List<String> 또는 Set<User>처럼 구체적인 타입으로 컬렉션을 만들 수 있게 클래스와 인터페이스에 도입된 기능입니다. 물론 컴파일 과정에서 최종적으로 이러한 타입 정보는 사라지지만, 개발 중에는 특정 타입을 사용하게 강제할 수 있습니다. 이러한 타입 정보 덕분에 MutableList<Int>에 안전하게 Int를 추가할 수 있습니다. 또한 Set<User>에서 요소를 꺼내면, 그것이 User라는 것을 알 수 있습니다. 이와 같은 기능은 정적 타입 프로그래밍 언어에서는 굉장히 유용하게 활용됩니다. 코틀린은 강력한 제네릭 기능을 갖고 있지만, 조금 복잡해서 이해하기 어렵습니다. 필자의 경험에 의하면, 많은 코틀린 개발자가 variance 한정자를 어떤 형태로 사용하는지 잘 몰랐습니다. 그럼 코틀린 제네릭의 중요한 특징들에 대해서 이번 절과 '아이템 24: 제네릭 타입과 variance 한정자를 활용하라'를 통해 살펴봅시다.

제네릭 제한

타입 파라미터의 중요한 기능 중 하나는 구체적인 타입의 서브타입만 사용하게 타입을 제한하는 것입니다. 다음 코드를 살펴봅시다. 콜론 뒤에 슈퍼타입을 설정해서 제한을 걸었습니다.

```
1   fun <T : Comparable<T>> Iterable<T>.sorted(): List<T> {
2       /*...*/
3   }
4
5   fun <T, C : MutableCollection<in T>>
6   Iterable<T>.toCollection(destination: C): C {
7       /*...*/
8   }
9
10  class ListAdapter<T: ItemAdaper>(/*...*/) { /*...*/ }
```

타입에 제한이 걸리므로, 내부에서 해당 타입이 제공하는 메서드를 사용할 수 있습니다. 예를 들어 T를 Iterable<Int>의 서브타입으로 제한하면, T 타입을 기반으로 반복 처리가 가능하고, 반복 처리 때 사용되는 객체가 Int라는 것을 알 수 있습니다. 또한 Comparable<T>로 제한하면, 해당 타입을 비교할 수 있다는 것을 알 수 있습니다. 많이 사용하는 제한으로는 Any가 있습니다. 이는 nullable이 아닌 타입을 나타냅니다.

```
1   inline fun <T, R : Any> Iterable<T>.mapNotNull(
2       transform: (T) -> R?
3   ): List<R> {
4       return mapNotNullTo(ArrayList<R>(), transform)
5   }
```

드물지만 다음과 같이 둘 이상의 제한을 걸 수도 있습니다.

```
1   fun <T: Animal> pet(animal: T) where T: GoodTempered {
2       /*...*/
3   }
4
5   // 또는
6
7   fun <T> pet(animal: T) where T: Animal, T: GoodTempered {
8       /*...*/
9   }
```

정리

코틀린 자료형 시스템에서 타입 파라미터는 굉장히 중요한 부분입니다. 일반적으로 이를 사용해서 type-safe 제네릭 알고리즘과 제네릭 객체를 구현합니다. 타입 파라미터는 구체 자료형(concrete type)의 서브타입을 제한할 수 있습니다. 이렇게 하면 특정 자료형이 제공하는 메서드를 안전하게 사용할 수 있습니다.

타입 파라미터의 섀도잉을 피하라

다음 코드처럼 프로퍼티와 파라미터가 같은 이름을 가질 수 있습니다. 이렇게 되면 지역 파라미터가 외부 스코프에 있는 프로퍼티를 가립니다. 이를 **섀도잉** (shadowing)이라고 부릅니다. 이런 코드는 굉장히 많이 사용됩니다. 또한 개발자들도 문제가 있을 경우 쉽게 찾을 수 있는 부분이라 어떠한 경고도 발생시키지 않습니다.

```
1    class Forest(val name: String) {
2
3        fun addTree(name: String) {
4            // ...
5        }
6    }
```

그리고 이러한 섀도잉 현상은 클래스 타입 파라미터와 함수 타입 파라미터 사이에서도 발생합니다. 개발자가 제네릭을 제대로 이해하지 못할 때, 이와 관련된 다양한 문제들이 발생합니다. 하지만 이는 심각한 문제가 될 수 있으며, 개발자가 스스로 문제를 찾아내기도 힘듭니다.

```
1    interface Tree
2    class Birch: Tree
3    class Spruce: Tree
4
5    class Forest<T: Tree> {
6
7        fun <T: Tree> addTree(tree: T) {
8            // ...
9        }
10   }
```

이렇게 코드를 작성하면, Forest와 addTree의 타입 파라미터가 독립적으로 동작합니다.

```
1    val forest = Forest<Birch>()
2    forest.addTree(Birch())
3    forest.addTree(Spruce())
```

이러한 상황을 의도하는 경우는 거의 없을 것입니다. 또한 코드만 봐서는 둘이
독립적으로 동작한다는 것은 빠르게 알아내기 힘듭니다. 따라서 addTree가 클
래스 타입 파라미터인 T를 사용하게 하는 것이 좋습니다.

```
1    class Forest<T: Tree> {
2
3        fun addTree(tree: T) {
4            // ...
5        }
6    }
7
8    // Usage
9    val forest = Forest<Birch>()
10   forest.addTree(Birch())
11   forest.addTree(Spruce()) // ERROR, type mismatch
```

만약 독립적인 타입 파라미터를 의도했다면, 이름을 아예 다르게 다는 것이 좋
습니다. 참고로, 다음 코드처럼 타입 파라미터를 사용해서 다른 타입 파라미터
에 제한을 줄 수도 있습니다.

```
1    class Forest<T: Tree> {
2
3        fun <ST: T> addTree(tree: ST) {
4            // ...
5        }
6    }
```

정리

타입 파라미터 섀도잉을 피하기 바랍니다. 타입 파라미터 섀도잉이 발생한 코
드는 이해하기 어려울 수 있습니다. 타입 파라미터가 섀도잉되는 경우에는 코
드를 주의해서 살펴보기 바랍니다.

제네릭 타입과 variance 한정자를 활용하라[10]

#교육적인

다음과 같은 제네릭 클래스가 있다고 합시다.

```
1    class Cup<T>
```

위의 코드에서 타입 파라미터 T는 variance 한정자(out 또는 in)가 없으므로, 기본적으로 invariant(불공변성)입니다. invariant라는 것은 제네릭 타입으로 만들어지는 타입들이 서로 관련성이 없다는 의미입니다. 예를 들어 Cup<Int>와 Cup<Number>, Cup<Any>와 Cup<Nothing>은 어떠한 관련성도 갖지 않습니다.

```
1    fun main() {
2        val anys: Cup<Any> = Cup<Int>() // 오류: Type mismatch
3        val nothings: Cup<Nothing> = Cup<Int>() // 오류
4    }
```

만약에 어떤 관련성을 원한다면, out 또는 in이라는 variance 한정자를 붙입니다. out은 타입 파라미터를 covariant(공변성)로 만듭니다. 이는 A가 B의 서브타입일 때, Cup<A>가 Cup<B>의 서브타입이라는 의미입니다.

```
1    class Cup<out T>
2    open class Dog
3    class Puppy: Dog()
4
5    fun main(args: Array<String>) {
6        val b: Cup<Dog> = Cup<Puppy>() // OK
7        val a: Cup<Puppy> = Cup<Dog>() // 오류
```

---

10 (옮긴이) 자바에 익숙한 독자라면 variance 한정자와 관련된 용어로 공변성, 반변성, 반공변성 등이 익숙할 것입니다. 하지만 코틀린 관련 문서는 대부분 영어로 되어 있으므로, 이 책에서는 영어 단어를 그대로 사용하겠습니다. variance와 관련된 내용을 전혀 모른다면, 이번 절의 용어 자체가 어려워 이 책에서 읽기 가장 어려운 부분이 될 수 있겠지만, 너무 어렵게 느껴져도 포기하지 말기 바랍니다!

```
8
9          val anys: Cup<Any> = Cup<Int>() // OK
10         val nothings: Cup<Nothing> = Cup<Int>() // 오류
11     }
```

in 한정자는 반대 의미입니다. in 한정자는 타입 파라미터를 contravariant(반
변성)으로 만듭니다. 이는 A가 B의 서브타입일 때, Cup<A>가 Cup<B>의 슈퍼타
입이라는 것을 의미합니다.

```
1      class Cup<in T>
2      open class Dog
3      class Puppy(): Dog()
4
5      fun main(args: Array<String>) {
6          val b: Cup<Dog> = Cup<Puppy>() // 오류
7          val a: Cup<Puppy> = Cup<Dog>() // OK
8
9          val anys: Cup<Any> = Cup<Int>() // 오류
10         val nothings: Cup<Nothing> = Cup<Int>() // OK
11     }
```

variance 한정자를 그림으로 나타내면, 다음과 같습니다.

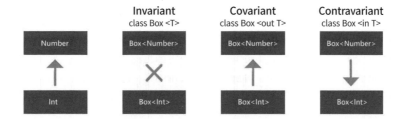

함수 타입

함수 타입('아이템 35: 복잡한 객체 생성을 위한 DSL 만들기'에서 자세하게 설
명합니다)은 파라미터 유형과 리턴 타입에 따라서 서로 어떤 관계를 갖습니다.
예를 들어 Int를 받고, Any를 리턴하는 함수를 파라미터로 받는 함수를 생각해
봅시다.

```
1    fun printProcessedNumber(transition: (Int)->Any) {
2        print(transition(42))
3    }
```

(Int)->Any 타입의 함수는 (Int)->Number, (Number)->Any, (Number)->Number, (Number)->Int 등으로도 작동합니다.

```
1    val intToDouble: (Int) -> Number = { it.toDouble() }
2    val numberAsText: (Number) -> Any = { it.toShort() }
3    val identity: (Number) -> Number = { it }
4    val numberToInt: (Number) -> Int = { it.toInt() }
5    val numberHash: (Any) -> Number = { it.hashCode() }
6    printProcessedNumber(intToDouble)
7    printProcessedNumber(numberAsText)
8    printProcessedNumber(identity)
9    printProcessedNumber(numberToInt)
10   printProcessedNumber(numberHash)
```

이는 이러한 타입들에 다음과 같은 관계가 있기 때문입니다.

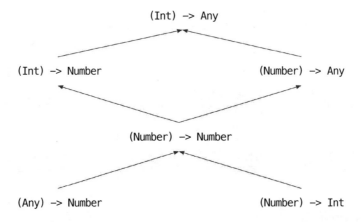

이 그림에서 계층 구조의 아래로 가면, 타이핑 시스템 계층에서 파라미터 타입이 더 높은 타입으로 이동하고, 리턴 타입은 계층 구조의 더 낮은 타입으로 이동합니다.[11]

---

11 (옮긴이) 그림을 보면, 왼쪽에 있는 파라미터 타입은 Int → Number → Any, 오른쪽에 있는 리턴 타입은 Any → Number → Int로 점점 슈퍼타입이 됩니다.

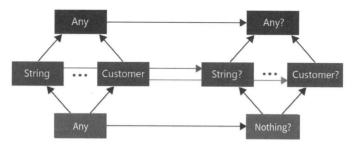

코틀린 타입 계층

코틀린 함수 타입의 모든 파라미터 타입은 contravariant입니다. 또한 모든 리턴 타입은 covariant입니다. 다음 그림을 보면 in과 out을 표시했습니다.

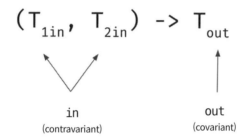

함수 타입을 사용할 때는 이처럼 자동으로 variance 한정자가 사용됩니다. 코틀린에서 자주 사용되는 것으로는 convariant(out 한정자)를 가진 List가 있습니다. 이는 variance 한정자가 붙지 않은 MutableList와 다릅니다. 왜 MutableList보다 List를 더 많이 사용하는지, 그리고 어떠한 부분이 다른 것인지는 variance 한정자의 안전성과 관련된 내용을 이해하면 알 수 있습니다.

variance 한정자의 안전성

자바의 배열은 covariant입니다. 이렇게 만들어진 이유는 다양합니다. 많은 출처에 따르면, 이는 배열을 기반으로 제네릭 연산자는 정렬 함수 등을 만들기 위해서라고 이야기합니다. 그런데 자바의 배열이 covariant라는 속성을 갖기 때문에 큰 문제가 발생합니다. 간단한 예로 다음 코드를 살펴봅시다. 이 코드는 컴파일 중에 아무런 문제도 없지만, 런타임 오류가 발생합니다.

```
1    // 자바
2    Integer[] numbers = {1, 4, 2, 1};
3    Object[] objects = numbers;
4    objects[2] = "B"; // 런타임 오류: ArrayStoreException
```

numbers를 Object[]로 캐스팅해도 구조 내부에서 사용되고 있는 실질적인 타입이 바뀌는 것은 아닙니다(여전히 Integer입니다). 따라서 이러한 배열에 String 타입의 값을 할당하면, 오류가 발생합니다. 이는 자바의 명백한 결함입니다. 코틀린은 이러한 결함을 해결하기 위해서 Array(IntArray, CharArray 등)를 invariant로 만들었습니다(따라서 Array<Int>를 Array<Any> 등으로 바꿀 수 없습니다).

그럼 다음 코드를 살펴봅시다. 파라미터 타입을 예측할 수 있다면, 어떤 서브타입이라도 전달할 수 있습니다. 따라서 아규먼트를 전달할 때, 암묵적으로 업캐스팅할 수 있습니다.

```
1    open class Dog
2    class Puppy: Dog()
3    class Hound: Dog()
4
5    fun takeDog(dog: Dog) {}
6
7    takeDog(Dog())
8    takeDog(Puppy())
9    takeDog(Hound())
```

이는 covariant하지 않습니다. covariant 타입 파라미터(out 한정자)가 in 한정자 위치(예를 들어 타입 파라미터)에 있다면, covariant와 업캐스팅을 연결해서, 우리가 원하는 타입을 아무것이나 전달할 수 있습니다. 즉, value가 매우 구체적인 타입이라 안전하지 않으므로, value를 Dog 타입으로 지정할 경우, String 타입을 넣을 수 없습니다.

```
1    class Box<out T> {
2        private var value: T? = null
3
4        // 코틀린에서는 사용할 수 없는 코드입니다.
```

```
5        fun set(value: T) {
6            this.value = value
7        }
8
9        fun get(): T = value ?: error("Value not set")
10   }
11
12   val puppyBox = Box<Puppy>()
13   val dogBox: Box<Dog> = puppyBox
14   dogBox.set(Hound()) // 하지만 Puppy를 위한 공간입니다.
15
16   val dogHouse = Box<Dog>()
17   val box: Box<Any> = dogHouse
18   box.set("Some string") // 하지만 Dog를 위한 공간입니다.
19   box.set(42) // 하지만 Dog를 위한 공간입니다.
```

이러한 상황은 안전하지 않습니다. 캐스팅 후에 실질적인 객체가 그대로 유지되고, 타이핑 시스템에서만 다르게 처리되기 때문입니다. Int를 설정하려고 하는데, 해당 위치는 Dog만을 위한 자리입니다. 만약 이것이 가능하다면, 오류가 발생할 것입니다. 그래서 코틀린은 public in 한정자 위치에 covariant 타입 파라미터(out 한정자)가 오는 것을 금지하여 이러한 상황을 막습니다.

```
1    class Box<out T> {
2        var value: T? = null // 오류
3
4        fun set(value: T) { // 오류
5            this.value = value
6        }
7
8        fun get(): T = value ?: error("Value not set")
9    }
```

가시성을 private로 제한하면, 오류가 발생하지 않습니다. 객체 내부에서는 업캐스트 객체에 covariant(out 한정자)를 사용할 수 없기 때문입니다.

```
1    class Box<out T> {
2        private var value: T? = null
3
4        private set(value: T) {
5            this.value = value
6        }
```

```
7
8        fun get(): T = value ?: error("Value not set")
9    }
```

covariant(out 한정자)는 public out 한정자 위치에서도 안전하므로 따로 제한되지 않습니다. 이러한 안정성의 이유로 생성되거나 노출되는 타입에만 covariant(out 한정자)를 사용하는 것입니다. 이러한 프로퍼티는 일반적으로 producer 또는 immutable 데이터 홀더에 많이 사용됩니다.

좋은 예로 T는 covariant인 List<T>가 있습니다. 지금까지 설명한 이유로 함수의 파라미터가 List<Any?>로 예측된다면, 별도의 변환 없이 모든 종류를 파라미터로 전달할 수 있습니다. 다만 MutableList<T>에서 T는 in 한정자 위치에서 사용되며, 안전하지 않으므로 invariant입니다.

```
1    fun append(list: MutableList<Any>) {
2        list.add(42)
3    }
4
5    val strs = mutableListOf<String>("A", "B", "C")
6    append(strs) // 코틀린에서는 사용할 수 없는 코드입니다.
7    val str: String = strs[3]
8    print(str)
```

또 다른 좋은 예로는 Response가 있습니다. Response를 사용하면 다양한 이득을 얻을 수 있습니다. 다음 코드 스니펫(snippet)에서 어떻게 사용하는지 확인해 보겠습니다. 일단 다음 내용을 살펴봅시다. variance 한정자 덕분에 이 내용은 모두 참이 됩니다.

- Response<T>라면 T의 모든 서브타입이 허용됩니다. 예를 들어 Response<Any>가 예상된다면, Response<Int>와 Response<String>이 허용됩니다.
- Response<T1, T2>라면 T1과 T2의 모든 서브타입이 허용됩니다.
- Failure<T>라면, T의 모든 서브타입 Failure가 허용됩니다. 예를 들어 Failure<Number>라면, Failure<Int>와 Failure<Double>이 모두 허용됩니다. Failure<Any>라면, Failure<Int>와 Failure<String>이 모두 허용됩니다.
- 다음 코드를 살펴봅시다. covariant와 Nothing 타입으로 인해서 Failure는

오류 타입을 지정하지 않아도 되고, Success는 잠재적인 값을 지정하지 않
아도 됩니다.

```
1    sealed class Response<out R, out E>
2    class Failure<out E>(val error: E): Response<Nothing, E>()
3    class Success<out R>(val value: R): Response<R, Nothing>()
```

covariant와 public in 위치와 같은 문제는 contravariant 타입 파라미터(in 한정
자)와 public out 위치(함수 리턴 타입 또는 프로퍼티 타입)에서도 발생합니다.
out 위치는 암묵적인 업캐스팅을 허용합니다.

```
1    open class Car
2    interface Boat
3    class Amphibious: Car(), Boat
4
5    fun getAmphibious(): Amphibious = Amphibious()
6
7    val car: Car = getAmphibious()
8    val boat: Boat = getAmphibious()
```

사실 이는 contravariant(in 한정자)에 맞는 동작이 아닙니다. 다음 코드를 살펴
봅시다. 어떤 상자(Box 인스턴스)에 어떤 타입이 들어 있는지 확실하게 알 수
가 없습니다.

```
1    class Box<in T>(
2        // 코틀린에서는 사용할 수 없는 코드입니다.
3        val value: T
4    )
5
6    val garage: Box<Car> = Box(Car())
7    val amphibiousSpot: Box<Amphibious> = garage
8    val boat: Boat = garage.value // 하지만 Car를 위한 공간입니다.
9
10   val noSpot: Box<Nothing> = Box<Car>(Car())
11   val boat: Nothing = noSpot.value
12   // 아무것도 만들 수 없습니다.
```

이러한 상황을 막기 위해, 코틀린은 contravariant 타입 파라미터(in 한정자)를
public out 한정자 위치에 사용하는 것을 금지하고 있습니다.

```
1    class Box<in T> {
2        var value: T? = null // 오류
3
4        fun set(value: T) {
5            this.value = value
6        }
7
8        fun get(): T = value // 오류
9            ?: error("Value not set")
10   }
```

이번에도 요소가 private일 때는 아무런 문제가 없습니다.

```
1    class Box<in T> {
2        private var value: T? = null
3
4        fun set(value: T) {
5            this.value = value
6        }
7
8        private fun get(): T = value
9            ?: error("Value not set")
10   }
```

이런 형태로 타입 파라미터에 contravariant(in 한정자)를 사용합니다. 추가적으로 많이 사용되는 예로는 kotlin.coroutines.Continuation이 있습니다.

```
1    public interface Continuation<in T> {
2        public val context: CoroutineContext
3        public fun resumeWith(result: Result<T>)
4    }
```

variance 한정자의 위치

variance 한정자는 크게 두 위치에 사용할 수 있습니다. 첫 번째는 선언 부분입니다. 일반적으로 이 위치에 사용합니다. 이 위치에서 사용하면 클래스와 인터페이스 선언에 한정자가 적용됩니다. 따라서 클래스와 인터페이스가 사용되는 모든 곳에 영향을 줍니다.

```
1    // 선언 쪽의 variance 한정자
2    class Box<out T>(val value: T)
3    val boxStr: Box<String> = Box("Str")
4    val boxAny: Box<Any> = boxStr
```

두 번째는 클래스와 인터페이스를 활용하는 위치입니다. 이 위치에 variance
한정자를 사용하면 특정한 변수에만 variance 한정자가 적용됩니다.

```
1    class Box<T>(val value: T)
2    val boxStr: Box<String> = Box("Str")
3    // 사용하는 쪽의 variance 한정자
4    val boxAny: Box<out Any> = boxStr
```

모든 인스턴스에 variance 한정자를 적용하면 안 되고, 특정 인스턴스에만 적
용해야 할 때 이런 코드를 사용합니다. 예를 들어 MutableList는 in 한정자를
포함하면, 요소를 리턴할 수 없으므로 in 한정자를 붙이지 않습니다(이와 관련
된 내용은 이후에 자세하게 설명합니다). 하지만 단일 파라미터 타입에 in 한
정자를 붙여서 contravariant를 가지게 하는 것은 가능합니다. 이렇게 하면 여
러 가지 타입을 받아들이게 할 수 있습니다.

```
1    interface Dog
2    interface Cutie
3    data class Puppy(val name: String): Dog, Cutie
4    data class Hound(val name: String): Dog
5    data class Cat(val name: String): Cutie
6
7    fun fillWithPuppies(list: MutableList<in Puppy>) {
8        list.add(Puppy("Jim"))
9        list.add(Puppy("Beam"))
10   }
11
12   val dogs = mutableListOf<Dog>(Hound("Pluto"))
13   fillWithPuppies(dogs)
14   println(dogs)
15   // [Hound(name=Pluto), Puppy(name=Jim), Puppy(name=Beam)]
16
17   val animals = mutableListOf<Cutie>(Cat("Felix"))
18   fillWithPuppies(animals)
19   println(animals)
20   // [Cat(name=Felix), Puppy(name=Jim), Puppy(name=Beam)]
```

참고로 variance 한정자를 사용하면, 위치가 제한될 수 있습니다. 예를 들어 MutableList<out T>가 있다면, get으로 요소를 추출했을 때 T 타입이 나올 것입니다. 하지만 set은 Nothing 타입의 아규먼트가 전달될 거라 예상되므로 사용할 수 없습니다. 이는 모든 타입의 서브타입을 가진 리스트(Nothing 리스트)가 존재할 가능성이 있기 때문입니다. MutableList<in T>를 사용할 경우, get과 set을 모두 사용할 수 있습니다. 하지만 get을 사용할 경우, 전달되는 자료형은 Any?가 됩니다. 이는 모든 타입의 슈퍼타입을 가진 리스트(Any 리스트)가 존재할 가능성이 있기 때문입니다.

정리

코틀린은 타입 아규먼트의 관계에 제약을 걸 수 있는 굉장히 강력한 제네릭 기능을 제공합니다. 이러한 기능으로 제네릭 객체를 연산할 때 굉장히 다양한 지원을 받을 수 있습니다. 코틀린에는 다음과 같은 타입 한정자가 있습니다.

- 타입 파라미터의 기본적인 variance의 동작은 invariant입니다. 만약 Cup<T>라고 하면, 타입 파라미터 T는 invariant입니다. A가 B의 서브타입이라고 할 때, Cup<A>와 Cup<B>는 아무런 관계를 갖지 않습니다.
- out 한정자는 타입 파라미터를 covariant하게 만듭니다. 만약 Cup<T>라고 하면, 타입 파라미터 T는 covariant입니다. A가 B의 서브타입이라고 할 때, Cup<A>는 Cup<B>의 서브타입이 됩니다. covariant 타입은 out 위치에 사용할 수 있습니다.
- in 한정자는 타입 파라미터를 contravariant하게 만듭니다. 만약 Cup<T>라고 하면, 타입 파라미터 T는 contravariant입니다. A가 B의 서브타입이라고 할 때, Cup<B>는 Cup<A>의 서브타입이 됩니다. contravariant 타입은 in 위치에 사용할 수 있습니다.

코틀린에서는

- List와 Set의 타입 파라미터는 covariant(out 한정자)입니다. 예를 들어 List<Any>가 예상되는 모든 곳에 전달할 수 있습니다. 또한 Map에서 값

의 타입을 나타내는 타입 파라미터는 covariant(out 한정자)입니다. Array, MutableList, MutableSet, MutableMap의 타입 파라미터는 invariant(한정자 지정 없음)입니다.

- 함수 타입의 파라미터 타입은 contravariant(in 한정자)입니다. 그리고 리턴 타입은 contravariant(out 한정자)입니다.
- 리턴만 되는 타입에는 covariant(out 한정자)를 사용합니다.
- 허용만 되는 타입에는 contravariant(in 한정자)를 사용합니다.

아이템 25

공통 모듈을 추출해서 여러 플랫폼에서 재사용하라

#기본적인

기업이 한 플랫폼만을 대상으로 애플리케이션을 만드는 경우는 없습니다.[12] 기업은 일반적으로 둘 이상의 플랫폼을 대상으로 하는 제품을 만들기 원하며, 요즘 대부분 기업의 제품과 서비스는 여러 플랫폼에서 돌아가고 있습니다. 네트워크 호출을 통해 통신하는 클라이언트와 서버 애플리케이션을 생각해 봅시다. 두 애플리케이션은 서로 소통하므로, 재사용할 수 있는 부분이 많을 것입니다. 다른 플랫폼에 동일한 제품을 구현한다면, 재사용할 수 있는 부분이 더 많을 것입니다. 특히 비즈니스 로직 부분들은 거의 동일합니다. 따라서 소스 코드를 공유할 수 있다면, 큰 이득이 발생할 것입니다.

풀스택 개발

많은 회사가 웹 개발을 기반으로 합니다. 일반적으로 웹사이트를 제품으로 사용하며, 백엔드 애플리케이션(서버 측)이 필요합니다. 웹사이트 개발에서는 자바스크립트가 왕입니다. 자바스크립트 이외의 선택지는 없을 정도로 독점적으로 사용되고 있습니다. 백엔드에서 가장 인기 있는 선택지는 자바입니다. 두 언어는 굉장히 다르므로, 일반적으로 백엔드와 웹은 분리해서 개발합니다. 하지만 상황은 변할 수 있습니다. 코틀린은 백엔드 개발을 위한 자바의 인기 있는 대안이 되고 있습니다. 예를 들어 코틀린은 자바에서 가장 많이 활용되는 스프링 등의 다른 프레임워크들을 모두 사용할 수 있습니다. 또한 코틀린 백엔드 프레임워크인 Ktor도 점점 많이 사용되고 있습니다. 그래서 최근 들어서 많은 자바 백엔드 프로젝트들이 코틀린으로 이동하는 것입니다. 코틀린의 굉장

---

12 코틀린을 사용할 경우, 일반적으로 JVM, 안드로이드, 자바스크립트, iOS, 리눅스, 윈도우, macOS, STM32와 같은 임베디드 시스템 등을 다룰 수 있습니다.

한 점 중 하나는 코틀린이 자바스크립트로 컴파일될 수 있다는 것입니다. 이미 많은 코틀린/JS 라이브러리가 있으며, 코틀린을 활용해 다양한 웹 애플리케이션을 만들 수 있습니다. 예를 들어 리액트 프레임워크와 코틀린/JS를 함께 사용해서 웹 프런트엔드를 만들 수도 있습니다. 즉, 웹 백엔드와 프런트엔드를 모두 코틀린으로 만들 수 있다는 것입니다. 이는 단순하게 만들 수 있다는 개념을 떠나서, 서로 코드를 공유할 수도 있다는 의미입니다. 따라서 공통 코드, API 엔드포인트 정의, 추상화 등을 재사용할 수 있습니다.

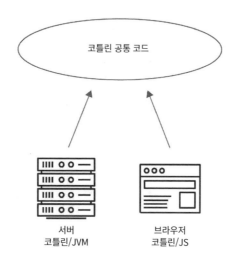

서버
코틀린/JVM

브라우저
코틀린/JS

모바일 개발

이러한 기능은 모바일 세계에서 훨씬 더 유용합니다. 안드로이드 전용으로만 애플리케이션을 만드는 경우는 거의 없습니다. 아이폰 전용으로도 애플리케이션을 만들어야 하기 때문입니다. 일반적으로 안드로이드 애플리케이션과 iOS 애플리케이션은 거의 대부분 동일한 동작을 하고, 내부적으로 비슷한 로직을 사용하지만, 다른 언어와 도구를 사용해서 따로 개발해야 합니다.

코틀린의 멀티 플랫폼 기능을 활용하면, 로직을 한 번만 구현하고, 두 플랫폼에서 이를 재사용할 수 있습니다. 공통 모듈을 만들고, 여기에 다양한 비즈니스 로직을 구현하면 됩니다. 이때 비즈니스 로직은 프레임워크와 플랫폼에

종속되지 않고, 독립적이어야 합니다(클린 아키텍처). 이러한 공통 로직은 처음부터 코틀린으로 직접 만들거나, 다른 공통 모듈을 활용해서 만들 수 있습니다. 만들기만 하면, 여러 플랫폼에서 사용할 수 있습니다.

안드로이드의 경우, 그레이들(Gradle)을 사용해서 동일한 방법으로 만들어지므로, 직접 사용할 수 있습니다. 따라서 굉장히 쉽게 공통 모듈을 활용할 수 있습니다.

iOS의 경우 LLVM[13]을 사용하여 네이티브 코드[14]로 컴파일할 수 있는 코틀린/네이티브를 사용하면, Objective-C 프레임워크로 변환할 수 있습니다. 이렇게 변환하면 XCode 또는 AppCode에서 스위프트로 활용할 수 있습니다. 참고로, 코틀린/네이티브를 사용해 전체 애플리케이션을 만들어 버리는 방법도 있습니다.

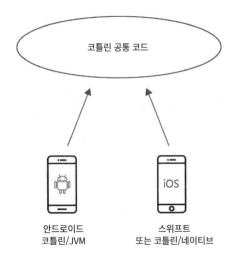

라이브러리

공통 모듈을 정의할 수 있다는 것은 라이브러리에 있어서 강력한 도구입니

---

13 LLVM을 사용하면 스위프트(Swift) 또는 러스트(Rust)처럼 컴파일할 수 있습니다.
14 네이티브 코드(native code)는 특정 프로세서에서 실행할 수 있게 만들어진 코드입니다. C, C++, 스위프트, 코틀린/네이티브과 같은 언어는 프로세서에 맞는 머신 코드로 컴파일해서 사용하므로 네이티브 언어입니다.

다. 특히 플랫폼에 크게 의존하지 않는다는 점은 공통 모듈을 JVM, 자바스크립트, 네이티브 환경에서 작동하는 모든 언어에서 활용할 수 있다는 의미입니다(따라서 자바, 스칼라, 자바스크립트, 커피스크립트, 타입스크립트, C, Objective-C, 스위프트, 파이썬, C#에서 활용할 수 있습니다).

함께 사용하기

코틀린을 사용하면 널리 사용되는 대부분의 장치와 플랫폼을 대상으로 개발할 수 있으며, 원하는 코드들을 재사용할 수 있습니다. 코틀린으로 작성할 수 있는 것들의 예를 간단하게 설명해 보겠습니다.

- 코틀린/JVM을 사용한 백엔드 개발 - 스프링, Ktor 등
- 코틀린/JS를 사용한 웹사이트 개발 - 리액트 등
- 코틀린/JVM을 사용한 안드로이드 개발 - 안드로이드 SDK 등
- 코틀린/네이티브를 통해 Objective-C/스위프트로 iOS 프레임워크 개발
- 코틀린/JVM을 사용한 데스크톱 개발 - TornadoFX 등
- 코틀린/네이티브를 사용한 라즈베리파이, 리눅스, macOS 프로그램 개발

시각적으로 표현해 보면 다음과 같습니다.

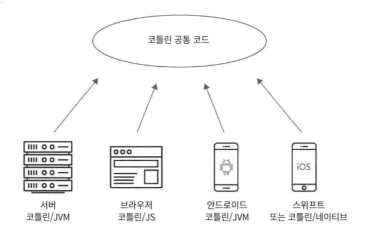

수많은 개발자가 코드를 안전하고 효율적으로 재사용할 수 있게 하는 코드 구성 방법을 계속 고안하고 있습니다. 지금까지 설명한 접근 방법도 이러한 코드 구성 방법의 예입니다. 공통 모듈을 사용하면 여러 플랫폼에서 코드를 재사용할 수 있습니다. 따라서 이러한 접근 방법은 코드를 한 번만 작성해서 공통 논리 또는 공통 알고리즘을 재사용할 수 있게 해 주는 강력한 도구라고 할 수 있습니다.

4장

추상화 설계

추상화(abstraction)는 프로그래밍 세계에서 가장 중요한 개념 중 하나입니다. OOP(Object-Oriented Programming)에서 추상화는 세 가지 주요 개념 중에 하나입니다(이외에도 캡슐화와 상속이 있습니다). 함수형 프로그래밍 커뮤니티에서는 프로그래밍이란 '추상화와 컴포지션(composition)[1]으로 이루어지는 것'이라고까지 표현합니다.[2] 이처럼 수많은 영역에서 추상화를 중요하게 여깁니다. 그렇다면 추상화란 무엇일까요? 위키피디아에는 다음과 같이 나옵니다.

> 컴퓨터 과학에서 추상화(abstraction)는 복잡한 자료, 모듈, 시스템 등으로부터 핵심적인 개념 또는 기능을 간추려 내는 것을 말한다.

조금 간단하게 표현하면, 추상화는 복잡성을 숨기기 위해 사용되는 단순한 형식을 의미합니다. 대표적인 예로 인터페이스가 있습니다. 인터페이스는 클래스라는 복잡한 것에서 메서드와 프로퍼티만 추출해서 간단하게 만들었으므로, 클래스의 추상화라고 할 수 있습니다.

---

1 (옮긴이) composition은 일반적으로 컴포지션, 구성, 포함, 합성 등으로 번역합니다.
2 바르토시 밀레프스키(Bartosz Milewski)의 《Category Theory for Programmers》

현실   추상화

어떤 대상(객체)에 대한 추상화는 여러 가지가 나올 수 있습니다. 객체는 여러 형태로 추상화해서 표현할 수 있습니다. 추상화를 하려면 객체에서 무엇을 감추고 무엇을 노출해야 하는지를 결정해야 한다.

현실   추상화

프로그래밍에서의 추상화

많은 개발자는 프로그래밍에서 하는 모든 일이 추상화라는 것을 종종 잊어버립니다. 예를 들어 숫자를 입력하면, 이는 내부적으로 0과 1이라는 복잡한 형식으로 표현됩니다. 문자열을 입력하면 모든 문자가 UTF-8과 같은 복잡한 형식의 문자 집합으로 만들어집니다. 이러한 것들이 모두 추상화되어 있기 때문에 우리가 쉽게 사용할 수 있는 것입니다.

추상화를 설계한다는 것은 단순하게 모듈 또는 라이브러리로 분리한다는 의미가 아닙니다. 함수를 정의할 때는 그 구현을 함수 시그니처 뒤에 숨기게 되는데, 이것이 바로 추상화입니다.

간단한 사고 실험을 해 봅시다. 두 숫자 중에 큰 것을 리턴하는 메서드 maxOf

를 정의할 수 없다고 해 봅시다.

```
1    fun maxOf(a: Int, b: Int) = if (a > b) a else b
```

함수를 정의하지 않아도, 필요할 때마다 다음과 같은 코드를 사용하면 두 숫자 중에 큰 것을 리턴하는 데 아무런 문제가 없습니다.

```
1    val biggest = if (x > y) x else y
2
3    val height =
4        if (minHeight > calculatedHeight) minHeight
5        else calculatedHeight
```

하지만 이 코드는 너무 기본적인 수준의 연산이 표면적으로 드러나 있습니다. 두 숫자 중에서 어떤 숫자가 더 큰지 계산할 수는 있지만, 이를 표현하는 능력이 굉장히 떨어진다고 할 수 있습니다. 즉, 추상적인 것을 표현하는 추상화 능력이 떨어지는 것입니다. 자바 8까지는 리스트 매핑을 쉽게 표현할 수 있는 기능이 없었으므로, 이러한 기능을 표현하기 위해서 다음과 같은 코드를 사용했습니다.

```
1    // 자바
2    List<String> names = new ArrayList<>();
3    for (User user : users) {
4        names.add(user.getName());
5    }
```

코틀린은 초기부터 간단한 함수를 사용해서 이를 표현할 수 있었습니다.

```
1    val names = users.map { it.name }
```

lazy 프로퍼티 초기화 패턴은 아직 자바에서 지원하지 않습니다. 코틀린에서는 프로퍼티 델리게이트를 통해 이를 표현할 수 있습니다.

```
1    val connection by lazy { makeConnection() }
```

이외에도 직접 추출하고 표현하는 방법을 모르는 다른 개념들이 굉장히 많을 것입니다.

강력한 프로그래밍 언어들이 당연히 갖고 있는 기능 중 하나는 공통 패턴[3]에 이름을 붙여서 추상화를 만드는 기능입니다. 예를 들어 함수, 델리게이트, 클래스 등이 대표적인 예입니다. 이를 활용하면 추상화를 할 수 있습니다. 추상화는 언어가 표현할 수 있는 표현에 따라서도 조금씩 달라질 수 있습니다.

추상화와 자동차

자동차를 운전할 때는 여러 가지 일이 발생합니다. 자동차 내부에서는 엔진, 알터네이터, 서스펜션 등의 여러 가지 요소들이 함께 자동차가 움직일 수 있게 만듭니다. 운전을 할 때 이러한 요소를 실시간으로 이해하고 조정해야 한다면, 자동차 운전이 굉장히 힘들 것입니다. 하지만 그럴 필요는 없습니다. 자동차 운전자는 자동차를 조종하는 인터페이스(핸들과 페달 등)를 사용하는 방법만 알면 됩니다. 이는 자동차의 종류와 크게 관계가 없습니다. 가솔린 자동차, 천연 가스 자동차, 경유 자동차, 전기 자동차 모두 운전 방법이 대부분 같습니다. 자동차가 내부적으로 여러 반도체와 특수한 시스템을 도입해도, 자동차의 인터페이스는 거의 동일하게 유지됩니다. 이러한 변화로 승차감과 가속력 등이 달라질 수는 있습니다. 그래도 운전자는 상관없이 운전할 수 있다는 것이 중요합니다.

자동차는 굉장히 잘 만들어진 인터페이스입니다. 내부적으로 굉장히 복잡한 요소들이 많지만, 굉장히 쉽게 사용할 수 있습니다. 핸들은 왼쪽과 오른쪽 방향 전환에 대한 추상화, 변속기는 전후 방향 전환에 대한 추상화, 가속 페달은 가속에 대한 추상화, 브레이크는 감속에 대한 추상화를 나타냅니다. 이것이 우리가 자동차를 운전하기 위해서 알아야 하는 전부입니다. 추상화는 이처럼 내부적으로 일어나는 모든 것을 마법처럼 숨겨 줍니다. 따라서 운전자는 자동차가 어떻게 구성되는지 전혀 몰라도 괜찮습니다. 운전하는 방법만 알면 됩니다. 마찬가지로 자동차를 좋아하는 사람들은 자동차를 튜닝하기도 하는데, 운전에

---

3 해럴드 애빌슨(Harold Abelson), 제럴드 제이 서스먼(Gerald Jay Sussman), 줄리 서스먼 (Julie Sussman)의 《컴퓨터 프로그램의 구조와 해석(Structure and Interpretation of Computer Programs)》(인사이트, 2016)

영향을 주지 않는다면 무엇을 해도 괜찮습니다. 이와 같은 비유를 잘 기억해두면, 이번 장의 내용을 쉽게 이해할 수 있을 것입니다.

마찬가지로 프로그래밍에서는 다음과 같은 목적으로 추상화를 사용합니다.

- 복잡성을 숨기기 위해
- 코드를 체계화하기 위해
- 만드는 사람에게 변화의 자유를 주기 위해

첫 번째 이유는 이미 '3장 재사용성'에서 설명했습니다. 공통 로직과 공통 알고리즘을 표현하기 위해서 함수, 클래스, 델리게이트를 추출하는 것이 중요하다고 이야기했습니다. 두 번째 이유는 '아이템 26: 함수 내부의 추상화 레벨을 통일하라'에서 살펴보았습니다. 세 번째 이유는 '아이템 27: 변화로부터 코드를 보호하려면 추상화를 사용하라'에서 살펴보았습니다. 이번 장의 남은 부분에서는 추상화를 만들고 사용하는 방법에 대해서 알아보겠습니다.

이번 장에서 제시되는 규칙은 추상적이라 어렵게 느껴질 수 있습니다. 이번 장을 끝내고 나서, 조금 더 구체적인 OOP 설계에 대해서는 '5장 객체 생성'과 '6장 클래스 설계'에서 살펴보겠습니다. 이때 살펴볼 내용들은 모두 이번 장의 내용을 기반으로 구현될 것이므로, 이번 장의 내용이 굉장히 중요합니다.

아이템 26

함수 내부의 추상화 레벨을 통일하라

#범용적인 #기본적인

컴퓨터는 굉장히 복잡한 장치입니다. 하지만 이러한 복잡함이 여러 계층에 다양한 요소로서 분할되어 있으므로 쉽게 사용할 수 있는 것입니다. 무슨 이야기인지 조금 더 자세하게 살펴봅시다.

개발자의 관점에서 컴퓨터에서 가장 낮은 추상화 계층은 하드웨어입니다. 개발자는 일반적으로 프로세서를 위한 코드를 작성하므로, 하드웨어 위의 관심 있는 계층은 프로세서 제어 명령(processor control command)입니다. 이러한 프로세서 제어 명령은 원래 0과 1로 이루어지지만, 이를 쉽게 읽을 수 있게 일대일로 대응된 어셈블리(assembly)라는 언어로 표현합니다. 하지만 어셈블리 언어로 프로그래밍하는 것은 굉장히 어렵고, 오늘날 우리가 사용하는 것과 같은 애플리케이션을 만드는 일은 상상도 할 수 없습니다. 프로그래밍을 간단하게 할 수 있게, 엔지니어는 한 언어를 다른 언어(일반적으로 낮은 레벨 언어)로 변환하는 프로그램인 컴파일러(compiler)를 만들었습니다. 최초의 컴파일 언어는 어셈블리 언어로 작성되었으며, 텍스트로 작성된 코드를 어셈블리 명령어로 변환했습니다. 그리고 최초의 컴파일 언어는 또 더 나은 프로그래밍 언어를 만드는 데 사용되었고, 그 언어는 또 더 나은 프로그래밍 언어를 만드는 데 사용되었습니다. 그렇게 C, C++ 등의 높은 레벨 언어들이 등장한 것입니다. 이러한 프로그래밍 언어는 프로그램과 애플리케이션을 만들 때 사용됩니다. 이후에 추상 머신(abstract machine)과 인터프리터 언어의 개념이 등장했습니다. 물론 현대적인 자바와 자바스크립트 등의 언어를 여기에 포함시키기는 어렵지만, 추상 계층이라는 일반적인 개념은 계속해서 남았습니다.

계층이 잘 분리되면 무엇이 좋을까요? 어떤 계층에서 작업할 때 그 아래의 계층은 이미 완성되어 있으므로, 해당 계층만 생각하면 된다는 것입니다. 즉, 전체를 이해할 필요가 없어지는 것입니다. 예를 들어 어셈블리 언어, JVM 바이트 코드가 무엇인지 몰라도 프로그래밍할 수 있습니다. 개발자는 일반적으로 특정한 계층에서 작업하며, 가끔 그 위에 추가로 계층을 올려서 사용합니다. 계층이 잘 나뉘어져 있어서, 개발자는 여기까지만 알아도 되는 것입니다.

추상화 레벨

일반적으로 컴퓨터 과학자들은 어떤 계층이 높은 레벨인지 낮은 레벨인지를 구분합니다. 높은 레벨로 갈수록 물리 장치로부터 점점 멀어집니다. 프로그래밍에서는 일반적으로 높은 레벨일수록 프로세서로부터 멀어진다고 표현합니다. 높은 레벨일수록 걱정해야 하는 세부적인 내용들이 적습니다. 하지만 무엇이든 무조건 좋을 수는 없습니다. 높은 레벨일수록 단순함을 얻지만, 제어력(control)을 잃습니다. 예를 들어 C 언어는 메모리 관리를 직접 할 수 있습니다. 반면, 자바는 가비지 컬렉터가 자동으로 메모리를 관리해 줍니다. 따라서 메모리 사용을 최적화하는 것이 굉장히 힘듭니다.

추상화 레벨 통일

컴퓨터 과학과 마찬가지로 코드도 추상화를 계층처럼 만들어서 사용할 수 있습니다. 이를 위한 기본적인 도구가 바로 함수입니다. 컴퓨터 과학이 높은 레벨과 낮은 레벨을 확실하게 구분하고 있는 것처럼, 함수도 높은 레벨과 낮은 레벨을 구분해서 사용해야 한다는 원칙이 있습니다. 이를 **추상화 레벨 통일** (Single Level of Abstraction, SLA) 원칙이라고 부릅니다.

버튼 하나만 누르면 커피를 만들 수 있는 커피 머신을 나타내는 클래스를 만든다고 해 봅시다. 커피를 만드는 것은 커피 머신의 여러 부분들이 필요한 복잡한 작업입니다. 다음과 같이 makeCoffee라는 함수 하나를 갖는 CoffeeMachine 클래스를 만들어 봅시다. 이 함수 내부에는 여러 로직들을 구현할 수 있을 것입니다.

```
1   class CoffeeMachine {
2
3       fun makeCoffee() {
4           // 수백 개의 변수를 선언합니다.
5           // 복잡한 로직을 처리합니다.
6           // 낮은 수준의 최적화도 여기에서 잔뜩합니다.
7       }
8   }
```

하지만 이렇게 코드를 작성하면, makeCoffee라는 함수가 수백 줄이 될 수도 있습니다. 오래된 프로그램들은 이런 식으로 한 함수에 수많은 로직을 때려 넣어서 개발된 경우가 많습니다. 이런 함수는 함수를 읽으면서 세부적인 내용을 하나하나 신경 써야 하므로, 읽고 이해하는 것이 거의 불가능에 가깝습니다. 만약 이런 코드에서 "물의 온도를 수정해 달라"라는 요청을 받았다고 해 봅시다. 어떤 부분을 어떻게 수정해야 할지 감조차 잡히지 않을 것입니다. 그래서 최근에는 다음과 같이 함수를 계층처럼 나누어서 사용하는 것입니다.

```
1   class CoffeeMachine {
2
3       fun makeCoffee() {
4           boilWater()
5           brewCoffee()
6           pourCoffee()
7           pourMilk()
8       }
9
```

```
10      private fun boilWater() {
11          // ...
12      }
13
14      private fun brewCoffee() {
15          // ...
16      }
17
18      private fun pourCoffee() {
19          // ...
20      }
21
22      private fun pourMilk() {
23          // ...
24      }
25  }
```

이제 이 함수가 대체 어떤 식으로 동작하는지 확실하게 확인할 수 있습니다. makeCoffee 함수는 읽고 이해하기 쉬우며, 누군가가 낮은 레벨(boilWater, brewCoffee 등)을 이해해야 한다면, 해당 부분의 코드만 살펴보면 됩니다. 매우 간단한 추상화를 추출해서 가독성을 크게 향상시킨 것입니다.

이처럼 함수는 간단해야 합니다. 이는 '함수는 작아야 하며, 최소한의 책임만을 가져야 한다'[4]라는 일반적인 규칙입니다. 또한 어떤 함수가 다른 함수보다 좀 복잡하다면, 일부 부분을 추출해서 추상화[5]하는 것이 좋습니다. 모든 추상화 레벨에서 '추상 요소(abstract term)'(메서드 또는 클래스)를 조작합니다. 각각의 추상 요소가 어떤 내용을 담고 있는지 확인하고 싶다면, 정의로 이동해서 확인하면 됩니다(인텔리제이와 안드로이드 스튜디오(Android Studio)에서는 함수 이름을 Ctrl(맥에서는 Command) 키를 누르면서 클릭하면 곧바로 해당 위치로 이동합니다).

추가적으로 이런 형태로 함수를 추출하면, 재사용과 테스트가 쉬워집니다. 예를 들어 앞의 makeCoffee 함수는 물을 끓이고, 커피를 내리고, 커피를 붓고, 우유를 넣습니다. 따라서 라떼를 만드는 과정입니다. 만약 에스프레소 커피를

---

4 로버트 C. 마틴의 《클린 코드》
5 이와 관련된 자세한 내용은 '아이템 27: 변화로부터 코드를 보호하려면 추상화를 사용하라'에서 다루도록 하겠습니다.

만드는 기능을 추가한다면, 다음과 같이 우유만 안 넣으면 됩니다. 함수를 재사용하는 일이 훨씬 쉬워진 것입니다.

```
1    fun makeEspressoCoffee() {
2        boilWater()
3        brewCoffee()
4        pourCoffee()
5    }
```

또한 함수가 작아져 단위 테스트도 쉽습니다. makeCoffee와 makeEspresso Coffee처럼 복잡한 함수가 아니라, boilWater와 brewWater 같은 작은 함수로 테스트할 수 있기 때문입니다.

프로그램 아키텍처의 추상 레벨

추상화 계층이라는 개념은 함수보다 높은 레벨에서도 적용할 수 있습니다. 추상화를 구분하는 이유는 서브시스템의 세부 사항을 숨김으로써 상호 운영성(interoperability)과 플랫폼 독립성을 얻기 위함입니다. 이는 문제 중심으로 프로그래밍한다는 의미입니다.[6]

4 높은 레벨 문제 중심
3 낮은 레벨 문제 중심
2 낮은 레벨 구현 구조
1 프로그래밍 언어 구조와 도구
0 운영 체제 연산과 머신 명령

---

6 스티브 맥코넬(Steve McConnell)의 《코드 컴플리트 2(Code Complete, 2nd Edition)》, 34.6절

이러한 개념은 모듈 시스템(modular system)을 설계할 때도 중요합니다. 모듈을 분리하면 계층 고유의 요소를 숨길 수 있습니다. 애플리케이션을 만들 때는 입력과 출력을 나타내는 모듈(프런트엔드의 뷰, 백엔드의 HTTP 요청 처리 등)은 낮은 레벨의 모듈입니다. 그리고 비즈니스 로직을 나타내는 부분이 높은 레벨의 모듈입니다.[7]

계층이 잘 분리된 프로젝트를 계층화가 잘 되었다고 부릅니다. 계층화가 잘 된 프로젝트를 좋은 프로젝트라고 부릅니다. 계층화가 잘 된 프로젝트는 어떤 계층 위치에서 코드를 보아도, 일관적인 관점을 얻을 수 있습니다.[8]

정리

별도의 추상화 계층을 만드는 것은 프로그래밍에서 일반적으로 사용되는 개념입니다. 이는 knowledge를 체계화하고, 서브시스템의 세부 사항을 숨김으로써 상호 운영성(interoperability)과 플랫폼 독립성을 얻게 합니다. 함수, 클래스, 모듈 등의 다양한 방식을 통해서 추상화를 분리합니다. 이때 각각의 레이어가 너무 커지는 것은 좋지 않습니다. 작고 최소한의 책임만 갖는 함수가 이해하기 쉽습니다. 추상화 레벨은 구체적인 동작, 프로세서, 입출력과 가까울수록 낮은 레벨이라고 표현합니다. 낮은 추상화 계층에서는 높은 계층에서 사용하는 요소(API)를 만듭니다.

---

7 로버트 C. 마틴의 《클린 아키텍처: 소프트웨어 구조와 설계의 원칙(Clean Architecture: A Crafts-man's Guide to Software Structure and Design)》
8 스티브 맥코넬의 《코드 컴플리트 2》, 5.2절

변화로부터 코드를 보호하려면 추상화를 사용하라

#범용적인 #기본적인

물 위를 걷는 것과 명세서로 소프트웨어를 개발하는 것은 쉽다. 둘 다 동결되어 있다면….

- 에드워드 V. 베라드(Edward V. Berard),
《Essays on Object-Oriented Software Engineering》의 46쪽

함수와 클래스 등의 추상화로 실질적인 코드를 숨기면, 사용자가 세부 사항을 알지 못해도 괜찮다는 장점이 있습니다. 그리고 이후에 실질적인 코드를 원하는대로 수정할 수도 있습니다.[9] 예를 들어 정렬 알고리즘을 함수로 추출하면, 이를 사용하는 코드에 어떠한 영향도 주지 않고, 함수의 성능을 최적화할 수 있습니다.

앞에서 언급했던 비유로 생각하면, 자동차 제조 업체와 엔지니어는 자동차 내부의 원하는 것을 마음대로 바꿀 수 있습니다. 작동만 제대로 된다면, 사용자는 무엇이 바뀐지 전혀 모를 것입니다. 그래서 제조업체는 더 친환경적인 자동차를 만들거나, 더 많은 센서를 추가해서 자동차를 더 안전하게 만들 수 있습니다.

이번 절에서는 추상화를 통해 변화로부터 코드를 보호하는 행위가 어떤 자유를 가져오는지 살펴보겠습니다. 그럼 세 가지 실제 사례를 살펴보고, 여러 추상화의 균형을 맞추는 방법에 대해서 알아봅시다. 일단 가장 간단한 추상화인 상수(constant value)부터 알아봅시다.

---

9 (옮긴이) 함수를 사용하는 쪽은 '함수의 입출력'만 알면 됩니다. 함수가 입출력만 제대로 낸다면, 함수의 설계자가 함수의 내용을 원하는 대로 변경해도 괜찮습니다.

상수

리터럴은 아무것도 설명하지 않습니다. 따라서 코드에서 반복적으로 등장할 때 문제가 됩니다. 이러한 리터럴을 상수 프로퍼티로 변경하면 해당 값에 의미 있는 이름을 붙일 수 있으며, 상수의 값을 변경해야 할 때 훨씬 쉽게 변경할 수 있습니다. 비밀번호 유효성을 검사하는 간단한 예를 살펴봅시다.

```
1    fun isPasswordValid(text: String): Boolean {
2        if(text.length < 7) return false
3        //...
4    }
```

여기서 숫자 7은 아마도 '비밀번호의 최소 길이'를 나타내겠지만, 이해하는 데 시간이 걸립니다. 상수로 빼낸다면 훨씬 쉽게 이해할 수 있을 것입니다.

```
1    const val MIN_PASSWORD_LENGTH = 7
2
3    fun isPasswordValid(text: String): Boolean {
4        if(text.length < MIN_PASSWORD_LENGTH) return false
5        //...
6    }
```

이렇게 하면 '비밀번호의 최소 길이'를 변경하기도 쉽습니다. 함수의 내부 로직을 전혀 이해하지 못해도, 상수의 값만 변경하면 됩니다. 그래서 두 번 이상 사용되는 값은 이렇게 상수로 추출하는 것이 좋습니다. 예를 들어 데이터베이스에 동시에 연결할 수 있는 최대 스레드 수를 다음과 같이 정의했다고 합시다.

```
1    val MAX_THREADS = 10
```

일단 이렇게 추출하면 변경이 필요할 때 쉽게 변경할 수 있습니다. 이러한 숫자가 프로젝트 전체에 퍼져 있다면 변경하기 정말 힘들 것입니다.

　상수로 추출하면

- 이름을 붙일 수 있고,
- 나중에 해당 값을 쉽게 변경할 수 있습니다.

이는 다른 추상화 방법에서도 적용되는 이야기입니다.

함수

애플리케이션을 개발하고 있는데, 사용자에게 토스트 메시지를 자주 출력해야 하는 상황이 발생했다고 합시다. 기본적으로 다음과 같은 코드를 사용해서 토스트 메시지를 출력합니다.

```
1    Toast.makeText(this, message, Toast.LENGTH_LONG).show()
```

안드로이드의 토스트 메시지

이렇게 많이 사용되는 알고리즘은 다음과 같이 간단한 확장 함수로 만들어서 사용할 수 있습니다.

```
1    fun Context.toast(
2        message: String,
3        duration: Int = Toast.LENGTH_LONG
4    ) {
5        Toast.makeText(this, message, duration).show()
6    }
```

```
7
8    // 사용
9    context.toast(message)
10
11   // 액티비티 또는 컨텍스트의 서브클래스에서 사용할 경우
12   toast(message)
```

이렇게 일반적인 알고리즘을 추출하면, 토스트를 출력하는 코드를 항상 기억해 두지 않아도 괜찮습니다. 또한 (거의 일어나지 않겠지만) 이후에 토스트를 출력하는 방법이 변경되어도, 확장 함수 부분만 수정하면 되므로 유지보수성이 향상됩니다.

만약 토스트가 아니라 스낵바라는 다른 형태의 방식으로 출력해야 한다면 어떻게 해야 할까요? 다음과 같이 스낵바를 출력하는 확장 함수를 만들고, 기존의 Context.toast()를 Context.snackbar()로 한꺼번에 수정하면 됩니다.

```
1    fun Context.snackbar(
2        message: String,
3        length: Int = Toast.LENGTH_LONG
4    ) {
5        //...
6    }
```

안드로이드의 스낵바 메시지

하지만 이런 해결 방법은 좋지 않습니다. 내부적으로만 사용하더라도, 함수의 이름을 직접 바꾸는 것은 위험할 수 있습니다(아이템 28: API 안전성을 확인하라). 다른 모듈이 이 함수에 의존하고 있다면, 다른 모듈에 큰 문제가 발생할 것입니다. 또한 함수의 이름은 한꺼번에 바꾸기 쉽지만, 파라미터는 한꺼번에 바꾸기가 쉽지 않으므로, 메시지의 지속시간을 나타내기 위한 Toast.LENGTH_LONG이 계속 사용되고 있다는 문제도 있습니다. 스낵바를 출력하는 행위가 토스트의 필드에 영향을 받는 것은 좋지 않습니다. 다른 한편으로 스낵바의 enum으로 모든 것을 변경하는 것도 문제를 발생시킬 수 있습니다.

```
1    fun Context.snackbar(
2        message: String,
4        duration: Int = Snackbar.LENGTH_LONG
5    ) {
6        //...
7    }
```

메시지의 출력 방법이 바뀔 수 있다는 것을 알고 있다면, 이때부터 중요한 것은 메시지의 출력 방법이 아니라, 사용자에게 메시지를 출력하고 싶다는 의도 자체입니다. 따라서 메시지를 출력하는 더 추상적인 방법이 필요합니다. 토스트 출력을 토스트라는 개념과 무관한 showMessage라는 높은 레벨의 함수로 옮겨봅시다.

```
1    fun Context.showMessage(
2        message: String,
3        duration: MessageLength = MessageLength.LONG
4    ) {
5        val toastDuration = when(duration) {
6            SHORT -> Length.LENGTH_SHORT
7            LONG -> Length.LENGTH_LONG
8        }
9        Toast.makeText(this, message, toastDuration).show()
10   }
11
12   enum class MessageLength { SHORT, LONG }
```

가장 큰 변화는 이름입니다. 일부 개발자는 이름 변경은 그냥 레이블을 붙이는 방식의 변화이므로, 큰 차이가 없다고 생각하기도 합니다. 하지만 이러한 관점은 사실 컴파일러의 관점에서만 유효합니다. 사람의 관점에서는 이름이 바뀌면 큰 변화가 일어난 것입니다. 함수는 추상화를 표현하는 수단이며, 함수 시그니처는 이 함수가 어떤 추상화를 표현하고 있는지 알려 줍니다. 따라서 의미 있는 이름은 굉장히 중요합니다.

함수는 매우 단순한 추상화지만, 제한이 많습니다. 예를 들어 함수는 상태를 유지하지 않습니다. 또한 함수 시그니처를 변경하면 프로그램 전체에 큰 영향을 줄 수 있습니다. 구현을 추상화할 수 있는 더 강력한 방법으로는 클래스가 있습니다.

클래스

그럼 이전의 메시지 출력을 클래스로 추상화해 봅시다.

```kotlin
1    class MessageDisplay(val context: Context) {
2
3        fun show(
4            message: String,
5            duration: MessageLength = MessageLength.LONG
6        ) {
7            val toastDuration = when(duration) {
8                SHORT -> Length.SHORT
9                LONG -> Length.LONG
10           }
11           Toast.makeText(context, message, toastDuration)
12               .show()
13       }
14   }
15
16   enum class MessageLength { SHORT, LONG }
17
18   // 사용
19   val messageDisplay = MessageDisplay(context)
20   messageDisplay.show("Message")
```

클래스가 함수보다 더 강력한 이유는 상태를 가질 수 있으며, 많은 함수를 가질 수 있다는 점 때문입니다(클래스 멤버 함수를 메서드라고 부릅니다). 현재 위의 코드에서 클래스의 상태인 context는 기본 생성자를 통해 주입(inject)됩니다. 의존성 주입 프레임워크를 사용하면, 클래스 생성을 위임할 수도 있습니다.

```
1    @Inject lateinit var messageDisplay: MessageDisplay
```

또한 mock 객체를 활용해서 해당 클래스에 의존하는 다른 클래스의 기능을 테스트할 수 있습니다.[10]

```
1    val messageDisplay: MessageDisplay = mockk()
```

게다가 메시지를 출력하는 더 다양한 종류의 메서드를 만들 수도 있습니다.

```
1    messageDisplay.setChristmasMode(true)
```

이처럼 클래스는 훨씬 더 많은 자유를 보장해 줍니다. 하지만 여전히 한계가 있습니다. 예를 들어 클래스가 final이라면, 해당 클래스 타입 아래에 어떤 구현이 있는지 알 수 있습니다. open 클래스를 활용하면 조금은 더 자유를 얻을 수 있습니다. open 클래스는 서브클래스를 대신 제공할 수 있기 때문입니다. 더 많은 자유를 얻으려면, 더 추상적이게 만들면 됩니다. 바로 인터페이스 뒤에 클래스를 숨기는 방법입니다.

인터페이스

코틀린 표준 라이브러리를 읽어보면, 거의 모든 것이 인터페이스로 표현된다는 것을 확인할 수 있을 것입니다. 예를 들어

- listOf 함수는 List를 리턴합니다. 여기서 List는 인터페이스입니다. listOf 는 팩토리 메서드라고 할 수 있습니다(이와 관련된 내용은 '아이템 33: 생성자 대신 팩토리 함수를 사용하라'에서 설명할 예정입니다).
- 컬렉션 처리 함수는 Iterable 또는 Collection의 확장 함수로서, List, Map 등을 리턴합니다. 이것들은 모두 인터페이스입니다.

---

10 (옮긴이) 아래 코드는 코틀린 mock 프레임워크인 mockk 프레임워크를 사용하는 예입니다.

- 프로퍼티 위임은 ReadOnlyProperty 또는 ReadWriteProperty 뒤에 숨겨집니다. 이것들도 모두 인터페이스입니다. 실질적인 클래스는 일반적으로 private입니다. 함수 lazy는 Lazy 인터페이스를 리턴합니다.

라이브러리를 만드는 사람은 내부 클래스의 가시성을 제한하고, 인터페이스를 통해 이를 노출하는 코드를 많이 사용합니다. 이렇게 하면 사용자가 클래스를 직접 사용하지 못하므로, 라이브러리를 만드는 사람은 인터페이스만 유지한다면, 별도의 걱정 없이 자신이 원하는 형태로 그 구현을 변경할 수 있습니다. 즉, 인터페이스 뒤에 객체를 숨김으로써 실질적인 구현을 추상화하고, 사용자가 추상화된 것에만 의존하게 만들 수 있는 것입니다. 즉, 결합(coupling)을 줄일 수 있는 것입니다.

코틀린이 클래스가 아니라 인터페이스를 리턴하는 데에는 이외에도 여러 이유가 있습니다. 예를 들어 코틀린은 멀티 플랫폼 언어입니다. 따라서 listOf가 코틀린/JVM, 코틀린/JS, 코틀린/네이티브에 따라서 구현이 다른 리스트를 리턴합니다. 다른 리스트를 사용하는 이유는 최적화 때문입니다. 각 플랫폼의 네이티브 리스트를 사용해서 속도를 높이는 것입니다. 어떤 플랫폼을 사용해도 List 인터페이스에 맞춰져 있으므로, 차이 없이 사용할 수 있습니다.

그럼 지금까지 살펴보았던 메시지 표시 예제에 인터페이스를 도입해 봅시다. '클래스를 인터페이스 뒤에 숨긴다는 것'은 다음과 같이 한다는 의미입니다.

```
1    interface MessageDisplay {
2        fun show(
3            message: String,
4            duration: MessageLength = LONG
5        )
6    }
7
8    class ToastDisplay(val context: Context): MessageDisplay {
9
10       override fun show(
11           message: String,
12           duration: MessageLength
13       ) {
14           val toastDuration = when(duration) {
```

```
15                  SHORT -> Length.SHORT
16                  LONG -> Length.LONG
17          }
18          Toast.makeText(context, message, toastDuration)
19              .show()
20      }
21  }
22
23  enum class MessageLength { SHORT, LONG }
```

이렇게 구성하면 더 많은 자유를 얻을 수 있습니다. 이러한 클래스는 태블릿에서 토스트를 출력하게 만들 수도 있고, 스마트폰에서 스낵바를 출력하게 할 수도 있습니다. 또한 안드로이드, iOS, 웹에서 공유해서 사용하는 공통 모듈에서도 MessageDisplay를 사용할 수 있습니다. 각각의 플랫폼에서 구현만 조금 다르게 하면 됩니다. 예를 들어 iOS, 웹에서는 경고창(alert)으로 출력하게 하는 것입니다.

또 다른 장점은 테스트할 때 인터페이스 페이킹(faking)이 클래스 모킹(mocking)보다 간단하므로, 별도의 모킹 라이브러리(mocking library)를 사용하지 않아도 된다는 것입니다.

```
1   val messageDisplay: MessageDisplay = TestMessageDisplay()
```

마지막으로 선언과 사용이 분리되어 있으므로, ToastDisplay 등의 실제 클래스를 자유롭게 변경할 수 있습니다. 다만 사용 방법을 변경하려면, MessageDisplay 인터페이스를 변경하고, 이를 구현하는 모든 클래스를 변경해야 합니다.

ID 만들기(nextId)

그럼 추가적인 예를 하나 더 살펴봅시다. 프로젝트에서 고유 ID(unique ID)를 사용해야 하는 상황을 가정하겠습니다. 가장 간단한 방법은 어떤 정수 값을 계속 증가시키면서, 이를 ID로 활용하는 것입니다.

```
1   var nextId: Int = 0
2
3   // 사용
```

```
4
5    val newId = nextId++
```

그런데 이러한 코드가 많이 사용되면, 약간 위험합니다. ID가 생성되는 방식을 변경할 때 문제가 발생하기 때문입니다. 이 방법은 다음과 같은 문제가 있습니다.

- 이 코드의 ID는 무조건 0부터 시작합니다.
- 이 코드는 스레드-안전(thread-safe)하지 않습니다.

만약 그래도 이 방법을 사용해야 한다면, 일단 이후에 발생할 수 있는 변경으로부터 코드를 보호할 수 있게 함수를 사용하는 것이 좋습니다.

```
1    private var nextId: Int = 0
2    fun getNextId(): Int = nextId++
3
4    // 사용
5    val newId = getNextId()
```

이제 ID 생성 방식의 변경으로부터는 보호되지만, ID 타입 변경 등은 대응하지 못합니다. 미래의 어느 시점에 ID를 문자열로 변경해야 한다면 어떨까요? 만약 그 시점 이전에 ID가 계속 Int로 유지될 거라고 생각해서, 여러 연산들이 타입에 종속적이게 작성되었다면 어떻게 해야 할까요? 이를 최대한 방지하려면, 이후에 ID 타입을 쉽게 변경할 수 있게 클래스를 사용하는 것이 좋습니다.

```
1    data class Id(private val id: Int)
2
3    private var nextId: Int = 0
4    fun getNextId(): Id = Id(nextId++)
```

더 많은 추상화는 더 많은 자유를 주지만, 이를 정의하고, 사용하고, 이해하는 것이 조금 어려워졌습니다.

추상화가 주는 자유

지금까지 제시한 추상화를 하는 몇 가지 방법을 정리해 보면 다음과 같습니다.

- 상수로 추출한다.
- 동작을 함수로 래핑한다.
- 함수를 클래스로 래핑한다.
- 인터페이스 뒤에 클래스를 숨긴다.
- 보편적인 객체(universal object)를 특수한 객체(specialistic object)로 래핑한다.

지금까지 이러한 것들이 우리에게 어떤 장점을 주는지 살펴보았습니다. 이를 구현할 때는 여러 도구를 활용할 수 있습니다.

- 제네릭 타입 파라미터를 사용한다.
- 내부 클래스를 추출한다.
- 생성을 제한한다(예를 들어 팩토리 함수로만 객체를 생성할 수 있게 만드는 등).[11]

하지만 추상화에는 단점도 존재합니다. 추상화는 자유를 주지만, 코드를 이해하고 수정하기 어렵게 만듭니다. 추상화의 단점에 대해서 조금 더 자세하게 살펴봅시다.

추상화의 문제

어떤 방식으로 추상화를 하려면 코드를 읽는 사람이 해당 개념을 배우고, 잘 이해해야 합니다. 또 다른 방식으로 추상화를 하려면 또 해당 개념을 배우고, 잘 이해해야 합니다. 물론 추상화의 가시성을 제한하거나('아이템 30: 요소의 가시성을 최소화하라'), 구체적인 작업에서만 추상화를 도입하는 것은 큰 문제가 없습니다. 그래서 큰 프로젝트에서는 잘 모듈화해야 합니다. 어쨌거나 추상화도 비용이 발생합니다. 따라서 극단적으로 모든 것을 추상화해서는 안 됩니다.

추상화는 거의 무한하게 할 수 있지만, 어느 순간부터 득보다 실이 많아질

---

11 이와 관련된 내용은 '4장 추상화 설계'에서 자세하게 다룹니다.

것입니다. 이를 풍자한 FizzBuzz Enterprise Edition이라는 프로젝트[12]가 있습니다. FizzBuzz[13]와 같은 간단한 문제에 수많은 추상화를 적용해서, 코드를 얼마나 복잡하게 만들 수 있는지 보여 주는 예입니다. 원래 FizzBuzz는 10줄도 필요하지 않은 간단한 예입니다. 하지만 이 책을 집필하는 시점에 FizzBuzz Enterprise Edition에는 61개의 클래스와 26개의 인터페이스가 있습니다. 이런 코드를 이해하는 것은 굉장히 어렵습니다.

```
▼ ▣ com.seriouscompany.business.java.fizzbuzz.packagenamingpackage
    ▼ ▣ impl
        ▼ ▣ factories
            ⓔ BuzzStrategyFactory
            ⓔ BuzzStringPrinterFactory
            ⓔ BuzzStringReturnerFactory
            ⓔ EnterpriseGradeFizzBuzzSolutionStrategyFactory
            ⓔ FizzBuzzOutputGenerationContextVisitorFactory
            ⓔ FizzStrategyFactory
            ⓔ FizzStringPrinterFactory
            ⓔ FizzStringReturnerFactory
            ⓔ IntegerIntegerPrinterFactory
            ⓔ IntegerIntegerStringReturnerFactory
            ⓔ LoopComponentFactory
            ⓔ NewLineStringPrinterFactory
            ⓔ NewLineStringReturnerFactory
            ⓔ NoFizzNoBuzzStrategyFactory
            ⓔ SystemOutFizzBuzzOutputStrategyFactory
        ▶ ▣ loop
        ▶ ▣ math.arithmetics
        ▶ ▣ parameters
        ▶ ▣ printers
        ▶ ▣ strategies
        ▶ ▣ stringreturners
        ▶ ▣ visitors
            ⓒ ApplicationContextHolder
            ⓒ Constants
            ⓜ Main
            ⓒ StandardFizzBuzz
    ▼ ▣ interfaces
        ▼ ▣ factories
            ⓘ FizzBuzzOutputStrategyFactory
            ⓘ FizzBuzzSolutionStrategyFactory
            ⓘ IntegerPrinterFactory
            ⓘ IntegerStringReturnerFactory
            ⓘ IsEvenlyDivisibleStrategyFactory
            ⓘ OutputGenerationContextVisitorFactory
            ⓘ StringPrinterFactory
            ⓘ StringStringReturnerFactory
        ▶ ▣ loop
        ▶ ▣ parameters
```

FizzBuzz Enterprise Edition의 클래스 구조. 이 프로젝트의 설명을 보면, '이 프로젝트는 FizzBuzz라는 간단한 프로그램이 엔터프라이즈 소프트웨어의 품질 표준에 의해 얼마나 복잡하게 만들어질 수 있는지 보여 주는 예이다'라는 설명이 나와 있다.

---

12 프로젝트 링크: *https://github.com/EnterpriseQualityCoding/FizzBuzzEnterpriseEdition*
13 FizzBuzz 문제는 1부터 100까지를 출력하면서, 3의 배수일 때는 Fizz, 5의 배수일 때는 Buzz, 3과 5의 공배수일 때는 FizzBuzz를 출력하는 예제입니다(Fizz, Buzz, FizzBuzz를 출력할 때는 숫자를 출력하지 않습니다).

추상화는 많은 것을 숨길 수 있는 테크닉입니다. 생각할 것을 어느 정도 숨겨야 개발이 쉬워지는 것도 사실이지만 너무 많은 것을 숨기면 결과를 이해하는 것 자체가 어려워집니다. 앞의 예제에서 누군가는 showMessage 함수가 아직도 토스트를 출력할 거라고 생각하고 사용할 수 있습니다(그리고 스낵바가 출력되는 것을 보며 혼돈에 빠질 것입니다). 또 다른 누군가는 토스트 출력에 문제가 있어서 Toast.makeText를 찾다가 시간을 보낼 수도 있습니다(showMessage를 사용해 출력되고 있으므로). 추상화가 너무 많으면 코드를 이해하기 어렵습니다. 추상화가 많은 코드를 보면, 이해하기 어렵다는 생각 때문에 코드를 제대로 읽기도 전에 두려움에 사로잡힐 수 있습니다.

추상화를 이해하려면, 예제를 살펴보는 것이 좋습니다. 요소를 사용하는 방법을 보여 주는 단위 테스트와 문서의 예제는 추상화가 어떻게 사용되는지 확실하게 보여 줍니다. 그래서 이 책에서도 필자가 생각하는 여러 아이디어를 구체적인 예제로 채운 것입니다. 예제 없이 추상화를 설명하면 이해하기도 어렵고, 오해하기도 쉽습니다.

어떻게 균형을 맞춰야 할까?

경험에 의하면, 모든 추상화는 자유를 주지만, 코드가 어떻게 돌아가는 것인지 이해하기 어렵게 만듭니다. 극단적인 것은 언제나 좋지 않습니다. 최상의 답은 언제나 그 사이 어딘가에 있습니다. 정확한 위치는 다음과 같은 요소들에 따라서 달라질 수 있습니다.

- 팀의 크기
- 팀의 경험
- 프로젝트의 크기
- 특징 세트(feature set)
- 도메인 지식

따라서 프로젝트에 따라서 균형이 다를 수 있습니다. 적절한 균형을 찾는 것은 거의 감각에 의존해야 하는 예술에 가깝습니다. 수천 시간까지는 아니더라도,

수백 시간 이상의 경험이 있어야 할 수 있는 일입니다. 그래도 사용할 수 있는 몇 가지 규칙을 정리해 보면 다음과 같습니다.

- 많은 개발자가 참여하는 프로젝트는 이후에 객체 생성과 사용 방법을 변경하기 어렵습니다. 따라서 추상화 방법을 사용하는 것이 좋습니다. 최대한 모듈과 부분(part)을 분리하는 것이 좋습니다.
- 의존성 주입 프레임워크를 사용하면, 생성이 얼마나 복잡한지는 신경 쓰지 않아도 됩니다. 클래스 등은 한 번만 정의하면 되기 때문입니다.
- 테스트를 하거나, 다른 애플리케이션을 기반으로 새로운 애플리케이션을 만든다면 추상화를 사용하는 것이 좋습니다.
- 프로젝트가 작고 실험적이라면, 추상화를 하지 않고도 직접 변경해도 괜찮습니다. 문제가 발생했다면, 최대한 빨리 직접 변경하면 됩니다.

항상 무언가 변화할 수 있다고 생각하는 것이 좋습니다. 예를 들어 토스트 출력 API가 변경될 가능성은 적지만, 메시지를 출력하는 방법을 변경해야 할 가능성은 충분히 있습니다. 이후에 더 일반적인 메커니즘이 필요할 가능성이 있는지, 플랫폼 독집적인 메커니즘이 필요할 수 있는지, 이러한 확률이 얼마나 되는지 등은 여러 가지 경험을 해 보면 어느 정도 알 수 있게 됩니다.

정리

추상화는 단순하게 중복성을 제거해서 코드를 구성하기 위한 것이 아닙니다. 추상화는 코드를 변경해야 할 때 도움이 됩니다. 따라서 추상화를 사용하는 것은 굉장히 어렵지만, 이를 배우고 이해해야 합니다. 다만 추상적인 구조를 사용하면, 결과를 이해하기 어렵습니다. 추상화를 사용할 때의 장점과 단점을 모두 이해하고, 프로젝트 내에서 그 균형을 찾아야 합니다. 추상화가 너무 많거나 너무 적은 상황 모두 좋은 상황이 아닙니다.

API 안정성을 확인하라

세상에 있는 모든 자동차의 운전 방법이 다르다면, 자동차를 운전하기 전에 운전 방법을 배워야 할 것입니다. 이처럼 일시적으로만 사용되는 인터페이스를 배우는 것은 굉장히 귀찮고 의미 없는 일입니다. 따라서 운전 방법은 안정적이면서 표준적인 것이 좋습니다.

마찬가지로 프로그래밍에서도 안정적이고 최대한 표준적인 API(Application Programming Interface)를 선호합니다. 주요 이유는 다음과 같습니다.

1. API가 변경되고, 개발자가 이를 업데이트했다면, 여러 코드를 수동으로 업데이트해야 합니다. 많은 요소가 이 API에 의존하고 있다면 이는 큰 문제가 됩니다. 변경에 대응하거나, 다른 대안을 찾는 것은 매우 어려운 일입니다. 특히 다른 개발자가 API를 사용한 경우에는 익숙하지도 않아 더욱 어려울 것입니다. 라이브러리의 작은 변경은 이를 활용하는 다른 코드들의 많은 부분을 변경하게 만들 수 있습니다. 그래서 라이브러리가 변경되어도 이전 라이브러리를 유지하는 경우가 많습니다. 하지만 그럴수록 점점 업데이트가 어려워지고, 버그와 취약성 등이 발생할 수 있습니다. 오래된 라이브러리는 더 이상 지원되지 않을 수도 있습니다. 따라서 개발자가 안정적인 라이브러리로 업데이트하는 것을 두려워한다는 것은 매우 좋지 않은 상황입니다.

2. 사용자가 새로운 API를 배워야 합니다. 새로 배운다는 것은 꽤 힘들고 고통스러운 일이므로, 많은 사람이 이를 피합니다. 하지만 새로 배우지 않으면, 오래된 지식 때문에 보안 문제가 발생할 수 있습니다. 따라서 처음부터 안정적이지 않은 모듈을 많이 공부하는 것보다는 안정적인 모듈부터 공부해 두는 것이 좋습니다.

하지만 좋은 API를 한번에 설계할 수는 없습니다. API 제작자는 이를 계속해서 개선하기 위해서 변경을 원합니다. 따라서 우리(프로그래밍 커뮤니티)는 계속해서 API를 안정적으로 유지하기 위한 의견을 제시해서 균형을 맞춰야 합니다.

일단 간단한 방법은 작성자가 'API' 또는 'API의 일부'가 불안정하다면, 이를 명확하게 알려 줘야 합니다. 일반적으로 버전을 활용해서 라이브러리와 모듈의 안정성을 나타냅니다. 많은 버저닝 시스템(versioning system)이 있지만, 일반적으로는 시멘틱 버저닝(Semantic Versioning, SemVer)을 사용합니다. 이 시스템은 버전 번호를 세 번호, 즉 MAJOR, MINOR, PATCH로 나누어서 구성합니다. 각각의 부분은 0 이상의 정수로 구성되며, 0부터 시작해서 API에 다음과 같은 변경 사항이 있을 때 1씩 증가시킵니다.

- MAJOR 버전: 호환되지 않는 수준의 API 변경
- MINOR 버전: 이전 변경과 호환되는 기능을 추가
- PATCH 버전: 간단한 버그 수정

버전은 MAJOR.MINOR.PATCH 형태로 붙입니다. MAJOR를 증가시킬 때는 MINOR와 PATCH를 0으로 돌려 둡니다. MINOR를 증가시킬 때는 PATCH를 0으로 돌려 둡니다. 사전 배포(pre-release)와 빌드 메타데이터 등은 추가적인 레이블을 활용합니다. 메이저 버전이 0인 경우(0.y.z)는 초기 개발 전용 버전을 의미합니다. 따라서 언제든지 변경될 수 있으며, 안정적이지 않다는 의미입니다. 따라서 라이브러리와 모듈이 SemVer에 따라 버전이 붙는다면, MAJOR 버전이 0일 때는 안정적일 거라고 생각하면 안 됩니다.

베타 버전이 오래 유지되는 것을 싫어하는 사람들이 있지만, 코틀린도 1.0버전까지 도달하는 데 5년 이상의 시간이 걸렸습니다. 이 시기에 많은 것이 바뀌었습니다. 이 시기는 코틀린에게 굉장히 중요한 시기였다고 할 수 있습니다.

안정적인 API에 새로운 요소를 추가할 때, 아직 해당 요소가 안정적이지 않다면, 먼저 다른 브랜치에 해당 요소를 두는 것이 좋습니다. 일부 사용자가 이를 사용하도록 허용하려면(코드를 메인 브랜치에 머지(merge)하고 배포했다면), 일단 Experimental 메타 어노테이션을 사용해서 사용자들에게 아

직 해당 요소가 안정적이지 않다는 것을 알려 주는 것이 좋습니다. 이렇게 Experimental 메타 어노테이션을 붙이면, 요소를 보고 사용할 수 있지만, 사용할 때 경고 또는 오류(설정된 레벨에 따라서 다릅니다)가 출력됩니다.

```
1  @Experimental(level = Experimental.Level.WARNING)
2  annotation class ExperimentalNewApi
3
4  @ExperimentalNewApi
5  suspend fun getUsers(): List<User> {
6      //...
7  }
```

```
24 ↳    val users = getUsers()
This declaration is experimental and its usage should be marked with '@ExperimentalNewApi' or '@UseExperimental(ExperimentalNewApi::class)'
27
```

이러한 요소는 언제든지 변경될 수 있습니다. 다시 말하지만, 요소를 오랜 시간 동안 실험적 기능으로 유지하는 것을 두려워하지 말기 바랍니다. 채택 속도는 느려지지만, 더 오래 동안 좋은 API를 설계하는 데 도움이 됩니다.

안정적인 API의 일부를 변경해야 한다면, 전환하는 데 시간을 두고 Deprecated 어노테이션을 활용해서 사용자에게 미리 알려 줘야 합니다.

```
1  @Deprecated("Use suspending getUsers instead")
2  fun getUsers(callback: (List<User>)->Unit) {
3      //...
4  }
```

또한 직접적인 대안(direct alternative)이 있다면, IDE가 자동 전환을 할 수 있게 ReplaceWith를 붙여 주는 것도 좋습니다.

```
1  @Deprecated("Use suspending getUsers instead",
2  ReplaceWith("getUsers()"))
3  fun getUsers(callback: (List<User>)->Unit) {
4      //...
5  }
```

실제 stdlib의 예제를 살펴봅시다.

```
1    @Deprecated("Use readBytes() overload without "+
2    "estimatedSize parameter",
3    ReplaceWith("readBytes()"))
4    public fun InputStream.readBytes(
5        estimatedSize: Int = DEFAULT_BUFFER_SIZE
6    ): ByteArray {
7        //...
8    }
```

이렇게 Deprecated와 ReplaceWith를 사용했다면, 사용자가 이러한 변경에 적응할 시간을 제공해야 합니다. 사용자는 라이브러리를 최신 버전으로 적용하는 일 이외에도 수많은 일을 갖고 있으므로, 적용하는 데에도 시간이 꽤 걸립니다. 심지어 널리 사용되는 API는 이러한 적응 시간을 몇 년으로 잡기도 합니다. 이러한 시간이 지난 뒤에는 주요 배포판(major release)에서 이 요소를 제거하면 됩니다.

정리

사용자는 API의 안정성에 대해 알아야 합니다. 안정적인 API를 사용하는 것이 좋습니다. 다만 안정적이라고 생각했던 API에 예상하지 못한 변경이 일어났다면, 가장 나쁜 상황입니다. 이러한 변경은 수많은 사람들에게 고통을 줄 수 있습니다. 따라서 모듈과 라이브러리를 만드는 사람과 이를 사용하는 사람들 사이에 커뮤니케이션이 중요합니다. 커뮤니케이션은 버전 이름, 문서, 어노테이션 등을 통해 할 수 있습니다. 또한 안정적인 API에 변경을 가할 때는 사용자가 적응할 충분한 시간을 줘야 합니다.

아이템 29

외부 API를 랩(wrap)해서 사용하라

#범용적인

API 설계자가 안전하지 않다고 하거나 API 설계자가 안전하다고 해도 우리가 그것을 제대로 신뢰할 수 없다면, 해당 API는 불안정한 것입니다. 이러한 불안정한 API를 과도하게 사용하는 것은 굉장히 위험합니다. 어쩔 수 없이 이런 API를 활용해야 한다면, 최대한 이러한 API를 로직과 직접 결합시키지 않는 것이 좋습니다. 그래서 많은 프로젝트가 잠재적으로 불안정하다고 판단되는 외부 라이브러리 API를 랩(wrap)해서 사용합니다.[14] 랩해서 사용하면, 다음과 같은 자유와 안정성을 얻을 수 있습니다.

- 문제가 있다면 래퍼(warpper)[15]만 변경하면 되므로, API 변경에 쉽게 대응할 수 있습니다.
- 프로젝트의 스타일에 맞춰서 API의 형태를 조정할 수 있습니다.
- 특정 라이브러리에서 문제가 발생하면, 래퍼를 수정해서 다른 라이브러리를 사용하도록 코드를 쉽게 변경할 수 있습니다.
- 필요한 경우 쉽게 동작을 추가하거나 수정할 수 있습니다.

단점으로는 다음과 같은 것들이 있습니다.

- 래퍼를 따로 정의해야 합니다.
- 다른 개발자가 프로젝트를 다룰 때, 어떤 래퍼들이 있는지 따로 확인해야 합니다.
- 래퍼들은 프로젝트 내부에서만 유효하므로, 문제가 생겨도 질문할 수 없습니다. 예를 들어 스택오버플로(*https://stackoverflow.com/*)에 질문을 올려도

---

14 (옮긴이) 어떤 코드를 함수 또는 클래스 등으로 감싸는 것을 랩(wrap)이라고 부릅니다.
15 (옮긴이) 감싸고 있는 함수 또는 클래스 등을 래퍼(wrapper)라고 부릅니다.

아무도 답해 주지 못할 것입니다.

장점과 단점을 모두 이해하고 랩할 API를 결정해야 합니다. 라이브러리가 얼마나 안정적인지 확인할 수 있는 가장 기본적인 휴리스틱은 버전 번호와 사용자 수입니다. 일반적으로 라이브러리 사용자가 많을수록 안정적입니다. 사용자가 많으면, 제작자가 프로젝트에 작은 변화를 가할 때도 굉장히 신중하게 할 것입니다. 반대로 인기가 없고 새로 만들어진 라이브러리는 위험할 수 있습니다. 이런 경우에는 신중하게 사용을 결정하고, 사용하기로 했다면 클래스와 함수로 랩하는 것을 고려하기 바랍니다.

아이템 30

요소의 가시성을 최소화하라

API를 설계할 때 가능한 한 간결한 API를 선호하는 데는 여러 가지 이유가 있습니다. 가장 중요한 몇 가지 이유를 살펴보도록 합시다.

작은 인터페이스는 배우기 쉽고 유지하기 쉽습니다. 기능이 많은 클래스보다는 적은 클래스를 이해하는 것이 쉽습니다. 또한 유지보수하기도 쉽습니다. 일반적으로 어떤 수정을 가하기 위해서는 클래스 전체를 이해하고 있어야 합니다. 보이는 요소 자체가 적다면, 유지보수하고 테스트할 것이 적습니다.

변경을 가할 때는 기존의 것을 숨기는 것보다 새로운 것을 노출하는 것이 쉽습니다. 일반적으로 공개적으로 노출되어 있는 요소들은 공개 API의 일부이며, 외부에서 사용할 수 있습니다. 따라서 이러한 요소들은 이미 외부에서 사용되고 있을 것입니다. 그래서 이런 요소들을 변경하면, 이 코드를 사용하는 모든 부분이 영향을 받습니다. 가시성과 관련된 제한을 변경하는 것은 더 어렵습니다. 이러한 변경은 신중하게 고려해야 하며, 변경할 경우에는 대체재를 제공해야 합니다. 다만 다른 개발자가 구현한 코드에 대한 대체재를 제공하는 것은 굉장히 어려울 수 있습니다. 비즈니스 요구 사항이 무엇인지 빠르게 파악하기 어려울 수 있기 때문입니다. 널리 사용되는 공개 라이브러리라면, 일부 요소의 가시성을 제한한 경우 여러 사용자가 분노할 수 있습니다. 따라서 처음에는 작은 API로서 개발을 하도록 강제하는 것이 더 좋을 수 있습니다.

클래스의 상태를 나타내는 프로퍼티를 외부에서 변경할 수 있다면, 클래스는 자신의 상태를 보장할 수 없습니다. 클래스가 만족해야 하는 클래스의 상태에 대한 규약 등이 있을 수 있습니다. 이러한 규약을 모르는 사람은 클래스의 상태를 마음대로 변경할 수 있으므로, 클래스의 불변성(invariant)이 무너질 가능성이 있습니다. 2장에서 살펴보았던 CounterSet을 다시 살펴봅시다. 이 코드에서 elementsAdded의 세터를 private으로 설정했었습니다. 이 부분이 없다면 외부에서 이 코드를 강제로 바꿀 수 있고, 이 프로퍼티에 대한 신뢰성에 문제가 생길 수 있습니다. 이처럼 세터만 private으로 만드는 코드는 굉장히 많이 사용되므로 기억해 주세요.

```
1    class CounterSet<T>(
2            private val innerSet: MutableSet<T> = setOf()
3    ) : MutableSet<T> by innerSet {
4
5        var elementsAdded: Int = 0
6            private set
7
8        override fun add(element: T): Boolean {
9            elementsAdded++
10           return innerSet.add(element)
11       }
12
13       override fun addAll(elements: Collection<T>): Boolean {
14           elementsAdded += elements.size
15           return innerSet.addAll(elements)
16       }
17   }
```

일반적으로 코틀린에서는 이처럼 구체 접근자의 가시성을 제한해서 모든 프로퍼티를 캡슐화하는 것이 좋습니다.

서로서로 의존하는 프로퍼티가 있을 때는 객체 상태를 보호하는 것이 더 중요해집니다. 예를 들어 mutableLazy 델리게이트를 구현할 때를 생각해 봅시다. 이는 initialized가 true라면 값 초기화가 이루어지고, 이때의 값은 T 타입이라는 것을 예상할 수 있습니다. 이때 initialized의 세터가 노출되어서는 안 됩니다. 이것이 노출되면 예상하지 못한 변경에 의해서 예외가 발생하고, 코드의 신뢰성이 떨어질 수 있기 때문입니다.

```
1    class MutableLazyHolder<T>(val initializer: () -> T) {
2
3        private var value: Any = Any()
4        private var initialized = false
5
6        override fun get(): T {
7            if (!initialized) {
8                value = initializer()
```

```
9              initialized = true
10         }
11         return value as T
12     }
13
14     override fun setValue() {
15         this.value = value
16         initialized = true
17     }
18 }
```

가시성이 제한될수록 클래스의 변경을 쉽게 추적할 수 있으며, 프로퍼티의 상태를 더 쉽게 이해할 수 있습니다. 이는 동시성(concurrency)을 처리할 때 중요합니다. 상태 변경은 병렬 프로그래밍에서 문제가 됩니다. 따라서 많은 것을 제한할수록 병렬 프로그래밍을 할 때 안전해집니다.

가시성 한정자 사용하기

내부적인 변경 없이 작은 인터페이스를 유지하고 싶다면, 가시성(visibility)을 제한하면 됩니다. 기본적으로 클래스와 요소를 외부에 노출할 필요가 없다면, 가시성을 제한해서 외부에서 접근할 수 없게 만드는 것이 좋습니다. 가시성 제한은 가시성 한정자(visibility modifier)를 활용해서 구현합니다.

클래스 멤버의 경우 다음과 같은 4개의 가시성 한정자를 사용할 수 있습니다.

- public(디폴트): 어디에서나 볼 수 있습니다.
- private: 클래스 내부에서만 볼 수 있습니다.
- protected: 클래스와 서브클래스 내부에서만 볼 수 있습니다.
- internal: 모듈 내부에서만 볼 수 있습니다.

톱레벨 요소에는 세 가지 가시성 한정자를 사용할 수 있습니다.

- public(디폴트): 어디에서나 볼 수 있습니다.
- private: 같은 파일 내부에서만 볼 수 있습니다.
- internal: 모듈 내부에서만 볼 수 있습니다.

참고로 모듈과 패키지를 혼동하는 개발자들이 있는데, 의미가 전혀 다릅니다. 코틀린에서 모듈이란 함께 컴파일되는 코틀린 소스를 의미합니다. 따라서 다음을 의미합니다.

- 그레이들(Gradle) 소스 세트
- 메이븐(Maven) 프로젝트
- 인텔리제이(IntelliJ) IDEA 모듈
- 앤트(Ant) 태스크 한 번으로 컴파일되는 파일 세트

만약 모듈이 다른 모듈에 의해서 사용될 가능성이 있다면, internal을 사용해서 공개하고 싶지 않은 요소를 숨깁니다. 요소가 상속을 위해 설계되어 있고, 클래스와 서브클래스에서만 사용되게 만들고 싶다면 protected를 사용합니다. 동일한 파일 또는 클래스에서만 요소를 사용하게 만들고 싶다면 private을 사용합니다. 참고로, 코틀린은 지역적으로만 사용되고 있는 요소는 private으로 만드는 것이 좋다는 컨벤션을 다음과 같이 제공해 줍니다.

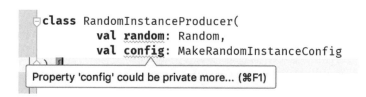

```kotlin
class RandomInstanceProducer(
        val random: Random,
        val config: MakeRandomInstanceConfig
```

Property 'config' could be private more... (⌘F1)

이러한 규칙은 데이터를 저장하도록 설계된 클래스(데이터 모델 클래스, DTO)에는 적용하지 않는 것이 좋습니다. 데이터를 저장하도록 설계된 클래스는 숨길 이유가 없기 때문입니다. 따라서 프로퍼티를 사용할 수 있게 눈에 띄게 만드는 것이 좋으며, 필요하지 않은 경우 그냥 프로퍼티를 제거하는 것이 좋습니다.

```kotlin
1    class User(
2        val name: String,
3        val surname: String,
4        val age: Int
5    )
```

한 가지 큰 제한은, API를 상속할 때 오버라이드해서 가시성을 제한할 수는 없다는 것입니다. 이는 서브클래스가 슈퍼클래스로도 사용될 수 있기 때문입니다. 이것이 상속보다 컴포지션을 선호하는 대표적인 이유입니다('아이템 36: 상속보다는 컴포지션을 사용하라').

정리

필자의 경험으로는 요소의 가시성은 최대한 제한적인 것이 좋습니다. 보이는 요소들은 모두 public API로서 사용되며, 다음과 같은 이유로 최대한 단순한 것이 좋습니다.

- 인터페이스가 작을수록 이를 공부하고 유지하는 것이 쉽습니다.
- 최대한 제한이 되어 있어야 변경하기 쉽습니다.
- 클래스의 상태를 나타내는 프로퍼티가 노출되어 있다면, 클래스가 자신의 상태를 책임질 수 없습니다.
- 가시성이 제한되면 API의 변경을 쉽게 추적할 수 있습니다.

아이템 31

문서로 규약을 정의하라

'아이템 27: 변화로부터 코드를 보호하려면 추상화를 사용하라'에서 살펴보았던 메시지를 출력하는 함수를 다시 살펴봅시다.

```
1    fun Context.showMessage(
2        message: String,
3        length: MessageLength = MessageLength.LONG
4    ) {
5        val toastLength = when(length) {
6            SHORT -> Length.SHORT
7            LONG -> Length.LONG
8        }
9        Toast.makeText(this, message, toastLength).show()
10   }
11
12   enum class MessageLength { SHORT, LONG }
```

메시지 출력 방법을 자유롭게 변경할 수 있게 함수로 추출했습니다. 하지만 문서화가 제대로 되어 있지 않습니다. 다른 개발자는 이 코드를 읽고, 당연히 토스트를 출력할 거라고 생각할 수 있습니다. 하지만 showMessage라는 이름은 토스트가 아니라, 다른 타입으로도 메시지를 출력할 수 있게 하고자 붙인 이름입니다. 따라서 이 함수가 무엇을 하는지 명확하게 설명하고 싶다면, KDoc 주석을 붙여 주는 것이 좋습니다.[16]

```
1    /**
2     * Universal way for the project to display a short
3     * message to a user.
4     * @param message The text that should be shown to
5     * the user
```

---

16 (옮긴이) 일반적으로 주석을 영어로 붙이므로, 영어 주석을 넣고 아래에 번역문을 넣었습니다. 실제로는 영어 부분만 넣으면 됩니다.

```
6     * @param length How long to display the message.
7     */
8     /**
9     * 이 프로젝트에서 짧은 메시지를 사용자에게
10    * 출력할 때 사용하는 기본적인 방식입니다.
11    * @param message 사용자에게 보여 줄 메시지
12    * @param length 메시지의 길이가
13    * 어느 정도 되는지 나타내는 enum 값
14    */
15    fun Context.showMessage(
16        message: String,
17        duration: MessageLength = MessageLength.LONG
18    ) {
19        val toastDuration = when(duration) {
20            SHORT -> Length.SHORT
21            LONG -> Length.LONG
22        }
23        Toast.makeText(this, message, toastDuration).show()
24    }
25
26    enum class MessageLength { SHORT, LONG }
```

일반적으로 대부분의 함수와 클래스는 이름만으로 예측할 수 없는 세부 사항들을 갖고 있습니다. 예를 들어 다음 코드에서 powerset 함수의 powerset은 '멱집합'이라는 명확한 수학적 개념이지만, 멱집합이 무엇인지 모르는 사람이 있을 수 있으므로, 추가적인 설명이 필요합니다.

```
1     /**
2     * Powerset returns a set of all subsets of the receiver
3     * including itself and the empty set
4     */
5     /**
6     * 리시버 집합의 모든 부분 집합을 리턴합니다.
7     * (자기 자신과 빈 집합을 포함합니다.)
8     */
9     fun <T> Collection<T>.powerset(): Set<Set<T>> =
10        if (isEmpty()) setOf(emptySet())
11        else take(size - 1)
12            .powerset()
13            .let { it + it.map { it + last() } }
```

사실 이러한 설명만으로는 리턴되는 멱집합이 어떤 순서인지 알 수 없습니다. 따라서 이러한 함수를 사용하는 사용자는 powerset 함수가 리턴하는 컬렉션의

요소 순서를 의존하는 코드를 작성해서는 안 됩니다. 순서를 명확하게 지정하지 않았으므로, 이후에 함수 구현을 최적화할 때 순서가 변경될 수 있기 때문입니다.

```
1    /**
2     * Powerset returns a set of all subsets of the receiver
3     * including itself and empty set
4     */
5    /**
6     * 리시버 집합의 모든 부분 집합을 리턴합니다.
7     * (자기 자신과 빈 집합을 포함합니다.)
8     */
9    fun <T> Collection<T>.powerset(): Set<Set<T>> =
10           powerset(this, setOf(setOf()))
11
12   private tailrec fun <T> powerset(
13       left: Collection<T>,
14       acc: Set<Set<T>>
15   ): Set<Set<T>> = when {
16       left.isEmpty() -> acc
17       else -> {
18           val head = left.first()
19           val tail = left.drop(1)
20           powerset(tail, acc + acc.map { it + head })
21       }
22   }
```

일반적인 문제는 행위가 문서화되지 않고, 요소의 이름이 명확하지 않다면 이를 사용하는 사용자는 우리가 만들려고 했던 추상화 목표가 아닌, 현재 구현에만 의존하게 된다는 것입니다. 이러한 문제는 예상되는 행위를 문서로 설명함으로써 해결합니다.

규약

어떤 행위를 설명하면 사용자는 이를 일종의 약속으로 취급하며, 이를 기반으로 스스로 자유롭게 생각하던 예측을 조정합니다. 이처럼 예측되는 행위를 요소의 규약(contract of an element)이라고 부릅니다. 현실의 규약과 마찬가지로 규약의 당사자들은 서로 상대방이 규약을 안정적으로 계속 지킬 거라 믿습니다('아이템 28: API 안정성을 확인하라').

현실의 규약을 떠올리면, 규약을 정의한다는 말이 조금 무섭게 들릴 수도 있겠지만, 실제로 규약을 정의하는 것은 양쪽 모두에게 좋은 일입니다. 규약이 적절하게 정의되어 있다면, 클래스를 만든 사람은 클래스가 어떻게 사용될지 걱정하지 않아도 됩니다. 따라서 규약만 지킨다면 원하는 부분을 마음대로 수정할 수 있습니다. 클래스를 사용하는 사람은 클래스가 내부적으로 어떻게 구현되어 있는지를 걱정하지 않아도 됩니다. 클래스의 구현을 믿을 수도 있으므로, 이를 의존해서 다른 무언가를 만들 수도 있습니다. 클래스를 만드는 사람과 사용하는 사람 모두 미리 정의된 규약에 따라 독립적으로 작업할 수 있습니다. 서로가 규약을 존중한다면, 독립적으로 작업해도 모든 것이 정상적으로 기능할 것입니다. 이는 모두에게 편안함과 자유를 줍니다.

만약 규약을 설정하지 않는다면 어떻게 될까요? 클래스를 사용하는 사람은 스스로 할 수 있는 것과 할 수 없는 것을 모르므로, 구현의 세부적인 정보에 의존하게 됩니다. 클래스를 만든 사람은 사용자가 대체 무엇을 할지 알 수가 없으므로 사용자의 구현을 망칠 위험이 있습니다. 따라서 규약을 설정하는 것은 중요합니다.

규약 정의하기

그럼 규약은 어떻게 정의할까요? 다양한 방법이 있습니다. 간단하게 대표적인 몇 가지를 정리해 보겠습니다.

- 이름: 일반적인 개념과 관련된 메서드는 이름만으로 동작을 예측할 수 있습니다. 예를 들어 sum이라는 이름의 메서드가 있다면, 이 메서드가 무엇을 하는 메서드인지 문서를 볼 필요도 없을 것입니다. 이는 sum이라는 것이 널리 알려진 수학적 개념이기 때문입니다.
- 주석과 문서: 필요한 모든 규약을 적을 수 있는 강력한 방법입니다.
- 타입: 타입은 객체에 대한 많은 것을 알려 줍니다. 어떤 함수의 선언에 있는, 리턴 타입과 아규먼트 타입은 굉장히 큰 의미가 있습니다. 자주 사용되는 타입의 경우에는 타입만 보아도 어떻게 사용하는지 알 수 있지만, 일부 타입

은 문서에 추가로 설명해야 할 의무가 있습니다.

주석을 써야 할까?

커뮤니티의 의견이 어떤 형태로 변화되고 있는지, 역사를 알아보는 것은 매우 재미있는 일입니다. 자바 커뮤니티 초기에는 '문학적 프로그래밍(literate programming)'[17]이라는 개념이 굉장히 인기있었습니다. 이는 주석으로 모든 것을 설명하는 프로그래밍 방식입니다. 하지만 10년이 지난 후에는 주석 없이도 읽을 수 있는 코드를 작성해야 하는 프로그래밍 방식으로 바뀌었습니다(이 변화를 일으킨 데 가장 큰 영향을 끼친 책은 로버트 마틴(Robert C. Martin)의 《클린 코드》입니다). 기존의 문학적 프로그래밍 방식에서 사용되던 주석은 여러 비판을 받았습니다.

극단적인 것은 언제나 좋지 않습니다. 필자는 물론 코드만 읽어도 어느 정도 알 수 있는 코드를 만들어야 한다는 데 절대적으로 동의합니다. 하지만 주석을 함께 사용하면 요소(함수 또는 클래스)에 더 많은 내용의 규약을 설명할 수 있습니다. 추가적으로 현대의 주석은 문서를 자동 생성하는 데 많이 사용됩니다. 문서는 프로젝트에서 가장 진실된 내용이 적힌 곳으로 취급되므로, 문서를 생성하는 주석은 이와 같은 취급을 받습니다.

물론 대부분의 기능은 이름 등으로도 무엇을 하는지 확실하게 알 수 있으므로, 주석을 활용한 추가적인 설명이 필요 없습니다. 예를 들어 다음 코드의 product는 이름이 곱셈이라는 명확한 수학적 개념을 나타내므로, 추가적인 주석이 필요 없습니다.

```
1    fun List<Int>.product() = fold(1) { acc, i -> acc * i }
```

여기에 주석을 다는 것은 코드를 산만하게 만드는 노이즈입니다. 함수 이름과 파라미터만으로 정확하게 표현되는 요소에는 따로 주석을 넣지 않는 것이 좋습니다. 다음은 불필요한 주석의 예입니다.

---

17 이와 관련된 자세한 내용은 도널드 커누스(Donald Knuth)의 《Literate Programming》을 참고하기 바랍니다.

```
1    // 리스트의 모든 숫자를 곱합니다.
2    fun List<Int>.product() = fold(1) { acc, i -> acc * i }
```

추가적으로 주석을 다는 것보다 함수로서 추출하는 것이 훨씬 좋다는 것에 동의합니다. 다음 예를 살펴봅시다.

```
1    fun update() {
2        // 사용자를 업데이트합니다.
3        for (user in users) {
4            user.update()
5        }
6
7        // 책을 업데이트합니다.
8        for (book in books) {
9            updateBook(book)
10       }
11   }
```

이 함수의 주석 아래의 코드를 보면, 명확하게 함수로 추출할 수 있는 구성입니다. 해당 부분을 함수로 추출하면, 주석이 없어도 이해하기 쉬운 코드를 만들 수 있습니다. 다음 코드는 private 메서드 등의 별도의 요소를 사용해 이 부분을 추출한 것입니다. 주석이 없어도 내용을 이해하기 훨씬 쉬워졌습니다(이와 관련된 내용은 '아이템 26: 함수 내부의 추상화 레벨을 통일하라'를 참고하세요).

```
1    fun update() {
2        updateUsers()
3        updateBooks()
4    }
5
6    private fun updateBooks() {
7        for (book in books) {
8            updateBook(book)
9        }
10   }
11
12   private fun updateUsers() {
13       for (user in users) {
14           user.update()
15       }
16   }
```

하지만 주석은 굉장히 유용하고 중요합니다. 코틀린 표준 라이브러리의 모든 public 함수들을 살펴보기 바랍니다. 이 함수들은 규약을 잘 정리해 주므로, 사용자에게 자유를 줍니다. 예를 들어 listOf 함수는 다음과 같이 되어 있습니다.

```
1    /**
2     * Returns a new read-only list of given elements.
3     * The returned list is serializable (JVM).
4     * @sample samples.collections.Collections.Lists.
5     readOnlyList
6     */
7    public fun <T> listOf(vararg elements: T): List<T> =
8        if (elements.size > 0) elements.asList()
9        else emptyList()
```

주석을 보면 간단하게 JVM에서 읽기 전용이고 직렬화할 수 있는 List를 리턴한다는 것을 알 수 있습니다. 이외의 규약은 없습니다. 최소한의 설명이지만, 대부분의 코틀린 개발자에게는 이것만으로 충분합니다. 또한 간단한 예(sample)로 사용 방법도 보여 주고 있습니다. 이것은 이 요소를 공부할 때 도움이 됩니다.

KDoc 형식

주석으로 함수를 문서화할 때 사용되는 공식적인 형식을 KDoc이라고 부릅니다. 모든 KDoc 주석은 /**로 시작해서 */로 끝납니다. 또한 이 사이의 모든 줄은 일반적으로 *로 시작합니다. 설명은 KDoc 마크다운이라는 형식으로 작성합니다.

KDoc 주석의 구조는 다음과 같습니다.

- 첫 번째 부분은 요소에 대한 요약 설명(summary description)입니다.
- 두 번째 부분은 상세 설명입니다.
- 이어지는 줄은 모두 태그로 시작합니다. 이러한 태그는 추가적인 설명을 위해 사용됩니다.

사용할 수 있는 태그는 다음과 같습니다.

- @param <name>: '함수 파라미터' 또는 '클래스, 프로퍼티, 함수 타입 파라미터'를 문서화합니다.
- @return: 함수의 리턴 값을 문서화합니다.
- @constructor: 클래스의 기본 생성자를 문서화합니다.
- @receiver: 확장 함수의 리시버를 문서화합니다.
- @property <name>: 명확한 이름을 갖고 있는 클래스의 프로퍼티를 문서화합니다. 기본 생성자에 정의된 프로퍼티에 사용합니다.
- @throws <class>, @exception <class>: 메서드 내부에서 발생할 수 있는 예외를 문서화합니다.
- @sample <identifier>: 정규화된 형식 이름(specified qualified name)을 사용해서 함수의 사용 예를 문서화합니다.
- @see <identifier>: 특정한 클래스 또는 메서드에 대한 링크를 추가합니다.
- @author: 요소의 작성자를 지정합니다.
- @since: 요소에 대한 버전을 지정합니다.
- @supress: 이를 지정하면, 만들어지는 문서에서 해당 요소가 제외됩니다. 외부에서 사용할 수는 있지만, 공식 API에 포함할 필요는 없는 요소에 지정합니다.

'설명'과 '태그를 설명하는 텍스트' 모두 요소, 구체 클래스, 메서드, 프로퍼티, 파라미터를 연결할 수 있습니다. 관련된 요소 등에 링크를 걸 때는 대괄호를 사용합니다. 만약 링크 대상에 대한 추가 설명을 입력하고 싶을 때는 대괄호를 두 번 연속해서 사용합니다.[18]

```
1    /**
2     * This is an example descriptions linking to [element1],
3     * [com.package.SomeClass.element2] and
4     * [this element with custom description][element3]
5     */
6    /**
7     * [element1], [com.package.SomeClass.element2],
```

18 (옮긴이) 설명이 약간 복잡한데요. 다음 코드에서 [this element with custom description] [element3]처럼 입력하면, <a href="element3">this element with custom description</a> 같은 링크가 만들어집니다.

```
8    * [element3에 대한 설명을 입력합니다.][element3]처럼
9    * 작성하면 링크를 만들 수 있습니다.
10   */
```

이러한 태그는 모든 코틀린 문서 생성 도구에서 사용됩니다. 공식적인 코틀린 문서 생성 도구의 이름은 Dokka입니다. Dokka는 온라인에 게시하고, 외부 사용자에게 제공할 수 있는 문서 파일을 만들어 줍니다. 그럼 간단한 문서화 예를 살펴봅시다.

```
1    /**
2    * Immutable tree data structure.
3    *
4    * Class represents immutable tree having from 1 to
5    * infinitive number of elements. In the tree we hold
6    * elements on each node and nodes can have left and
7    * right subtrees...
8    *
9    * @param T the type of elements this tree holds.
10   * @property value the value kept in this node of the tree.
11   * @property left the left subtree.
12   * @property right the right subtree.
13   */
14   /**
15   * 트리 자료 구조(immutable)
16   *
17   * 1개 이상의 요소를 갖는 트리를 나타내는 클래스입니다(immutable).
18   * 트리의 노드는 요소를 가질 수 있으며,
19   * 또한 왼쪽과 오른쪽에 서브 트리를 가질 수 있습니다.
20   *
21   * @param T 트리가 갖는 요소의 타입을 지정합니다.
22   * @property value 트리의 현재 노드에 할당할 값을 의미합니다.
23   * @property left 왼쪽 서브 트리를 의미합니다.
24   * @property right 오른쪽 서브 트리를 의미합니다.
25   */
26   class Tree<T>(
27       val value: T,
28       val left: Tree<T>? = null,
29       val right: Tree<T>? = null
30   ) {
31       /**
32       * Creates a new tree based on the current but with
33       * [element] added.
34       * @return newly created tree with additional element.
```

```
35        */
36        /**
37        * 현재 트리를 기반으로 [element]를 추가한
38        * 새로운 트리를 만듭니다.
39        * @return newly 요소를 추가해서 새로 만든 트리를 의미합니다.
40        */
41        operator fun plus(element: T): Tree { ... }
42    }
```

모든 것을 설명할 필요는 없습니다. 짧으면서 명확하지 않은 부분을 자세하게 설명하는 문서가 좋은 문서입니다.

타입 시스템과 예측

타입 계층(type hierarchy)은 객체와 관련된 중요한 정보입니다. 인터페이스는 우리가 구현해야 한다고 약속한 메서드 목록 이상의 의미를 갖습니다. 클래스와 인터페이스에도 여러 가지 예측이 들어갑니다. 클래스가 어떤 동작을 할 것이라 예측되면, 그 서브클래스도 이를 보장해야 합니다. 이를 **리스코프 치환 원칙**(Liskov substitution principle)이라고 부릅니다. 이 원칙은 객체 지향 프로그래밍에서 굉장히 중요합니다. 기본적으로 이는 'S가 T의 서브타입이라면, 별도의 변경이 없어도 T 타입 객체를 S 타입 객체로 대체할 수 있어야 한다'라고 이야기합니다. 그래서 클래스가 어떻게 동작할 거라는 예측 자체에 문제가 있으면, 이 클래스와 관련된 다양한 상속 문제가 발생할 수 있습니다.

사용자가 클래스의 동작을 확실하게 예측할 수 있게 하려면, 공개 함수에 대한 규약을 잘 지정해야 합니다. 예를 들어 다음과 같은 인터페이스를 활용하면, 자동차에 대한 규약을 더 잘 지정할 수 있습니다.

```
1    interface Car {
2        fun setWheelPosition(angle: Float)
3        fun setBreakPedal(pressure: Double)
4        fun setGasPedal(pressure: Double)
5    }
6
7    class GasolineCar: Car {
8        // ...
9    }
```

```
10
11   class GasCar: Car {
12       // ...
13   }
14
15   class ElectricCar: Car {
16       // ...
17   }
```

그런데 이 코드를 보면 다양한 의문이 듭니다. setWheelPosition의 angle은 무엇을 의미하는 것일까요? 그리고 그 단위는 무엇일까요? setBreakPedal과 setGasPedal은 어떤 처리를 할까요? Car 타입의 인스턴스를 활용하는 사람에게 이를 어떻게 전달할 수 있을까요? 이러한 것들은 모두 문서를 통해서 전달할 수 있습니다.

```
1    interface Car {
2        /**
3         * Changes car direction.
4         *
5         * @param angle Represents position of wheels in
6         * radians relatively to car axis. 0 means driving
7         * straight, pi/2 means driving maximally right,
8         * -pi/2 maximally left.
9         * Value needs to be in (-pi/2, pi/2)
10        */
11       /**
12        * 자동차의 방향을 변경합니다.
13        *
14        * @param angle 바퀴 축의 각도를 지정합니다.
15        * 라디안 단위로 지정하며, 0은 직진을 의미합니다.
16        * pi/2는 오른쪽으로 최대한 돌렸을 경우,
17        * -pi/2는 왼쪽으로 최대한 돌렸을 경우를 의미합니다.
18        * 값은 (-pi/2, pi/2) 범위로 지정해야 합니다.
19        */
20       fun setWheelPosition(angle: Float)
21
22       /**
23        * Decelerates vehicle speed until 0.
24        *
25        * @param pressure The percentage of brake pedal use.
26        * Number from 0 to 1 where 0 means not using break
27        * at all, and 1 means maximal pedal pedal use.
28        */
```

```
29          /**
30           * 자동차의 속도가 0이 될 때까지 감속합니다.
31           *
32           * @param pressure 브레이크 페달을 사용하는 비율을 지정합니다.
33           * 0-1 사이의 숫자를 지정합니다. 0은 브레이크를 사용하지 않는 경우,
34           * 1은 브레이크를 최대한 사용하는 경우를 의미합니다.
35           */
36          fun setBreakPedal(pressure: Double)
37
38          /**
39           * Accelerates vehicle speed until max speed possible
40           * for user.
41           *
42           * @param pressure The percentage of gas pedal use.
43           * Number from 0 to 1 where 0 means not using gas at
44           * all, and 1 means maximal gas pedal use.
45           */
46          /**
47           * 최대 속도까지 차량을 가속합니다.
48           *
49           * @param pressure 가스 페달(가속 페달)을 사용하는 비율을 지정합니다.
50           * 0-1 사이의 숫자를 지정합니다. 0은 가스 페달을 사용하지 않는 경우,
51           * 1은 가스 페달을 최대한 사용하는 경우를 의미합니다.
52           */
53          fun setGasPedal(pressure: Double)
54      }
```

자동차가 어떻게 작동해야 하는지를 설명하는 표준을 만들었습니다. 표준 라이브러리와 인기 있는 라이브러리에 있는 대부분의 클래스는 그 서브클래스(와 요소)에 대한 자세한 설명과 규약을 갖고 있습니다. 이를 기반으로 사용자는 해당 클래스에 대한 예측을 쉽게 할 수 있습니다. 이러한 설명과 규약은 인터페이스를 유용하게 만듭니다. 규약이 지켜지는 범위에서는 이를 구현하는 클래스를 자유롭게 만들어도 됩니다.

조금씩 달라지는 세부 사항

구현의 세부적인 내용은 항상 조금씩 다릅니다. 예를 들어 자동차 내부의 엔진은 조금씩 다르게 운전합니다. 물론 사용자가 자동차를 운전하는 데는 문제가없지만, 운전하면서 무언가 차이가 있다는 것을 조금 느낄 수 있습니다. 하지

만 이와 관련된 내용은 규약에 명시되어 있지 않으므로 괜찮습니다.

프로그래밍 언어에서도 구현의 세부 사항은 조금씩 달라집니다. 예를 들어 리플렉션을 사용해서 함수를 호출할 수도 있지만, (컴파일러에 의해 최적화가 되지 않은 경우) 일반적인 함수 호출보다 느립니다. 이후에 성능 최적화와 관련된 장에서 이런 내용들을 많이 살펴볼 예정입니다. 언어는 어떤 식으로 작동해도 괜찮지만, 좋은 방식들을 기억하고 이를 적용해서 사용하는 것이 좋습니다.

구현의 세부 사항은 항상 달라질 수 있지만, 최대한 많이 보호하는 것이 좋습니다. 일반적으로 캡슐화를 통해서 이를 보호합니다. 캡슐화는 '허용하는 범위'를 지정하는 데 도움을 주는 도구입니다. 캡슐화가 많이 적용될수록, 사용자가 구현에 신경을 많이 쓸 필요가 없어지므로, 더 많은 자유를 갖게 됩니다.

정리

요소, 특히 외부 API(external API)를 구현할 때는 규약을 잘 정의해야 합니다. 이러한 규약은 이름, 문서, 주석, 타입을 통해 구현할 수 있습니다. 규약은 사용자가 객체를 사용하는 방법을 쉽게 이해하는 등 요소를 쉽게 예측할 수 있게 해 줍니다.

규약은 요소가 현재 어떻게 동작하고, 앞으로 어떻게 동작할지를 사용자에게 전달해 줍니다. 이를 기반으로 사용자는 요소를 확실하게 사용할 수 있고, 규약에 없는 부분을 변경할 수 있는 자유를 얻습니다. 규약은 단순한 합의지만, 양쪽 모두가 그 합의를 존중한다면 큰 문제가 없을 것입니다.

아이템 32

추상화 규약을 지켜라

규약은 개발자들의 단순한 합의입니다. 따라서 한쪽에서 규약을 위반할 수도 있습니다. 기술적으로 모든 부분에서 이런 규약 위반이 발생할 수 있습니다. 예를 들어 다음과 같이 리플렉션을 활용하면, 우리가 원하는 것을 열고 사용할 수 있습니다.[19]

```
1    class Employee {
2        private val id: Int = 2
3        override fun toString() = "User(id=$id)"
4
5        private fun privateFunction() {
6            println("Private function called")
7        }
8    }
9
10   fun callPrivateFunction(employee: Employee) {
11       employee::class.declaredMemberFunctions
12           .first { it.name == "privateFunction" }
13           .apply { isAccessible = true }
14           .call(employee)
15   }
16
17   fun changeEmployeeId(employee: Employee, newId: Int) {
18       employee::class.java.getDeclaredField("id")
19           .apply { isAccessible = true }
20           .set(employee, newId)
21   }
22
23   fun main() {
24       val employee = Employee()
25       callPrivateFunction(employee)
26       // 출력: Private function called
```

19 (옮긴이) 다음 코드는 리플렉션을 활용해서 클래스 외부에서 private 함수를 호출하는 예입니다.

```
27
28     changeEmployeeId(employee, 1)
29     print(employee) // 출력: User(id=1)
30 }
```

무언가를 할 수 있다는 것이 그것을 해도 괜찮다는 의미는 아닙니다. 현재 코드는 private 프로퍼티와 private 함수의 이름과 같은 세부적인 정보에 매우 크게 의존하고 있습니다. 이러한 이름은 규약이라고 할 수 없기 때문에, 언제든지 변경될 수 있습니다. 따라서 이런 코드를 프로젝트에서 사용한다면, 프로젝트 내부에 시한 폭탄을 설치한 것과 같습니다.

규약은 보증(warranty)과 같습니다. 스마트폰을 그냥 사용했다면 AS를 받을 수 있지만, 스마트폰을 뜯거나 해킹했다면 AS를 받을 수 없습니다. 코드도 마찬가지입니다. 규약을 위반하면, 코드가 작동을 멈췄을 때 문제가 됩니다.

상속된 규약

클래스를 상속하거나, 다른 라이브러리의 인터페이스를 구현할 때는 규약을 반드시 지켜야 합니다. 예를 들어 모든 클래스는 equals와 hashCode 메서드를 가진 Any 클래스를 상속받습니다. 이러한 메서드는 모두 우리가 반드시 존중하고 지켜야 하는 규약을 갖고 있습니다. 만약 규약을 지키지 않는다면, 객체가 제대로 동작하지 않을 수 있습니다. 예를 들어 hashCode가 제대로 구현되지 않으면, HashSet과 함께 사용할 때 제대로 동작하지 않습니다. 다음 코드를 살펴봅시다. 원래 세트는 중복을 허용하지 않는데, equals가 제대로 구현되지 않았으므로 중복을 허용해 버립니다.

```
1    class Id(val id: Int) {
2        override fun equals(other: Any?) =
3            other is Id && other.id == id
4    }
5
6    val set = mutableSetOf(Id(1))
7    set.add(Id(1))
8    set.add(Id(1))
9    print(set.size) // 3
```

참고로 현재 hashCode와 equals 구현에 일관성이 없습니다. 이와 관련된 내용은 '6장 클래스 설계'에서 코틀린의 중요한 규약을 다룰 때 다시 설명하겠습니다.

정리

프로그램을 안정적으로 유지하고 싶다면, 규약을 지키세요. 규약을 깰 수밖에 없다면, 이를 잘 문서화하세요. 이러한 정보는 코드를 유지하고 관리하는 사람에게 큰 도움이 됩니다. 그 사람이 몇 년 뒤의 당신이 될 수도 있다는 것을 기억하세요.

5장

객체 생성

코틀린의 코드는 순수 함수형 스타일로 작성할 수도 있지만, 자바처럼 객체 지향 프로그래밍(object oriented programming, OOP) 스타일로도 작성할 수 있습니다. OOP는 객체를 생성해서 사용하므로, 객체를 생성하는 방법을 정의해야 합니다. 객체를 생성하는 방법에 따라서 여러 가지 다른 특징이 생깁니다. 따라서 어떤 생성 방법들이 있는지 알아야 합니다. 이번 장에서는 객체를 생성하는 방법에는 어떤 것들이 있는지, 그리고 각각의 방법에는 어떤 장점과 단점이 있는지 살펴보겠습니다.

만약 조슈아 블로크(Joshua Bloch)의 《이펙티브 자바》를 읽어 보았다면, 이번 장의 내용이 그 책의 내용과 굉장히 비슷하다는 걸 느낄 수 있을 것입니다. 이는 우연이 아닙니다. 이번 장은 《이펙티브 자바》의 첫 번째 장과 관련이 있습니다. 다만 코틀린은 자바와 굉장히 비슷하지만, 세부적인 부분에서 큰 차이가 있습니다. 예를 들어 코틀린은 정적 메서드를 사용할 수 없습니다. 그래서 일반적으로 톱레벨 함수와 companion 객체 함수 등을 대신 활용합니다. 하지만 이들의 작동 방식에는 큰 차이가 있으므로, 어떤 차이가 있는지 이해할 수 있어야 제대로 사용할 수 있습니다. 이외에 다른 것들도 비슷해 보이지만, 실제로 사용해 보면 큰 차이가 있습니다. 어떤 차이가 있는지를 알아야 합니다. 이번 장의 내용은 코틀린으로 더 좋은 코드를 작성하기 위한 내용입니다. 코틀린으로 어떤 코드들을 작성할 수 있는지 알아보도록 합시다.

아이템 33

생성자 대신 팩토리 함수를 사용하라

클라이언트가 클래스의 인스턴스를 만들게 하는 가장 일반적인 방법은 기본
생성자(primary constructor)를 사용하는 방법입니다.

```
1   class MyLinkedList<T>(
2       val head: T,
3       val tail: MyLinkedList<T>?
4   )
5
6   val list = MyLinkedList(1, MyLinkedList(2, null))
```

하지만 생성자가 객체를 만들 수 있는 유일한 방법은 아닙니다. 디자인 패턴으
로 굉장히 다양한 생성 패턴(creational pattern)들이 만들어져 있습니다. 일반
적으로 이러한 생성 패턴은 객체를 생성자로 직접 생성하지 않고, 별도의 함수
를 통해 생성합니다. 예를 들어 다음 코드의 톱레벨 함수는 MyLinkedList 클래
스의 인스턴스를 만들어서 제공해 줍니다.

```
1    fun <T> myLinkedListOf(
2        vararg elements: T
3    ): MyLinkedList<T>? {
4        if(elements.isEmpty()) return null
5        val head = elements.first()
6        val elementsTail = elements
7            .copyOfRange(1, elements.size)
8        val tail = myLinkedListOf(*elementsTail)
9        return MyLinkedList(head, tail)
10   }
11
12   val list = myLinkedListOf(1, 2)
```

생성자의 역할을 대신 해 주는 함수를 **팩토리 함수**라고 부릅니다. 생성자 대신
에 팩토리 함수를 사용하면 다양한 장점들이 생깁니다. 예를 들어

- 생성자와 다르게, 함수에 이름을 붙일 수 있습니다. 이름은 객체가 생성되는 방법과 아규먼트로 무엇이 필요한지 설명할 수 있습니다. 예를 들어 `Array List(3)`이라는 코드가 있다고 합시다. 이때 3이 무엇을 의미하는지 알 수 있나요? 새로 생성하는 리스트의 첫 번째 요소일까요? 아니면 리스트의 크기일까요? `ArrayList(3)`이라는 코드만 보고는 이를 알기 어렵습니다. 만약 `ArrayList.withSize(3)`라는 이름이 붙어 있다면, 훨씬 이해하기 쉬울 것입니다. 이름은 굉장히 유용합니다. 또한 동일한 파라미터 타입을 갖는 생성자의 충돌을 줄일 수 있다는 장점도 있습니다.

- 생성자와 다르게, 함수가 원하는 형태의 타입을 리턴할 수 있습니다. 따라서 다른 객체를 생성할 때 사용할 수 있습니다. 인터페이스 뒤에 실제 객체의 구현을 숨길 때 유용하게 사용할 수 있습니다. 예를 들어 stdlib(표준 라이브러리)의 `listOf` 함수를 생각해 봅시다. `listOf`는 List 인터페이스를 리턴합니다. 그렇다면 실제로 어떤 객체를 리턴할까요? 이는 플랫폼에 따라서 다릅니다. 코틀린/JVM, 코틀린/JS, 코틀린/네이티브에 따라서 각 플랫폼의 빌트인 컬렉션으로 만들어집니다. 코틀린 팀이 만든 핵심적인 최적화 중 하나입니다. 또한 인터페이스를 리턴한 것이므로, 인터페이스만 지켜서 만들어진다면 어떤 클래스라도 잘 동작할 것입니다. 따라서 코틀린 제작자가 더 많은 자유를 가질 수 있습니다.

- 생성자와 다르게, 호출될 때마다 새 객체를 만들 필요가 없습니다. 함수를 사용해서 객체를 생성하면 싱글턴 패턴처럼 객체를 하나만 생성하게 강제하거나, 최적화를 위해 캐싱 메커니즘을 사용할 수도 있습니다. 또한 객체를 만들 수 없을 경우, `null`을 리턴하게 만들 수도 있습니다. 예를 들어 `Connection.createOrNull()`은 어떤 이유로 연결을 생성할 수 없을 때 `null`을 리턴합니다.

- 팩토리 함수는 아직 존재하지 않는 객체를 리턴할 수도 있습니다. 이러한 특징 때문에 어노테이션 처리를 기반으로 하는 라이브러리에서는 팩토리 함수를 많이 사용합니다. 이를 활용하면 프로젝트를 빌드하지 않고도 앞으로 만들어질 객체를 사용하거나, 프록시를 통해 만들어지는 객체를 사용할 수 있습니다.

- 객체 외부에 팩토리 함수를 만들면, 그 가시성을 원하는 대로 제어할 수 있습니다. 예를 들어 톱레벨 팩토리 함수를 같은 파일 또는 같은 모듈에서만 접근하게 만들 수 있습니다.
- 팩토리 함수는 인라인으로 만들 수 있으며, 그 파라미터들을 reified로 만들 수 있습니다.
- 팩토리 함수는 생성자로 만들기 복잡한 객체도 만들어 낼 수 있습니다.
- 생성자는 즉시 슈퍼클래스 또는 기본 생성자를 호출해야 합니다. 하지만 팩토리 함수를 사용하면, 원하는 때에 생성자를 호출할 수 있습니다.

```
1    fun makeListView(config: Config) : ListView {
2        val items = … // config로부터 요소를 읽어 들입니다.
3        return ListView(items) // 진짜 생성자를 호출합니다.
4    }
```

다만 팩토리 함수로 클래스를 생성할 때는 약간의 제한이 발생합니다. 서브클래스 생성에는 슈퍼클래스의 생성자가 필요하기 때문에, 서브클래스를 만들어 낼 수 없습니다.

```
1    class IntLinkedList: MyLinkedList<Int>() {
2    // MyLinkedList가 open이라면
3
4        constructor(vararg ints: Int): myLinkedListOf(*ints)
5    // 오류
6    }
```

하지만 아무런 문제가 되지 않습니다. 팩토리 함수로 슈퍼클래스를 만들기로 했다면, 그 서브클래스에도 팩토리 함수를 만들면 됩니다.

```
1    class MyLinkedIntList(head: Int, tail: MyLinkedIntList?):
2        MyLinkedList<Int>(head, tail)
3
4    fun myLinkedIntListOf(vararg elements: Int): MyLinkedIntList? {
5        if(elements.isEmpty()) return null
6        val head = elements.first()
7        val elementsTail = elements
8            .copyOfRange(1, elements.size)
9        val tail = myLinkedIntListOf(*elementsTail)
10       return MyLinkedIntList(head, tail)
11   }
```

앞의 생성자는 이전 생성자보다 길지만, 유연성, 클래스 독립성, nullable을 리턴하는 등의 다양한 특징을 갖습니다.

팩토리 함수는 굉장히 강력한 객체 생성 방법입니다. 참고로 이 말을 들으면, 기본 생성자 또는 팩토리 함수 중에 하나를 사용해야 한다고 이해할 수 있는데, 기본 생성자를 사용하지 말라는 말이 아닙니다.[1] 팩토리 함수 내부에서는 생성자를 사용해야 합니다. 일반적인 자바로 팩토리 패턴을 구현할 때는 생성자를 private으로 만들지만, 코틀린에서는 그렇게 하는 경우가 거의 없습니다('아이템 34: 기본 생성자에 이름 있는 옵션 아규먼트를 사용하라' 참고). 팩토리 함수는 기본 생성자가 아닌 추가적인 생성자(secondary constructor)와 경쟁 관계입니다. 여러 코틀린 프로젝트를 살펴보면 알겠지만, 추가적인 생성자보다는 팩토리 함수를 많이 사용합니다. 또한 팩토리 함수는 다른 종류의 팩토리 함수와 경쟁 관계에 있다고 할 수 있습니다. 팩토리 함수에는 어떤 것들이 있는지 살펴봅시다.

1. companion 객체 팩토리 함수
2. 확장 팩토리 함수
3. 톱레벨 팩토리 함수
4. 가짜 생성자
5. 팩토리 클래스의 메서드

Companion 객체 팩토리 함수

팩토리 함수를 정의하는 가장 일반적인 방법은 companion 객체를 사용하는 것입니다.

```
1    class MyLinkedList<T>(
2        val head: T,
3        val tail: MyLinkedList<T>?
4    ) {
```

---

1 이와 관련된 자세한 내용은 책 맨 뒤에 있는 "용어"의 '기본 생성자 vs 추가적인 생성자'를 참고하세요.

```
5
6          companion object {
7              fun <T> of(vararg elements: T): MyLinkedList<T>? {
8                  /*...*/
9              }
10         }
11     }
12
13     // 사용
14     val list = MyLinkedList.of(1, 2)
```

기존의 자바 개발자라면 이 코드가 정적 팩토리 함수(static factory function)와 같다는 것을 쉽게 알 수 있을 것입니다. 물론 다른 프로그래밍 언어를 사용하는 개발자들도 익숙할 것입니다. C++와 같은 프로그래밍 언어에서는 이를 **이름을 가진 생성자**(Named Constructor Idiom)라고 부릅니다. 이름 그대로 생성자와 같은 역할을 하면서도, 다른 이름이 있기 때문입니다.

코틀린에서는 이러한 접근 방법을 인터페이스에도 구현할 수 있습니다.

```
1      class MyLinkedList<T>(
2          val head: T,
3          val tail: MyLinkedList<T>?
4      ): MyList<T> {
5          // ...
6      }
7
8      interface MyList<T> {
9          // ...
10
11         companion object {
12             fun <T> of(vararg elements: T): MyList<T>? {
13                 // ...
14             }
15         }
16     }
17
18     // 사용
19     val list = MyList.of(1, 2)
```

함수의 이름만 보면 무엇을 하는 함수인지 잘 모를 수도 있겠지만, 대부분의 개발자는 자바에서 온 규칙 덕분에 이미 이 이름에 익숙할 것이므로 큰 문제

없이 이해할 수 있을 것입니다. 이외에도 다음과 같은 이름들이 많이 사용됩니다.

- from: 파라미터를 하나 받고, 같은 타입의 인스턴스 하나를 리턴하는 타입 변환 함수를 나타냅니다.

```
val date: Date = Date.from(instant)
```

- of: 파라미터를 여러 개 받고, 이를 통합해서 인스턴스를 만들어 주는 함수를 나타냅니다.

```
val faceCards: Set<Rank> = EnumSet.of(JACK, QUEEN, KING)
```

- valueOf: from 또는 of와 비슷한 기능을 하면서도, 의미를 조금 더 쉽게 읽을 수 있게 이름을 붙인 함수입니다.

```
val prime: BigInteger = BigInteger.valueOf(Integer.MAX_VALUE)
```

- instance 또는 getInstance: 싱글턴으로 인스턴스 하나를 리턴하는 함수입니다. 파라미터가 있을 경우, 아규먼트를 기반으로 하는 인스턴스를 리턴합니다. 일반적으로 같은 아규먼트를 넣으면, 같은 인스턴스를 리턴하는 형태로 작동합니다.

```
val luke: StackWalker = StackWalker.getInstance(options)
```

- createInstance 또는 newInstance: getInstance처럼 동작하지만, 싱글턴이 적용되지 않아서, 함수를 호출할 때마다 새로운 인스턴스를 만들어서 리턴합니다.

```
val newArray = Array.newInstance(classObject, arrayLen)
```

- getType: getInstance처럼 동작하지만, 팩토리 함수가 다른 클래스에 있을 때 사용하는 이름입니다. 타입은 팩토리 함수에서 리턴하는 타입입니다.

```
val fs: FileStore = Files.getFileStore(path)
```

- newType: newInstance처럼 동작하지만, 팩토리 함수가 다른 클래스에 있을 때 사용하는 이름입니다. 타입은 팩토리 함수에서 리턴하는 타입입니다.

```
val br: BufferedReader = Files.newBufferedReader(path)
```

경험이 없는 코틀린 개발자들은 companion 객체 멤버를 단순한 정적 멤버처럼 다루는 경우가 많습니다. 하지만 companion 객체는 더 많은 기능을 갖고 있습니다. 예를 들어 companion 객체는 인터페이스를 구현할 수 있으며, 클래스를 상속받을 수도 있습니다. 일반적으로 다음과 같은 형태로 companion 객체를 만드는 팩토리 함수를 만듭니다.

```
1    abstract class ActivityFactory {
2        abstract fun getIntent(context: Context): Intent
3
4        fun start(context: Context) {
5            val intent = getIntent(context)
6            context.startActivity(intent)
7        }
8
9        fun startForResult(activity: Activity, requestCode: Int) {
10           val intent = getIntent(activity)
11           activity.startActivityForResult(intent, requestCode)
12       }
13   }
14
15   class MainActivity : AppCompatActivity() {
16       //...
17
18       companion object: ActivityFactory() {
19           override fun getIntent(context: Context): Intent =
20               Intent(context, MainActivity::class.java)
21       }
22   }
23
24   // 사용
25   val intent = MainActivity.getIntent(context)
26   MainActivity.start(context)
27   MainActivity.startForResult(activity, requestCode)
```

참고로, 추상 companion 객체 팩토리는 값을 가질 수 있습니다. 따라서 캐싱을 구현하거나, 테스트를 위한 가짜 객체 생성(fake creation)을 할 수 있습니다. 사실 코틀린 프로그래밍 커뮤니티를 보아도 companion 객체를 제대로 사용하는 곳은 찾아보기 힘듭니다. 하지만 코틀린 팀 제품의 구현을 확인해 보면, 어떻게 사용되고 있는지 명확하게 확인할 수 있습니다. 예를 들어 코틀린 코루틴 라이브러리를 살펴보면, 거의 모든 코루틴 컨텍스트의 companion 객체가 컨텍스트를 구별할 목적으로 CoroutineContext.Key 인터페이스를 구현하고 있습니다.

확장 팩토리 함수

이미 companion 객체가 존재할 때, 이 객체의 함수처럼 사용할 수 있는 팩토리 함수를 만들어야 할 때가 있습니다. 그런데 이때 companion 객체를 직접 수정할 수는 없고, 다른 파일에 함수를 만들어야 한다면 어떻게 할까요? 이러한 경우에는 확장 함수를 활용하면 됩니다.

다음과 같은 Tool 인터페이스를 교체할 수는 없다고 가정해 봅시다.

```
1    interface Tool {
2        companion object { /*...*/ }
3    }
```

그래도 companion 객체를 활용해서 확장 함수를 정의할 수 있습니다.

```
1    fun Tool.Companion.createBigTool( /*...*/ ) : BigTool {
2        //...
3    }
```

호출은 다음과 같이 합니다.

```
1    Tool.createBigTool()
```

이러한 코드를 활용하면 팩토리 메서드를 만들어서, 외부 라이브러리를 확장할 수 있습니다. 다만 companion 객체를 확장하려면, (적어도 비어 있는) 컴패니언 객체가 필요하다는 것입니다.

```
1    interface Tool {
2        companion object {}
3    }
```

톱레벨 팩토리 함수

객체를 만드는 흔한 방법 중 하나로 톱레벨 팩토리 함수를 이용하는 방법이 있습니다. 대표적인 예로는 listOf, setOf, mapOf가 있습니다. 여러 라이브러리에서도 이와 같은 방법을 사용합니다. 톱레벨 팩토리 함수는 굉장히 광범위하게 사용됩니다. 예를 들어 안드로이드에서는 액티비티(Activity)를 시작하기 위해서, 인텐트(Intent)를 만드는 함수를 정의해서 사용합니다. 이를 코틀린으로 옮긴다면, getIntent()를 companion 객체로 다음과 같이 만들 수 있습니다.

```
1    class MainActivity: Activity {
2
3        companion object {
4            fun getIntent(context: Context) =
5                Intent(context, MainActivity::class.java)
6        }
7    }
```

하지만 코틀린 Anko 라이브러리를 사용하면 reified 타입을 활용해서 intentFor라는 톱레벨 함수를 사용하는 코드를 작성할 수 있습니다.

```
1    intentFor<MainActivity>()
```

이 함수도 아규먼트를 전달할 때 사용할 수 있습니다.

```
1    intentFor<MainActivity>("page" to 2, "row" to 10)
```

List와 Map 등을 생각해 봅시다. listOf(1, 2, 3)이 List.of(1, 2, 3)보다 훨씬 읽기 쉽기 때문에 객체 생성에 톱레벨 함수를 사용한 것입니다. 하지만 톱레벨 함수는 신중하게 사용해야 합니다. public 톱레벨 함수는 모든 곳에서 사용할 수 있으므로, IDE가 제공하는 팁을 복잡하게 만드는 단점이 있습니다. 톱레벨 함수의 이름을 클래스 메서드 이름처럼 만들면, 다양한 혼란을 일으킬 수 있습니다. 따라서 톱레벨 함수를 만들 때는 꼭 이름을 신중하게 생각해서 잘 지정해야 합니다.

가짜 생성자

코틀린의 생성자는 톱레벨 함수와 같은 형태로 사용됩니다.

```
1    class A
2    val a = A()
```

따라서 다음과 같이 톱레벨 함수처럼 참조될 수 있습니다(생성자 레퍼런스는 함수 인터페이스로 구현합니다).

```
1    val reference: ()->A = ::A
```

일반적인 사용의 관점에서 대문자로 시작하는지 아닌지는 생성자와 함수를 구분하는 기준입니다. 물론 함수도 대문자로 시작할 수 있지만, 이는 특수한 다른 용도로서 사용됩니다. 예를 들어 List와 MutableList는 인터페이스입니다. 따라서 생성자를 가질 수 없습니다. 하지만 List를 생성자처럼 사용하는 코드를 보았을 것입니다.

```
1    List(4) { "User$it" } // [User0, User1, User2, User3]
```

이는 다음과 같은 함수가 코틀린 1.1부터 stdlib에 포함되었기 때문입니다.

```
1    public inline fun <T> List(
2        size: Int,
3        init: (index: Int) -> T
4    ): List<T> = MutableList(size, init)
5
6    public inline fun <T> MutableList(
7        size: Int,
8        init: (index: Int) -> T
9    ): MutableList<T> {
10       val list = ArrayList<T>(size)
11       repeat(size) { index -> list.add(init(index)) }
12       return list
13   }
```

이러한 톱레벨 함수는 생성자처럼 보이고, 생성자처럼 작동합니다. 하지만 팩토리 함수와 같은 모든 장점을 갖습니다. 많은 개발자가 이 함수가 톱레벨 함수인지 잘 모릅니다. 그래서 이것을 **가짜 생성자**(fake constructor)라고 부르는 것입니다.

개발자가 진짜 생성자 대신에 가짜 생성자를 만드는 이유는 다음과 같습니다.

- 인터페이스를 위한 생성자를 만들고 싶을 때
- reified 타입 아규먼트를 갖게 하고 싶을 때

이를 제외하면, 가짜 생성자는 진짜 생성자처럼 동작해야 합니다. 생성자처럼 보여야 하며, 생성자와 같은 동작을 해야 합니다. 캐싱, nullable 타입 리턴, 서브클래스 리턴 등의 기능까지 포함해서 객체를 만들고 싶다면, companion 객체 팩토리 메서드처럼 다른 이름을 가진 팩토리 함수를 사용하는 것이 좋습니다.

가짜 생성자를 선언하는 또 다른 방법이 있습니다. invoke 연산자를 갖는 companion 객체를 사용하면, 비슷한 결과를 얻을 수 있습니다. 다음 코드를 살펴봅시다.

```
1    class Tree<T> {
2
3        companion object {
4            operator fun <T> invoke(size: Int, generator:
5    (Int)->T): Tree<T>{
6                //...
7            }
8        }
9    }
10
11   // 사용
12   Tree(10) { "$it" }
```

다만 이와 같은 방식은 거의 사용되지 않으며, 필자도 추천하지 않는 방법입니다. 이는 '아이템 12: 연산자 오버로드를 할 때는 의미에 맞게 하라'에 위배되기 때문입니다. companion 객체가 **invoke**를 가지면, 다음과 같은 코드를 사용할 수 있습니다. 참고로 함수 이름을 활용해서도 연산자의 기능을 활용할 수 있다는 것을 기억하세요.

```
1    Tree.invoke(10) { "$it" }
```

invoke는 호출한다는 의미입니다. 따라서 객체 생성과 의미가 다릅니다. 이런 식으로 연산자를 오버로드하면, 원래 의미와 차이가 발생합니다. 또한 이런 방식은 톱레벨 함수로 만드는 코드보다 훨씬 복잡합니다. 리플렉션을 보면 지금까지 살펴보았던 생성자, 가짜 생성자, invoke 함수의 복잡성을 확인할 수 있습니다.

생성자:

```
1    val f: ()->Tree = ::Tree
```

가짜 생성자:

```
1    val f: ()->Tree = ::Tree
```

invoke 함수를 갖는 companion 객체:

```
1    val f: ()->Tree = Tree.Companion::invoke
```

따라서 가짜 생성자는 톱레벨 함수를 사용하는 것이 좋습니다. 기본 생성자를 만들 수 없는 상황 또는 생성자가 제공하지 않는 기능(예: reified 타입 파라미터 등)으로 생성자를 만들어야 하는 상황에만 가짜 생성자를 사용하는 것이 좋습니다.

팩토리 클래스의 메서드

팩토리 클래스와 관련된 추상 팩토리, 프로토타입 등의 수많은 생성 패턴이 있습니다. 이러한 패턴들은 각각 다양한 장점이 있습니다.

이러한 패턴 중 일부는 코틀린에서는 적합하지 않습니다. 예를 들어 점층적 생성자 패턴과 빌더 패턴은 코틀린에서는 의미가 없습니다(이와 관련된 자세한 내용은 아이템 34에서 다룹니다).

팩토리 클래스는 클래스의 상태를 가질 수 있다는 특징 때문에 팩토리 함수보다 다양한 기능을 갖습니다. 예를 들어 다음 코드는 다음 ID(nextId)를 갖는 학생을 생성하는 팩토리 클래스입니다.

```
1    data class Student(
2        val id: Int,
3        val name: String,
4        val surname: String
5    )
6
7    class StudentsFactory {
8        var nextId = 0
9        fun next(name: String, surname: String) =
10               Student(nextId++, name, surname)
11   }
12
13   val factory = StudentsFactory()
14   val s1 = factory.next("Marcin", "Moskala")
15   println(s1) // Student(id=0, name=Marcin, Surname=Moskala)
16   val s2 = factory.next("Igor", "Wojda")
17   println(s2) // Student(id=1, name=Igor, Surname=Wojda)
```

팩토리 클래스는 프로퍼티를 가질 수 있습니다. 이를 활용하면 다양한 종류로 최적화하고, 다양한 기능을 도입할 수 있습니다. 예를 들어 캐싱을 활용하거나, 이전에 만든 객체를 복제해서 객체를 생성하는 방법으로 객체 생성 속도를 높일 수 있습니다.

정리

이처럼 코틀린은 팩토리 함수를 만들 수 있는 다양한 방법들을 제공합니다. 이러한 다양한 방법은 각각 여러 특징을 갖고 있습니다. 객체를 생성할 때는 이런 특징을 잘 파악하고 사용해야 합니다. 가짜 생성자, 톱레벨 팩토리 함수, 확장 팩토리 함수 등 일부는 신중하게 사용해야 합니다. 팩토리 함수를 정의하는 가장 일반적인 방법은 companion 객체를 사용하는 것입니다. 또한 이 방식은 자바 정적 팩토리 메서드 패턴과 굉장히 유사하고 코틀린은 자바의 스타일과 관습을 대부분 상속하고 있으므로, 대부분의 개발자에게 안전하고 익숙합니다.

기본 생성자에 이름 있는 옵션 아규먼트를 사용하라

객체를 정의하고 생성하는 방법을 지정할 때 사용하는 가장 기본적인 방법은 기본 생성자(primary constructor)를 사용하는 것입니다.

```
1    class User(var name: String, var surname: String)
2    val user = User("Marcin", "Moskała")
```

기본 생성자는 매우 편리합니다. 따라서 일반적으로는 이를 활용해서 객체를 만드는 것이 좋습니다. 기본 생성자로 객체를 만들 때는 객체의 초기 상태를 나타내는 아규먼트를 전달합니다. 일단 데이터를 표현하는 가장 기본적인 데이터 모델 객체부터 살펴봅시다.[2] 이러한 객체는 생성자로 상태를 초기화한 뒤, 그 프로퍼티를 유지합니다.

```
1    data class Student(
2        val name: String,
3        val surname: String,
4        val age: Int
5    )
```

추가적인 예를 살펴봅시다. 다음 코드는 인덱스가 붙어 있는 글(sequence of indexed quote)을 출력하는 프레젠터[3] 객체입니다. 이러한 객체는 기본 생성자를 사용해서 종속성을 주입할 수 있습니다.

---

2 데이터 모델을 꼭 데이터 클래스로 만들 필요는 없습니다(또한 데이터 모델이 아닌 것을 데이터 클래스로 만들어도 상관없습니다). 다만 데이터를 나타내는 클래스를 데이터 클래스로 만들면, 이 클래스가 프로젝트 내부에서 데이터로 사용된다는 것을 명확하게 나타낼 수 있습니다. 또한 데이터로서 활용할 때 유용한 몇 가지 함수들을 제공합니다.

3 프레젠터(presenter)는 MVP(Model-View-Presenter) 아키텍처에서 사용되는 객체입니다. MVP 패턴은 안드로이드 개발에서 굉장히 널리 쓰이고 있습니다.

```
1    class QuotationPresenter(
2        private val view: QuotationView,
3        private val repo: QuotationRepository
4    ) {
5        private var nextQuoteId = -1
6
7        fun onStart() {
8            onNext()
9        }
10
11       fun onNext() {
12           nextQuoteId = (nextQuoteId + 1) % repo.quotesNumber
13           val quote = repo.getQuote(nextQuoteId)
14           view.showQuote(quote)
15       }
16   }
```

QuotationPresenter는 기본 생성자에 선언되어 있는 프로퍼티보다 더 많은 프로퍼티를 갖고 있습니다. 현재 코드에서 nextQuoteId라는 프로퍼티는 항상 -1로 초기화됩니다. 이처럼 프로퍼티는 기본 생성자로 초기화되어도, 디폴트 값을 기반으로 초기화되어도, 어떻게든 초기화만 되면 큰 문제가 없습니다.

일반적으로 기본 생성자가 좋은 방식인 이유를 이해하려면, 일단 생성자와 관련된 자바 패턴들을 이해하는 것이 좋습니다.

- 점층적 생성자 패턴(telescoping constructor pattern)
- 빌더 패턴(builder pattern)

그럼 각각의 패턴을 살펴보면서 해당 패턴에서 어떤 문제가 있는지, 그리고 코틀린을 활용해 이를 해결하는 방법에 대해서 살펴봅시다.

점층적 생성자 패턴

점층적 생성자 패턴은 '여러 가지 종류의 생성자를 사용하는' 굉장히 간단한 패턴입니다. 다음 코드를 살펴봅시다.

```
1    class Pizza {
2        val size: String
3        val cheese: Int
```

```
4        val olives: Int
5        val bacon: Int
6
7        constructor(size: String, cheese: Int, olives: Int, bacon: Int) {
8            this.size = size
9            this.cheese = cheese
10           this.olives = olives
11           this.bacon = bacon
12       }
13       constructor(size: String, cheese: Int, olives: Int):
14   this(size, cheese, olives, 0)
15       constructor(size: String, cheese: Int): this(size, cheese, 0)
16       constructor(size: String): this(size, 0)
17   }
```

이 코드는 그렇게 좋은 코드가 아닙니다. 코틀린에서는 일반적으로 다음과 같이 디폴트 아규먼트(default argument)를 사용합니다.

```
1    class Pizza(
2            val size: String,
3            val cheese: Int = 0,
4            val olives: Int = 0,
5            val bacon: Int = 0
6    )
```

이러한 디폴트 아규먼트는 코드를 단순하고 깔끔하게 만들어 줄 뿐만 아니라, 점층적 생성자보다 훨씬 다양한 기능을 제공합니다. 예를 들어 size와 olives를 다음과 같은 형태로 지정할 수도 있습니다.

```
1    val myFavorite = Pizza("L", olives = 3)
```

물론 이외에도 다른 이름 있는 아규먼트를 넣어서 다음과 같이 초기화할 수도 있습니다.

```
1    val myFavorite = Pizza("L", olives = 3, cheese = 1)
```

보시다시피 디폴트 아규먼트가 점층적 생성자보다 좋은 이유는 다음과 같습니다.

- 파라미터들의 값을 원하는 대로 지정할 수 있습니다.
- 아규먼트를 원하는 순서로 지정할 수 있습니다.
- 명시적으로 이름을 붙여서 아규먼트를 지정하므로 의미가 훨씬 명확합니다.

마지막 이유가 상당히 중요합니다. 다음과 같이 객체를 만든다고 해 봅시다.

```
1    val villagePizza = Pizza("L", 1, 2, 3)
```

코드가 짧지만, 무슨 의미인지 이해할 수 있나요? Pizza 클래스를 만든 사람도 사실 어떤 위치가 베이컨인지 치즈인지 올리브인지 구분하지 못할 것입니다. 물론 IDE가 여러 가지 설명을 해 줄 것입니다. 하지만 깃허브 등으로 단순하게 코드를 읽는 사람들은 그러한 지원을 받을 수 없습니다. 만약 **이름 있는 아규먼트**(named argument)를 활용해서 명시적으로 이름을 붙여 주면, 의미가 훨씬 명확할 것입니다.

```
1    val villagePizza = Pizza(
2        size = "L",
3        cheese = 1,
4        olives = 2,
5        bacon = 3
6    )
```

디폴트 아규먼트를 사용하는 생성자가 점층적 생성자 패턴보다 훨씬 강력합니다. 자바는 객체를 만들 때 점층적 생성자 패턴 이외에 빌더 패턴도 많이 사용합니다.

빌더 패턴

자바에서는 이름 있는 파라미터와 디폴트 아규먼트를 사용할 수 없습니다. 그래서 자바에서는 빌더 패턴을 사용합니다. 빌더 패턴을 사용하면, 다음과 같은 장점이 있습니다.

- 파라미터에 이름을 붙일 수 있습니다.

- 파라미터를 원하는 순서로 지정할 수 있습니다.
- 디폴트 값을 지정할 수 있습니다.

빌더 패턴의 예를 코틀린으로 만들어 보면, 다음과 같습니다.

```
1   class Pizza private constructor(
2           val size: String,
3           val cheese: Int,
4           val olives: Int,
5           val bacon: Int
6   ) {
7       class Builder(private val size: String) {
8           private var cheese: Int = 0
9           private var olives: Int = 0
10          private var bacon: Int = 0
11
12          fun setCheese(value: Int): Builder = apply {
13              cheese = value
14          }
15          fun setOlives(value: Int): Builder = apply {
16              olives = value
17          }
18
19          fun setBacon(value: Int): Builder = apply {
20              bacon = value
21          }
22
23          fun build() = Pizza(size, cheese, olives, bacon)
24      }
25  }
```

빌더 패턴를 활용하면, 다음과 같이 파라미터에 이름을 붙여서 지정할 수 있습니다.

```
1   val myFavorite = Pizza.Builder("L").setOlives(3).build()
2
3   val villagePizza = Pizza.Builder("L")
4           .setCheese(1)
5           .setOlives(2)
6           .setBacon(3)
7           .build()
```

이전에 언급했던 것처럼, 이러한 두 가지 장점은 코틀린의 디폴트 아규먼트와
이름 있는 파라미터도 가지고 있습니다.

```
1    val villagePizza = Pizza(
2        size = "L",
3        cheese = 1,
4        olives = 2,
5        bacon = 3
6    )
```

빌더 패턴을 사용하는 것보다 이름 있는 파라미터를 사용하는 것이 좋은 이유
를 간단하게 정리해 보면, 다음과 같습니다.

- 더 짧습니다: 디폴트 아규먼트가 있는 생성자 또는 팩토리 메서드가 빌더 패
  턴보다 구현하기 훨씬 쉽습니다. 단순하게 구현만 쉬운 것이 아니라, 이를
  읽는 사람의 입장에서 읽는 것도 쉽습니다. 빌더 패턴은 많은 코드를 입력
  해야 하므로, 구현하는 데 시간이 많이 걸립니다. 또한 코드를 수정하는 것
  도 어렵습니다. 예를 들어 파라미터의 이름을 변경해야 하는 경우, 생성자
  파라미터의 이름을 포함해서 각 함수의 이름, 파라미터 이름, 본문, 내부 필
  드 등을 모두 변경해야 합니다.
- 더 명확합니다: 객체가 어떻게 생성되는지 확인하고 싶을 때, 빌더 패턴은
  여러 메서드들을 확인해야 합니다. 하지만 디폴트 아규먼트가 있는 코드는
  생성자 주변 부분만 확인하면 됩니다. 거대하게 빌더 패턴으로 만들어진 객
  체는 디폴트로 어떤 값을 가지는지, 그리고 내부적으로 어떤 추가적인 처리
  가 일어나는지 이해하기 어렵습니다.
- 더 사용하기 쉽습니다: 기본 생성자는 기본적으로 언어에 내장된 개념입
  니다. 하지만 빌더 패턴은 언어 위에 추가로 구현한 개념이므로, 추가적인
  knowledge가 필요합니다. 예를 들어 빌더 패턴을 잘 모르는 개발자, 또는
  현재 코드가 빌더 패턴으로 개발된 것을 모르는 개발자는 build 함수로 객
  체를 만들어야 한다는 것을 잘 모를 수 있습니다. 또한 빌더 패턴으로 개발
  되었다는 것을 알아도, 이를 이후에 잊어 버릴 수도 있습니다.
- 동시성과 관련된 문제가 없습니다: 코틀린의 함수 파라미터는 항상

immutable입니다. 반면 대부분의 빌더 패턴에서 프로퍼티는 mutable입니다. 따라서 빌더 패턴의 빌더 함수를 쓰레드 안전(thread-safe)하게 구현하는 것은 어렵습니다.

물론 무조건 빌더 패턴 대신 기본 생성자를 사용해야 한다는 것은 아닙니다. 빌더 패턴이 좋은 경우를 간단하게 살펴봅시다.

다음 코드를 살펴봅시다. 빌더 패턴은 값의 의미를 묶어서 지정할 수 있습니다(setPositiveButton, setNegativeButton, addRoute). 또한 특정 값을 누적하는 형태로 사용할 수 있습니다(addRoute).

```
1   val dialog = AlertDialog.Builder(context)
2       .setMessage(R.string.fire_missiles)
3       .setPositiveButton(R.string.fire, { d, id ->
4           // 미사일 발사!
5       })
6       .setNegativeButton(R.string.cancel, { d, id ->
7           // 사용자가 대화상자에서 취소를 누른 경우
8       })
9       .create()
10
11  val router = Router.Builder()
12      .addRoute(path = "/home", ::showHome)
13      .addRoute(path = "/users", ::showUsers)
14      .build()
```

빌더 패턴을 사용하지 않고 이를 구현하려면, 추가적인 타입들을 만들고 활용해야 합니다. 코드가 오히려 복잡해집니다.

```
1   val dialog = AlertDialog(context,
2       message = R.string.fire_missiles,
3       positiveButtonDescription =
4           ButtonDescription(R.string.fire, { d, id ->
5               // 미사일 발사!
6           }),
7       negativeButtonDescription =
8           ButtonDescription(R.string.cancel, { d, id ->
9               // 사용자가 대화상자에서 취소를 누른 경우
10          })
11  )
12
```

```
13    val router = Router(
14        routes = listOf(
15            Route("/home", ::showHome),
16            Route("/users", ::showUsers)
17        )
18    )
```

이러한 코드는 코틀린 커뮤니티에서 좋게 받아 들여지지 않습니다. 일반적으로 이런 코드는 다음과 같이 DSL(Domain Specific Language) 빌더를 사용합니다.

```
1    val dialog = context.alert(R.string.fire_missiles) {
2        positiveButton(R.string.fire) {
3            // 미사일 발사!
4        }
5        negativeButton {
6            // 사용자가 대화상자에서 취소를 누른 경우
7        }
8    }
9
10   val route = router {
11       "/home" directsTo ::showHome
12       "/users" directsTo ::showUsers
13   }
```

이렇게 DSL 빌더를 활용하는 패턴이 전통적인 빌더 패턴(이전에 살펴본 코드)보다 훨씬 유연하고 명확해서, 코틀린은 이와 같은 형태의 코드를 많이 사용합니다. 물론 DSL을 만드는 것이 조금 어렵습니다. 그런데 빌더를 만드는 것도 그렇게 쉬운 일은 아닙니다. 시간을 조금 더 투자해서 더 유연하고 가독성이 더 좋은 코드를 만들어 낼 수 있다면, 그 방법을 사용하는 게 더 좋을 것입니다. 그래서 DSL을 많이 사용합니다. 객체 생성을 위한 DSL과 관련된 자세한 내용은 다음 장에서 더 자세하게 알아보겠습니다.

고전적인 빌더 패턴의 또 다른 장점으로는 팩토리로 사용할 수 있다는 것입니다. 예를 들어 다음 코드는 애플리케이션의 기본적인 대화상자를 만드는 예입니다.

```
1    fun Context.makeDefaultDialogBuilder() =
2        AlertDialog.Builder(this)
```

```
3                  .setIcon(R.drawable.ic_dialog)
4                  .setTitle(R.string.dialog_title)
5                  .setOnCancelListener { it.cancel() }
```

팩토리 메서드를 기본 생성자처럼 사용하게 만들려면, 커링(currying)을 활용해야 합니다. 하지만 코틀린은 커링을 지원하지 않습니다. 대신 객체 설정을 데이터 클래스로 만들고, 데이터 클래스로 객체를 만들어 두고, 이를 copy로 복제한 뒤, 필요한 설정들을 일부 수정해서 사용하는 형태로 만듭니다.

```
1    data class DialogConfig(
2        val icon: Int = -1,
3        val title: Int = -1,
4        val onCancelListener: (() -> Unit)? = null
5        //...
6    )
7
8    fun makeDefaultDialogConfig() = DialogConfig(
9        icon = R.drawable.ic_dialog,
10       title = R.string.dialog_title,
11       onCancelListener = { it.cancel() }
12   )
```

사실 두 가지 모두 거의 실무에서 보기 어려운 형태의 코드입니다. 예를 들어 애플리케이션에서 사용되는 기본적인 대화상자를 정의하려는 경우, 함수를 사용해서 만들고, 모든 사용자 정의 요소를 옵션 아규먼트로 전달하는 방법을 사용하는 것이 좋습니다. 그래서 빌더 패턴의 장점도 빌더 패턴을 사용할 이유가 되지는 못합니다.

결론적으로 코틀린에서는 빌더 패턴을 거의 사용하지 않습니다. 빌더 패턴은 다음과 같은 경우에만 사용합니다.

• 빌더 패턴을 사용하는 다른 언어로 작성된 라이브러리를 그대로 옮길 때
• 디폴트 아규먼트와 DSL을 지원하지 않는 다른 언어에서 쉽게 사용할 수 있게 API를 설계할 때

이를 제외하면, 빌더 패턴 대신에 디폴트 아규먼트를 갖는 기본 생성자 또는 DSL을 사용하는 것이 좋습니다.

정리

일반적인 프로젝트에서는 기본 생성자를 사용해 객체를 만듭니다. 코틀린에서는 점층적 생성자 패턴을 사용하지 않습니다. 대신 디폴트 아규먼트를 활용하는 것이 좋습니다. 디폴트 아규먼트는 더 짧고, 더 명확하고, 더 사용하기 쉽습니다. 빌더 패턴도 마찬가지로 거의 사용하지 않습니다. 기본 생성자를 사용하는 코드로 바꾸거나, DSL을 활용하는 것이 좋습니다.

복잡한 객체를 생성하기 위한 DSL을 정의하라

#교육적인

코틀린을 활용하면 DSL(Domain Specific Language)을 직접 만들 수 있습니다. DSL은 복잡한 객체, 계층 구조를 갖고 있는 객체들을 정의할 때 굉장히 유용합니다. DSL을 만드는 것은 약간 힘든 일이지만, 한 번 만들고 나면 보일러플레이트(boilerplate)[4]와 복잡성을 숨기면서 개발자의 의도를 명확하게 표현할 수 있습니다.

예를 들어 코틀린 DSL은 다음과 같은 형태로 HTML을 표현할 수 있습니다. 이는 고전적인 HTML과 리액트 HTML 모두에서 활용할 수 있습니다.

```
1    body {
2        div {
3            a("https://kotlinlang.org") {
4                target = ATarget.blank
5                +"Main site"
6            }
7        }
8        +"Some content"
9    }
```

Main site
Some content

HTML DSL로 만든 뷰

다른 플랫폼의 뷰도 이와 같은 형태로 DSL을 사용해 만들 수 있습니다. 다음은 Anko 라이브러리를 활용한 안드로이드의 뷰입니다.

---

4 (옮긴이) 보일러플레이트는 자주 사용되는 상용구적인 코드를 의미합니다.

```
1   verticalLayout {
2       val name = editText()
3       button("Say Hello") {
4           onClick { toast("Hello, ${name.text}!") }
5       }
6   }
```

위의 Android View DSL을 사용해 만든 뷰

데스크톱 애플리케이션도 마찬가지입니다. 다음은 JavaFX를 기반으로 만들어진 TornadoFX를 사용해 만든 뷰의 예입니다.

```
1   class HelloWorld : View() {
2       override val root = hbox {
3           label("Hello world") {
4               addClass(heading)
5           }
6
7           textfield {
8               promptText = "Enter your name"
9           }
10      }
11  }
```

위의 TornadoFX DSL을 사용해 만든 뷰

DSL은 자료 또는 설정을 표현할 때도 활용될 수 있습니다. 다음 코드는 Ktor를 활용해서 만든 API 정의 예입니다. 마찬가지로 DSL을 사용했습니다.

```
1    fun Routing.api() {
2        route("news") {
3            get {
4                val newsData = NewsUseCase.getAcceptedNews()
5                call.respond(newsData)
6            }
7            get("propositions") {
8                requireSecret()
9                val newsData = NewsUseCase.getPropositions()
10               call.respond(newsData)
11           }
12       }
13       // ...
14   }
```

다음은 코틀린 테스트를 활용해서 테스트 케이스를 정의한 것입니다.

```
1    class MyTests : StringSpec({
2        "length should return size of string" {
3            "hello".length shouldBe 5
4        }
5        "startsWith should test for a prefix" {
6            "world" should startWith("wor")
7        }
8    })
```

Gradle 설정을 정의할 때도 Gradle DSL이 사용됩니다.

```
1    plugins {
2        'java-library'
3    }
4
5    dependencies {
6        api("junit:junit:4.12")
7        implementation("junit:junit:4.12")
8        testImplementation("junit:junit:4.12")
9    }
10
11   configurations {
12       implementation {
13           resolutionStrategy.failOnVersionConflict()
14       }
15   }
16
```

```
17   sourceSets {
18       main {
19           java.srcDir("src/core/java")
20       }
21   }
22
23   java {
24       sourceCompatibility = JavaVersion.VERSION_11
25       targetCompatibility = JavaVersion.VERSION_11
26   }
27
28   tasks {
29       test {
30           testLogging.showExceptions = true
31       }
32   }
```

DSL을 활용하면 복잡하고 계층적인 자료 구조를 쉽게 만들 수 있습니다. 참고로 DSL 내부에서도 코틀린이 제공하는 모든 것을 활용할 수 있습니다. 코틀린의 DSL은 type-safe이므로, (그루비 등과 다르게) 여러 가지 유용한 힌트를 활용할 수 있습니다. 이미 존재하는 코틀린 DSL을 활용하는 것도 좋지만, 사용자 정의 DSL을 만드는 방법도 알아 두면 좋습니다.

사용자 정의 DSL 만들기

사용자 정의 DSL을 만드는 방법을 이해하려면, 리시버를 사용하는 함수 타입에 대한 개념을 이해해야 합니다. 이와 관련된 내용을 알아보기 전에 일단 함수 자료형 자체에 대한 개념을 간단하게 알아봅시다. 함수 타입은 함수로 사용할 수 있는 객체를 나타내는 타입입니다. 예를 들어 filter 함수를 살펴봅시다. predicate에 함수 타입이 활용되고 있습니다.

```
1   inline fun <T> Iterable<T>.filter(
2       predicate: (T) -> Boolean
3   ): List<T> {
4       val list = arrayListOf<T>()
5       for (elem in this) {
6           if (predicate(elem)) {
7               list.add(elem)
8           }
```

```
9        }
10       return list
11   }
```

함수 타입의 몇 가지 예를 살펴봅시다.

- ()->Unit - 아규먼트를 갖지 않고, Unit을 리턴하는 함수입니다.
- (Int)->Unit - Int를 아규먼트로 받고, Unit을 리턴하는 함수입니다.
- (Int)->Int - Int를 아규먼트로 받고, Int를 리턴하는 함수입니다.
- (Int, Int)->Int - Int 2개를 아규먼트로 받고, Int를 리턴하는 함수입니다.
- (Int)->()->Unit - Int를 아규먼트로 받고, 다른 함수를 리턴하는 함수입니다. 이때 다른 함수는 아규먼트로 아무것도 받지 않고, Unit을 리턴합니다.
- (()->Unit)->Unit - 다른 함수를 아규먼트로 받고, Unit을 리턴하는 함수입니다. 이때 다른 함수는 아규먼트로 아무것도 받지 않고, Unit을 리턴합니다.

함수 타입을 만드는 기본적인 방법은 다음과 같습니다.

- 람다 표현식
- 익명 함수
- 함수 레퍼런스

예를 들어 다음과 같은 함수가 있다고 해 봅시다.

```
1    fun plus(a: Int, b: Int) = a + b
```

유사 함수(analogical function)는 다음과 같은 방법으로 만듭니다.

```
1    val plus1: (Int, Int)->Int = { a, b -> a + b }
2    val plus2: (Int, Int)->Int = fun(a, b) = a + b
3    val plus3: (Int, Int)->Int = ::plus
```

위의 예에서는 프로퍼티 타입이 지정되어 있으므로, 람다 표현식과 익명 함수의 아규먼트 타입을 추론할 수 있습니다. 반대로 다음과 같이 아규먼트 타입을 지정해서 함수의 형태를 추론하게 할 수도 있습니다.

```
1    val plus4 = { a: Int, b: Int -> a + b }
2    val plus5 = fun(a: Int, b: Int) = a + b
```

함수 타입은 '함수를 나타내는 객체'를 표현하는 타입입니다. 익명 함수는 일반
적인 함수처럼 보이지만, 이름을 갖고 있지 않습니다. 람다 표현식은 익명 함
수를 짧게 작성할 수 있는 표기 방법입니다.

함수를 나타내는 타입이 있다면, 확장 함수의 경우는 어떨까요? 확장 함수는
어떻게 표현할 수 있을까요?

```
1    fun Int.myPlus(other: Int) = this + other
```

익명 함수를 만들 때는 일반 함수처럼 만들고, 이름만 빼면 된다고 했습니다.
익명 확장 함수도 이와 같은 방법으로 만들 수 있습니다.

```
1    val myPlus = fun Int.(other: Int) = this + other
```

이 함수의 타입은 어떻게 될까요? 확장 함수를 나타내는 특별한 타입이 됩니
다. 이를 **리시버를 가진 함수 타입**이라고 부릅니다. 일반적인 함수 타입과 비슷
하지만, 파라미터 앞에 리시버 타입이 추가되어 있으며, 점(.) 기호로 구분되어
있습니다.

```
1    val myPlus: Int.(Int)->Int =
2        fun Int.(other: Int) = this + other
```

이와 같이 함수는 람다식, 구체적으로 리시버를 가진 람다 표현식을 사용해서
정의할 수 있습니다. 이렇게 하면 스코프 내부에 this 키워드가 확장 리시버
(다음 코드에서 Int 인스턴스)를 참조하게 됩니다.

```
1    val myPlus: Int.(Int)->Int = { this + it }
```

리시버를 가진 익명 확장 함수와 람다 표현식은 다음과 같은 방법으로 호출할
수 있습니다.

- 일반적인 객체처럼 invoke 메서드를 사용
- 확장 함수가 아닌 함수처럼 사용

- 일반적인 확장 함수처럼 사용

```
1    myPlus.invoke(1, 2)
2    myPlus(1, 2)
3    1.myPlus(2)
```

이처럼 리시버를 가진 함수 타입의 가장 중요한 특징은 this의 참조 대상을 변경할 수 있다는 것입니다. this는 apply 함수에서 리시버 객체의 메서드와 프로퍼티를 간단하게 참조할 수 있게 해 주기도 합니다.

```
1    inline fun <T> T.apply(block: T.() -> Unit): T {
2        this.block()
3        return this
4    }
5
6    class User {
7        var name: String = ""
8        var surname: String = ""
9    }
10
11   val user = User().apply {
12       name = "Marcin"
13       surname = "Moskała"
14   }
```

리시버를 가진 함수 타입은 코틀린 DSL을 구성하는 가장 기본적인 블록입니다. 그럼 이를 활용해서 HTML 표를 표현하는 간단한 DSL을 만들어 봅시다.

```
1    fun createTable(): TableDsl = table {
2        tr {
3            for (i in 1..2) {
4                td {
5                    +"This is column $i"
6                }
7            }
8        }
9    }
```

DSL의 앞부분에 table 함수가 있는 것을 볼 수 있습니다. 현재 코드가 톱레벨에 위치하고, 별도의 리시버를 갖지 않으므로, table 함수도 톱레벨에 있어야 합니다. 함수 아규먼트 내부에서 tr을 사용하고 있는 것을 볼 수 있습니다. tr 함수는 table 정의 내부에서만 허용되어야 합니다. 따라서 table 함수의 아규먼트는 tr 함수를 갖는 리시버를 가져야 합니다. 비슷하게 tr 함수의 아규먼트는 td 함수를 갖는 리시버를 가져야 합니다.

```
1    fun table(init: TableBuilder.()->Unit): TableBuilder {
2        //...
3    }
4
5    class TableBuilder {
6        fun tr(init: TrBuilder.() -> Unit) { /*...*/ }
7    }
8
9    class TrBuilder {
10       fun td(init: TdBuilder.()->Unit) { /*...*/ }
11   }
12
13   class TdBuilder
```

다음 문장은 어떻게 해야 할까요?

```
1    +"This is row $i"
```

특별한 코드가 아닙니다. 단순하게 문자열에 적용된 단항 + 연산자일 뿐입니다. TdBuilder 내부에 다음과 같이 정의하기만 하면 됩니다.

```
1    class TdBuilder {
2        var text = ""
3
4        operator fun String.unaryPlus() {
5            text += this
6        }
7    }
```

이제 DSL을 모두 정의했습니다. 이러한 DSL이 제대로 동작하게 하려면, 각각의 단계에서 다음과 같이 빌더를 만들고, 파라미터를 활용해서 값들을 적절하게 초기화하면 됩니다. 이렇게 하면 빌더에 아규먼트로 지정한 모든 데이터가 포함됩니다. 이 데이터들이 바로 우리에게 필요한 데이터입니다. 따라서 이 빌더를 리턴하거나, 이 데이터를 보유한 다른 객체를 만들어서 저장해 둘 수 있습니다. 다음 코드에서는 단순하게 빌더를 리턴하게 했습니다.

```
1    fun table(init: TableBuilder.()->Unit): TableBuilder {
2        val tableBuilder = TableBuilder()
3        init.invoke(tableBuilder)
4        return tableBuilder
5    }
```

참고로 이전에 언급했던 것처럼 apply 함수를 활용하면, 코드를 다음과 같이 더 짧게 만들 수 있습니다.

```
1    fun table(init: TableBuilder.()->Unit) =
2        TableBuilder().apply(init)
```

다른 부분들도 다음과 같은 형태로 간단하게 만들 수 있습니다.

```
1    class TableBuilder {
2        var trs = listOf<TrBuilder>()
3
4        fun td(init: TrBuilder.()->Unit) {
5            trs = trs + TrBuilder().apply(init)
6        }
7    }
8
9    class TrBuilder {
10       var tds = listOf<TdBuilder>()
11
12       fun td(init: TdBuilder.()->Unit) {
13           tds = tds + TdBuilder().apply(init)
14       }
15   }
```

이 코드는 HTML 표를 생성하기 위한 완전한 함수형 DSL 빌더입니다. '아이템 15: 리시버를 명시적으로 참조하라'에서 다루는 DslMarker를 활용하면, 이 코드를 조금 더 좋게 만들 수 있습니다.

언제 사용해야 할까?

DSL은 정보를 정의하는 방법을 제공합니다. DSL은 여러 종류의 정보를 표현할 수 있지만, 사용자 입장에서는 이 정보가 어떻게 활용되는지 명확하지는 않습니다. 예를 들어 Anko, TornadoFX, HTML DSL을 활용하면 뷰가 제대로 만들어질 거라는 생각은 들지만, 내부적으로 얼마나 정확하게 만들어지는지는 알 수 없습니다. 또한 DSL의 복잡한 사용법은 찾기 힘들 수도 있습니다. 해당 DSL에 익숙하지 않은 사람에게 DSL은 혼란을 줄 수 있습니다. 유지보수도 마찬가지입니다. DSL을 정의한다는 것은 개발자의 인지적 혼란과 성능이라는 비용이 모두 발생할 수 있습니다. 따라서 단순한 기능까지 DSL을 사용한다는 것은 닭 잡는 데 소 잡는 칼을 쓰는 꼴입니다. DSL은 다음과 같은 것을 표현하는 경우에 유용합니다.

- 복잡한 자료 구조
- 계층적인 구조
- 거대한 양의 데이터

DSL 없이 빌더 또는 단순하게 생성자만 활용해도 원하는 모든 것을 표현할 수 있습니다. DSL은 많이 사용되는 구조의 반복을 제거할 수 있게 해 줍니다. 많이 사용되는 반복되는 코드[5]가 있고, 이를 간단하게 만들 수 있는 별도의 코틀린 기능이 없다면, DSL 사용을 고려해 보는 것이 좋습니다.

정리

DSL은 언어 내부에서 사용할 수 있는 특별한 언어입니다. 복잡한 객체는 물론이고 HTML 코드, 복잡한 설정 등의 계층 구조를 갖는 객체를 간단하게 표현할 수 있게 해 줍니다. 하지만 DSL 구현은 해당 DSL이 익숙하지 않은 개발자에게 혼란과 어려움을 줄 수 있습니다. 따라서 DSL은 복잡한 객체를 만들거나, 복잡한 계층 구조를 갖는 객체를 만들 때만 활용하는 것이 좋습니다. 좋은 DSL을 만드는 작업은 굉장히 힘듭니다. 하지만 잘 정의된 DSL은 프로젝트에 굉장히 큰 도움을 줍니다.

---

5 정확하게는 '코드를 읽는 사람에게 크게 중요하지 않은 정보를 포함하는 반복되는 코드'입니다.

6장

클래스 설계

클래스는 객체 지향 프로그래밍(OOP) 패러다임에서 가장 중요한 추상화입니다. OOP는 코틀린에서 가장 인기 있는 패러다임이며, 클래스는 우리에게도 굉장히 중요합니다. 이번 장은 이러한 클래스를 설계하는 방법에 대해서 다루겠습니다. 이 책에서는 시스템 설계와 관련된 내용은 다루지 않습니다. 시스템 설계와 관련된 내용은 로버트 마틴의 《클린 아키텍처》(인사이트, 2018) 또는 에릭 감마(Erich Gamma), 리처드 헬름(Richard Helm), 랄프 존슨(Ralph Johnson), 존 블리시디스(John Vlissides)의 《GoF의 디자인 패턴(Design Patterns)》(프로텍미디어, 2015)을 참고하기 바랍니다. 대신 코틀린에서 자주 볼 수 있는 클래스를 사용하는 패턴을 보겠습니다. 그리고 이를 어떻게 활용하고, 활용할 때 무엇을 기대할 수 있는지 등의 규약에 대해서 알아보겠습니다. 상속은 언제 어떻게 활용해야 할까요? 데이터 클래스는 어떤 형태로 사용해야 할까요? 언제 하나의 메서드를 가진 인터페이스 함수 타입을 사용해야 할까요? equals, hashCode, compareTo는 어떤 규약을 갖고 있을까요? 멤버와 확장 함수는 어떻게 구분해서 사용해야 할까요? 이번 장에서는 이러한 질문에 대해서 답하도록 하겠습니다. 이러한 규약을 깨면 심각한 문제가 발생할 수 있으므로, 규약을 잘 알아 두어야 합니다. 반대로 규약을 잘 따르면, 안전하고 깔끔한 코드를 만드는 데 도움이 됩니다.

아이템 36

상속보다는 컴포지션을 사용하라

#범용적인

상속은 굉장히 강력한 기능으로, 'is-a' 관계의 객체 계층 구조를 만들기 위해 설계되었습니다. 상속은 관계가 명확하지 않을 때 사용하면, 여러 가지 문제가 발생할 수 있습니다. 따라서 단순하게 코드 추출 또는 재사용을 위해 상속을 하려고 한다면, 조금 더 신중하게 생각해야 합니다. 일반적으로 이러한 경우에는 상속보다 컴포지션을 사용하는 것이 좋습니다.

간단한 행위 재사용

그럼 간단한 코드부터 살펴봅시다. 프로그레스 바(progress bar)를 어떤 로직 처리 전에 출력하고, 처리 후에 숨기는 유사한 동작을 하는 두 개의 클래스가 있다고 합시다.

```
1    class ProfileLoader {
2
3        fun load() {
4            // 프로그레스 바를 보여 줌
5            // 프로파일을 읽어 들임
6            // 프로그레스 바를 숨김
7        }
8    }
9
10   class ImageLoader {
11
12       fun load() {
13           // 프로그레스 바를 보여 줌
14           // 이미지를 읽어 들임
15           // 프로그레스 바를 숨김
16       }
17   }
```

필자의 경험에 따르면, 많은 개발자가 이러한 경우에 슈퍼클래스를 만들어서 공통되는 행위를 추출합니다.

```
1    abstract class LoaderWithProgress {
2
3        fun load() {
4            // 프로그레스 바를 보여 줌
5            innerLoad()
6            // 프로그레스 바를 숨김
7        }
8
9        abstract fun innerLoad()
10    }
11
12    class ProfileLoader: LoaderWithProgress() {
13
14        override fun innerLoad() {
15            // 프로파일을 읽어 들임
16        }
17    }
18
19    class ImageLoader: LoaderWithProgress() {
20
21        override fun innerLoad() {
22            // 이미지를 읽어 들임
23        }
24    }
```

이러한 코드는 간단한 경우에는 문제 없이 동작하지만, 몇 가지 단점이 있습니다.

- 상속은 하나의 클래스만을 대상으로 할 수 있습니다. 상속을 사용해서 행위를 추출하다 보면, 많은 함수를 갖는 거대한 BaseXXX 클래스를 만들게 되고, 굉장히 깊고 복잡한 계층 구조가 만들어집니다.
- 상속은 클래스의 모든 것을 가져오게 됩니다. 따라서 불필요한 함수를 갖는 클래스가 만들어질 수 있습니다(인터페이스 분리 원칙(Interface Segregation Principle)을 위반하게 됩니다).
- 상속은 이해하기 어렵습니다. 일반적으로 개발자가 메서드를 읽고, 메서드의 작동 방식을 이해하기 위해 슈퍼클래스를 여러 번 확인해야 한다면, 문제

가 있는 것입니다.

이러한 이유 때문에 다른 대안을 사용하는 것이 좋습니다. 대표적인 대안은 바로 컴포지션(composition)입니다. 컴포지션을 사용한다는 것은 객체를 프로퍼티로 갖고, 함수를 호출하는 형태로 재사용하는 것을 의미합니다. 상속 대신 컴포지션을 활용해서 문제를 해결한다면, 다음과 같은 코드를 사용합니다.

```
1    class Progress {
2        fun showProgress() { /* show progress */ }
3        fun hideProgress() { /* hide progress */ }
4    }
5
6    class ProfileLoader {
7        val progress = Progress()
8
9        fun load() {
10           progress.showProgress()
11           // 프로파일을 읽어 들임
12           progress.hideProgress()
13       }
14   }
15
16   class ImageLoader {
17       val progress = Progress()
18
19       fun load() {
20           progress.showProgress()
21           // 이미지를 읽어 들임
22           progress.hideProgress()
23       }
24   }
```

위의 코드를 보면 알 수 있는 것처럼 프로그레스 바를 관리하는 객체를 다른 모든 객체에서 갖고 활용하는 추가 코드가 필요합니다. 이러한 추가 코드를 적절하게 처리하는 것이 조금 어려울 수도 있어 컴포지션보다 상속을 선호하는 경우도 많습니다. 하지만 이런 추가 코드로 인해서 코드를 읽는 사람들이 코드의 실행을 더 명확하게 예측할 수 있다는 장점도 있고, 프로그레스 바를 훨씬 자유롭게 사용할 수 있다는 장점도 있습니다.

또한 컴포지션을 활용하면, 하나의 클래스 내부에서 여러 기능을 재사용할 수 있게 됩니다. 예를 들어 이미지를 읽어들이고 나서 경고창을 출력한다면, 다음과 같은 형태로 컴포지션을 활용할 수 있습니다.

```kotlin
class ImageLoader {
    private val progress = Progress()
    private val finishedAlert = FinishedAlert()

    fun load() {
        progress.showProgress()
        // 이미지를 읽어 들임
        progress.hideProgress()
        finishedAlert.show()
    }
}
```

하나 이상의 클래스를 상속할 수는 없습니다. 따라서 상속으로 이를 구현하려면, 두 기능을 하나의 슈퍼클래스에 배치해야 합니다. 이 때문에 클래스들에 복잡한 계층 구조가 만들어질 수 있습니다. 이러한 계층 구조는 이해하기도 어렵고, 수정하기도 어렵습니다. 예를 들어 3개의 클래스가 프로그레스 바(위의 코드에서 Progress의 기능)와 경고창(위의 코드에서 FinishedAlert의 기능)을 만드는 슈퍼클래스를 상속받는데, 2개의 서브클래스에서는 경고창을 사용하지만, 다른 1개의 서브클래스에서는 경고창이 필요 없을 때는 어떻게 해야 할까요? 이 문제를 처리하는 한 가지 방법은 다음과 같이 파라미터가 있는 생성자를 사용하는 것입니다.

```kotlin
abstract class InternetLoader(val showAlert: Boolean) {

    fun load() {
        // 프로그레스 바를 보여 줌
        innerLoad()
        // 프로그레스 바를 숨김
        if (showAlert) {
            // 경고창 출력
        }
    }

    abstract fun innerLoad()
}
```

```
15    class ProfileLoader : InternetLoader(showAlert = true) {
16
17        override fun innerLoad() {
18            // 프로파일을 읽어 들임
19        }
20    }
21
22    class ImageLoader : InternetLoader(showAlert = false) {
23
24        override fun innerLoad() {
25            // 이미지를 읽어 들임
26        }
27    }
```

하지만 이것은 굉장히 나쁜 해결 방법입니다. 서브클래스가 필요하지도 않은 기능을 갖고, 단순하게 이를 차단할 뿐입니다. 기능을 제대로 차단하지 못하면, 문제가 발생할 수 있습니다. 상속은 슈퍼클래스의 모든 것을 가져옵니다. 필요한 것만 가져올 수는 없습니다. 따라서 이런 형태로 활용하는 것은 좋지 않습니다.

모든 것을 가져올 수밖에 없는 상속

상속은 슈퍼클래스의 메서드, 제약, 행위 등 모든 것을 가져옵니다. 따라서 상속은 객체의 계층 구조를 나타낼 때 굉장히 좋은 도구입니다. 하지만 일부분을 재사용하기 위한 목적으로는 적합하지 않습니다. 일부분만 재사용하고 싶다면, 컴포지션을 사용하는 것이 좋습니다. 컴포지션은 우리가 원하는 행위만 가져올 수 있기 때문입니다. 간단한 예로 bark(짖기)와 sniff(냄새 맡기)라는 함수를 갖는 Dog 클래스가 있다고 합시다.

```
1    abstract class Dog {
2        open fun bark() { /*...*/ }
3        open fun sniff() { /*...*/ }
4    }
```

그런데 만약 로봇 강아지를 만들고 싶은데, 로봇 강아지는 bark(짖기)만 가능하고, sniff(냄새 맡기)는 못하게 하려면 어떻게 해야 할까요?

```kotlin
1    class Labrador: Dog()
2
3    class RobotDog : Dog() {
4        override fun sniff() {
5            throw Error("Operation not supported")
6            // 인터페이스 분리 원칙에 위반됨
7        }
8    }
```

이러한 코드는 RobotDog가 필요도 없는 메서드를 갖기 때문에, 인터페이스 분리 원칙에 위반됩니다. 또한 슈퍼클래스의 동작을 서브클래스에서 깨버리므로, 리스코프 치환 원칙에도 위반됩니다. 반면, 만약 RobotDog가 calculate(계산하기)라는 메서드를 갖는 Robot이라는 클래스도 필요하다면 어떻게 해야 할까요? 코틀린은 다중 상속을 지원하지 않습니다.

```kotlin
1    abstract class Robot {
2        open fun calculate() { /*...*/ }
3    }
4
5    class RobotDog : Dog(), Robot() // 오류
```

컴포지션을 사용하면, 이런 설계 문제가 전혀 발생하지 않습니다. 참고로 무조건 좋다는 것은 아닙니다. 만약 타입 계층 구조를 표현해야 한다면, 인터페이스를 활용해서 다중 상속을 하는 것이 좋을 수도 있습니다. 그럼 상속으로 발생할 수 있는 마지막 문제를 살펴봅시다.

캡슐화를 깨는 상속

상속을 활용할 때는 외부에서 이를 어떻게 활용하는지도 중요하지만, 내부적으로 이를 어떻게 활용하는지도 중요합니다. 내부적인 구현 방법 변경에 의해서 클래스의 캡슐화가 깨질 수 있기 때문입니다.

《이펙티브 자바》에서 등장한 예제를 살펴보도록 하겠습니다. 다음과 같은 CounterSet 클래스가 있다고 합시다. 이 클래스는 자신에게 추가된 요소의 개수를 알기 위한 elementsAdded 프로퍼티를 가지며, HashSet을 기반으로 구현되었습니다.

```
1    class CounterSet<T>: HashSet<T>() {
2        var elementsAdded: Int = 0
3            private set
4
5        override fun add(element: T): Boolean {
6            elementsAdded++
7            return super.add(element)
8        }
9
10       override fun addAll(elements: Collection<T>): Boolean {
11           elementsAdded += elements.size
12           return super.addAll(elements)
13       }
14   }
```

이 클래스는 큰 문제가 없어 보이지만, 실제로는 제대로 동작하지 않습니다.

```
1    val counterList = CounterSet<String>()
2    counterList.addAll(listOf("A", "B", "C"))
3    print(counterList.elementsAdded) // 6
```

왜 문제가 발생한 것일까요? 문제는 HashSet의 addAll 내부에서 add를 사용했기 때문입니다. addAll과 add에서 추가한 요소 개수를 중복해서 세므로, 요소 3개를 추가했는데 6이 출력되는 것입니다. 간단하게 addAll 함수를 제거해 버리면, 이런 문제가 사라집니다.

```
1    class CounterSet<T>: HashSet<T>() {
2        var elementsAdded: Int = 0
3            private set
4
5        override fun add(element: T): Boolean {
6            elementsAdded++
7            return super.add(element)
8        }
9    }
```

하지만 이러한 해결 방법은 위험할 수 있습니다. 어느 날 자바가 HashSet. addAll을 최적화하고 내부적으로 add를 호출하지 않는 방식으로 구현하기로 했다면 어떻게 될까요? 만약 그렇게 된다면 현재 구현은 자바 업데이트가 이루어지는 순간, 예상하지 못한 형태로 동작합니다. 또한 만약 다른 라이브러리에서 현재 만든 CounterSet를 활용해 무언가를 구현했다면, 그런 구현들도 연쇄적으로 중단될 것입니다. 자바 개발자들도 이런 문제를 알기 때문에, 어떤 구현을 변경할 때는 굉장히 신중을 기합니다.

라이브러리의 구현이 변경되는 일은 꽤 자주 접할 수 있는 문제입니다. 그럼 어떻게 해야 이러한 문제가 발생할 가능성을 막을 수 있을까요? 이번 절의 주제처럼 상속 대신 컴포지션을 사용하면 됩니다.

```
1    class CounterSet<T> {
2        private val innerSet = HashSet<T>()
3        var elementsAdded: Int = 0
4            private set
5
6        fun add(element: T) {
7            elementsAdded++
8            innerSet.add(element)
9        }
10
11       fun addAll(elements: Collection<T>) {
12           elementsAdded += elements.size
13           innerSet.addAll(elements)
14       }
15   }
16
17   val counterList = CounterSet<String>()
18   counterList.addAll(listOf("A", "B", "C"))
19   print(counterList.elementsAdded) // 3
```

이렇게 수정했을 때 발생하는 문제가 하나 있는데, 바로 다형성이 사라진다는 것입니다. CounterSet은 더 이상 Set이 아닙니다. 만약 이를 유지하고 싶다면, 위임 패턴을 사용할 수 있습니다.

위임 패턴은 클래스가 인터페이스를 상속받게 하고, 포함한 객체의 메서드들을 활용해서, 인터페이스에서 정의한 메서드를 구현하는 패턴입니다. 이렇게 구현된 메서드를 **포워딩 메서드**(forwarding method)라고 부릅니다. 코드로 살펴보면, 다음과 같습니다.

```
1    class CounterSet<T> : MutableSet<T> {
2        private val innerSet = HashSet<T>()
3        var elementsAdded: Int = 0
```

```
4           private set
5
6       override fun add(element: T): Boolean {
7           elementsAdded++
8           return innerSet.add(element)
9       }
10
11      override fun addAll(elements: Collection<T>): Boolean {
12          elementsAdded += elements.size
13          return innerSet.addAll(elements)
14      }
15
16      override val size: Int
17          get() = innerSet.size
18
19      override fun contains(element: T): Boolean =
20              innerSet.contains(element)
21
22      override fun containsAll(elements: Collection<T>): Boolean =
23              innerSet.containsAll(elements)
24
25      override fun isEmpty(): Boolean = innerSet.isEmpty()
26
27      override fun iterator() = innerSet.iterator()
28
29      override fun clear() = innerSet.clear()
30
31      override fun remove(element: T): Boolean =
32              innerSet.remove(element)
33
34      override fun removeAll(elements: Collection<T>): Boolean =
35              innerSet.removeAll(elements)
36
37      override fun retainAll(elements: Collection<T>): Boolean =
38              innerSet.retainAll(elements)
39  }
```

이렇게 만들면, 구현해야 하는 포워딩 메서드가 너무 많아진다고 생각할 수도
있습니다(현재 위의 코드에서만 해도 9개를 구현해야 합니다). 하지만 코틀린
은 위임 패턴을 쉽게 구현할 수 있는 문법을 제공하므로, 위와 같은 코드를 다
음과 같이 짧게 작성할 수 있습니다. 이렇게 코드를 작성하면, 컴파일 시점에
포워딩 메서드들이 자동으로 만들어집니다. 다음은 인터페이스 위임이 활용되
는 예입니다.

```
1    class CounterSet<T>(
2        private val innerSet: MutableSet<T> = mutableSetOf()
3    ) : MutableSet<T> by innerSet {
4
5        var elementsAdded: Int = 0
6            private set
7
8        override fun add(element: T): Boolean {
9            elementsAdded++
10           return innerSet.add(element)
11       }
12
13       override fun addAll(elements: Collection<T>): Boolean {
14           elementsAdded += elements.size
15           return innerSet.addAll(elements)
16       }
17   }
```

지금까지 살펴본 예제처럼 다형성이 필요한데, 상속된 메서드를 직접 활용하는 것이 위험할 때는 이와 같은 위임 패턴을 사용하는 것이 좋습니다. 하지만 사실 일반적으로 다형성이 그렇게까지 필요한 경우는 없습니다. 그래서 단순하게 컴포지션을 활용하면 해결되는 경우가 굉장히 많습니다. 컴포지션을 사용한 코드는 이해하기 쉬우며, 유연하기까지 합니다. 이러한 경우에는 위임(delegation)을 사용하지 않는 컴포지션이 훨씬 더 이해하기 쉽고 유연하므로 더 적합합니다.

상속으로 캡슐화를 깰 수 있다는 사실은 보안 문제입니다. 하지만 대부분의 경우에 이러한 행위는 규약으로 지정되어 있거나, 서브클래스에 의존할 필요가 없는 경우입니다(일반적으로 메서드가 상속을 위해서 설계된 경우입니다). 최종적으로 정리하면, 컴포지션을 사용하는 데는 여러 가지 이유가 있습니다. 컴포지션은 재사용하기 쉽고, 더 많은 유연성을 제공하기 때문입니다.

오버라이딩 제한하기

개발자가 상속용으로 설계되지 않은 클래스를 상속하지 못하게 하려면, final 을 사용하면 됩니다. 그런데 만약 어떤 이유로 상속은 허용하지만, 메서드는 오버라이드하지 못하게 만들고 싶은 경우가 있을 수 있습니다. 이러한 경우에는 메서드에 open 키워드를 사용합니다. open 클래스는 open 메서드만 오버라이드할 수 있습니다.

```
1    open class Parent {
2        fun a() {}
3        open fun b() {}
4    }
5
6    class Child: Parent() {
7        override fun a() {} // 오류
8        override fun b() {}
9    }
```

상속용으로 설계된 메서드에만 open을 붙이면 됩니다. 참고로 메서드를 오버라이드할 때, 서브클래스에서 해당 메서드에 final을 붙일 수도 있습니다.

```
1    open class ProfileLoader: InternetLoader() {
2
3        final override fun loadFromInterner() {
4            // 프로파일을 읽어 들임
5        }
6    }
```

이를 활용하면 서브클래스에서 오버라이드할 수 있는 메서드를 제한할 수 있습니다.

정리

컴포지션과 상속은 다음과 같은 차이가 있습니다.

- 컴포지션은 더 안전합니다. 다른 클래스의 내부적인 구현에 의존하지 않고, 외부에서 관찰되는 동작에만 의존하므로 안전합니다.
- 컴포지션은 더 유연합니다. 상속은 한 클래스만을 대상으로 할 수 있지만, 컴포지션은 여러 클래스를 대상으로 할 수 있습니다. 상속은 모든 것을 받지만, 컴포지션은 필요한 것만 받을 수 있습니다. 슈퍼클래스의 동작을 변경하면, 서브클래스의 동작도 큰 영향을 받습니다. 하지만 컴포지션을 활용하면, 이러한 영향이 제한적입니다.

- 컴포지션은 더 명시적입니다. 이것은 장점이자 단점이라고 할 수 있습니다. 슈퍼클래스의 메서드를 사용할 때는 리시버를 따로 지정하지 않아도 됩니다(this 키워드를 사용하지 않아도 됩니다). 덜 명시적입니다. 즉, 코드가 짧아질 수 있지만, 메서드가 어디에서 왔는지 혼동될 수 있으므로 위험할 수 있습니다. 컴포지션을 활용하면, 리시버를 명시적으로 활용할 수밖에 없으므로 메서드가 어디에 있는 것인지 확실하게 알 수 있습니다.

- 컴포지션은 생각보다 번거롭습니다. 컴포지션은 객체를 명시적으로 사용해야 하므로, 대상 클래스에 일부 기능을 추가할 때 이를 포함하는 객체의 코드를 변경해야 합니다. 그래서 상속을 사용할 때보다 코드를 수정해야 하는 경우가 더 많습니다.

- 상속은 다형성을 활용할 수 있습니다. 이것은 양날의 검입니다. Animal을 상속해서 Dog를 만들었다면, 굉장히 편리하게 활용될 수 있을 것입니다. 하지만 이는 코드에 제한을 겁니다. Dog는 반드시 Animal로 동작해야 하기 때문입니다. 상속을 사용할 경우 슈퍼클래스와 서브클래스의 규약을 항상 잘 지켜서 코드를 작성해야 합니다.

일반적으로 OOP에서는 상속보다 컴포지션을 사용하는 것이 좋습니다. 코틀린에서는 더욱 이런 규칙을 지켜 주는 것이 좋습니다.

그렇다면 상속은 언제 사용하면 좋을까요? 필자의 경험으로는 명확한 'is-a 관계'일 때 상속을 사용하는 것이 좋습니다. 슈퍼클래스를 상속하는 모든 서브클래스는 슈퍼클래스로도 동작할 수 있어야 합니다. 슈퍼클래스의 모든 단위 테스트는 서브클래스로도 통과할 수 있어야 한다는 의미입니다(리스코프 치환 원칙). 객체 지향 프레임워크에서 뷰를 출력하기 위해 사용되는 JavaFX의 Application, 안드로이드의 Activity, iOS의 UIViewController, 리액트의 React.Component 등이 대표적인 예입니다. 이외에도 이러한 뷰 위에 사용되는 뷰 요소들도 마찬가지입니다. 이러한 것에는 상속을 사용하는 것이 좋다고 기억하면, 조금 쉽게 감이 잡힐 것입니다. 또한 상속을 위해 설계되지 않은 메서드는 final로 만들어 두는 것이 좋습니다.

아이템 37

데이터 집합 표현에 data 한정자를 사용하라

때로는 데이터들을 한꺼번에 전달해야 할 때가 있습니다. 일반적으로 이러한 상황에 다음과 같은 클래스를 사용합니다. 코드를 보면 알 수 있는 것처럼, 이 클래스는 앞에 **data** 한정자(modifier)가 붙어 있습니다.

```
1    data class Player(
2        val id: Int,
3        val name: String,
4        val points: Int
5    )
6
7    val player = Player(0, "Gecko", 9999)
```

data 한정자를 붙이면, 다음과 같은 몇 가지 함수가 자동으로 생성됩니다.

- toString

- equals와 hashCode

- copy

- componentN(component1, component2 등)

그럼 이 함수들에 대해서 차근차근 살펴봅시다.

toString 함수는 클래스의 이름과 기본 생성자 형태로 모든 프로퍼티와 값을 출력해 줍니다. 이는 로그를 출력할 때나 디버그할 때 유용하게 활용할 수 있습니다.

```
1    print(player) // Player(id=0, name=Gecko, points=9999)
```

```
 Variables
+  ▼ Ⓢ static members of TestKt
   ▶ ⓘ player = {Player@506} "Player(id=0, name=Gecko, points=9999)"
―
▲
```

equals는 기본 생성자의 프로퍼티가 같은지 확인해 줍니다. 그리고 hashCode
는 equals와 같은 결과를 냅니다('아이템 40: equals의 규약을 지켜라'를 참고하
세요).

```
1    player == Player(0, "Gecko", 9999) // true
2    player == Player(0, "Ross", 9999) // false
```

copy는 immutable 데이터 클래스를 만들 때 편리합니다. copy는 기본 생성자
프로퍼티가 같은 새로운 객체를 복제합니다. 새로 만들어진 객체의 값은 이름
있는 아규먼트를 활용해서 변경할 수 있습니다.

```
1    val newObj = player.copy(name = "Thor")
2    print(newObj) // Player(id=0, name=Thor, points=9999)
```

이러한 copy 메서드는 data 한정자를 붙이기만 하면 자동으로 만들어지므로,
그 구현을 볼 수도 없고, 볼 필요도 없습니다. 참고로 구현은 대충 다음과 같이
되어 있을 것입니다.

```
1    // 'Player' 데이터 클래스의 'copy'는 이런 형태로 만들어집니다.
2    fun copy(
3        id: Int = this.id,
4        name: String = this.name,
5        points: Int = this.points
6    ) = Player(id, name, points)
```

또한 copy 메서드는 객체를 얕은 복사하지만, 이것은 객체가 immutable이라면
아무런 상관이 없습니다. immutable 객체는 깊은 복사한 객체가 필요 없기 때
문입니다.

　componentN 함수(component1, component2 등)는 위치를 기반으로 객체를 해
제할 수 있게 해 줍니다. 다음 코드를 살펴봅시다.

```
1    val (id, name, pts) = player
```

이렇게 객체를 해제하는 코드를 작성하면, 코틀린은 내부적으로 componentN 함수를 사용하는 다음과 같은 코드로 변환합니다.

```
1    // 컴파일 후
2    val id: Int = player.component1()
3    val name: String = player.component2()
4    val pts: Int = player.component3()
```

이렇게 위치를 기반으로 객체를 해제하는 것은 장점도 있고, 단점도 있습니다. 가장 큰 장점은 변수의 이름을 원하는 대로 지정할 수 있다는 것입니다. 또한 componentN 함수만 있다면, List와 Map.Entry 등의 원하는 형태로도 객체를 해제할 수 있습니다.

```
1    val visited = listOf("China", "Russia", "India")
2    val (first, second, third) = visited
3    println("$first $second $third")
4    // China Russia India
5
6    val trip = mapOf(
7        "China" to "Tianjin",
8        "Russia" to "Petersburg",
9        "India" to "Rishikesh"
10   )
11   for ((country, city) in trip) {
12       println("We loved $city in $country")
13       // We loved Tianjin in China
14       // We loved Petersburg in Russia
15       // We loved Rishikesh in India
16   }
```

하지만 위치를 잘못 지정하면, 다양한 문제가 발생할 수 있어서 위험합니다. 위치 순서를 혼동해서 객체를 잘못 해제하는 문제는 굉장히 자주 발생합니다.

```
1    data class FullName(
2        val firstName: String,
3        val secondName: String,
4        val lastName: String
5    )
```

```
6
7    val elon = FullName("Elon", "Reeve", "Musk")
8    val (name, surname) = elon
9    print("It is $name $surname!") // It is Elon Reeve!
```

객체를 해제할 때는 주의해야 하므로 데이터 클래스의 기본 생성자에 붙어 있는 프로퍼티 이름과 같은 이름을 사용하는 것이 좋습니다. 그렇게 하면 순서 등을 잘못 지정했을 때, 인텔리제이와 안드로이드 스튜디오가 관련된 경고를 줍니다. 이런 경고는 굉장히 유용하므로, 경고 대신 오류로 업그레이드해도 좋습니다.

```
data class FullName(
    val firstName: String,
    val secondName: String,
    val lastName: String
)

val elon = FullName("Elon", "Reeve", "Musk")
val (firstName, lastName) = elon
```

Variable name 'lastName' matches the name of a different component more... (⌘F1)

참고로 다음과 같이 값을 하나만 갖는 데이터 클래스는 해제하지 않는 것이 좋습니다.

```
1    data class User(val name: String)
2    val (name) = User("John")
```

간단한 코드지만, 읽는 사람에게 혼동을 줄 수 있습니다. 특히 람다 표현식과 함께 활용될 때 문제가 됩니다. 다음 코드를 살펴봅시다.

```
1    data class User(val name: String)
2
3    fun main() {
4        val user = User("John")
5        user.let { a -> print(a) } // 사용자(name=John)
6        // 이렇게 하지 마세요.
7        user.let { (a) -> print(a) } // John
8    }
```

일부 프로그래밍 언어에서는 람다 표현식의 아규먼트 주변에 감싸는 괄호를 입력해도 되고, 입력하지 않아도 되므로 문제가 됩니다.

튜플 대신 데이터 클래스 사용하기

데이터 클래스는 튜플보다 많은 것을 제공합니다. 구체적으로 코틀린의 튜플은 Serializable을 기반으로 만들어지며, toString을 사용할 수 있는 제네릭 데이터 클래스입니다.

```
1    public data class Pair<out A, out B>(
2        public val first: A,
3        public val second: B
4    ) : Serializable {
5
6        public override fun toString(): String =
7            "($first, $second)"
8    }
9
10   public data class Triple<out A, out B, out C>(
11       public val first: A,
12       public val second: B,
13       public val third: C
14   ) : Serializable {
15
16       public override fun toString(): String =
17           "($first, $second, $third)"
18   }
```

Pair와 Triple만 예시로 들은 이유는 이것이 코틀린에 남아 있는 마지막 튜플이기 때문입니다. 과거에는 (Int, String, String, Long)처럼 괄호와 타입 지정을 통해 원하는 형태의 튜플을 정의할 수 있었습니다. 튜플은 데이터 클래스와 같은 역할을 하지만, 훨씬 가독성이 나빴습니다. 튜플만 보고는 어떤 타입을 나타내는지 예측할 수 없습니다. 튜플은 굉장히 좋아 보였지만, 언제나 데이터 클래스를 사용하는 것이 더 좋았기 때문에 점차 없어진 것입니다. Pair와 Triple은 몇 가지 지역적인 목적으로 인해 남아 있을 뿐입니다.

• 값에 간단하게 이름을 붙일 때

```
1    val (description, color) = when {
2        degrees < 5 -> "cold" to Color.BLUE
3        degrees < 23 -> "mild" to Color.YELLOW
4        else -> "hot" to Color.RED
5    }
```

- 표준 라이브러리에서 볼 수 있는 것처럼 미리 알 수 없는 aggregate(집합)를 표현할 때

```
1    val (odd, even) = numbers.partition { it % 2 == 1 }
2    val map = mapOf(1 to "San Francisco", 2 to "Amsterdam")
```

이 경우들을 제외하면 무조건 데이터 클래스를 사용하는 것이 좋습니다. 간단한 예를 살펴봅시다. 다음은 전체 이름(fullname)을 이름(name)과 성(surname)으로 분할하는 코드입니다. 이름과 성을 Pair<String, String>으로 나타냈습니다.

```
1    fun String.parseName(): Pair<String, String>? {
2        val indexOfLastSpace = this.trim().lastIndexOf(' ')
3        if(indexOfLastSpace < 0) return null
4        val firstName = this.take(indexOfLastSpace)
5        val lastName = this.drop(indexOfLastSpace)
6        return Pair(firstName, lastName)
7    }
8
9    // 사용
10   val fullName = "Marcin Moskała"
11   val (firstName, lastName) = fullName.parseName() ?: return
```

문제는 다른 사람이 이 코드를 읽을 때, Pair<String, String>이 전체 이름을 나타낸다는 것을 인지하기 어렵다는 것입니다. 무엇보다 성(lastName)과 이름(firstName) 중에 어떤 것이 앞에 있을지 예측하기 어렵습니다. 성이 앞에 있을 수도 있고, 이름이 앞에 있을 수도 있을 것입니다.

```
1    val fullName = "Marcin Moskała"
2    val (lastName, firstName) = fullName.parseName() ?: return
3    print("His name is $firstName") // His name is Moskała
```

이를 조금 더 사용하기 쉽고, 함수를 읽기 쉽게 만들고자 한다면, 데이터 클래

스를 활용하면 됩니다.

```
1    data class FullName(
2        val firstName: String,
3        val lastName: String
4    )
5
6    fun String.parseName(): FullName? {
7        val indexOfLastSpace = this.trim().lastIndexOf(' ')
8        if(indexOfLastSpace < 0) return null
9        val firstName = this.take(indexOfLastSpace)
10       val lastName = this.drop(indexOfLastSpace)
11       return FullName(firstName, lastName)
12   }
13
14   // 사용
15   val fullName = "Marcin Moskała"
16   val (firstName, lastName) = fullName.parseName() ?: return
```

이렇게 해도 추가 비용은 거의 들지 않습니다. 오히려 다음과 같이 함수를 더 명확하게 만들어 줍니다.

- 함수의 리턴 타입이 더 명확해집니다.
- 리턴 타입이 더 짧아지며, 전달하기 쉬워집니다.
- 사용자가 데이터 클래스에 적혀 있는 것과 다른 이름을 활용해 변수를 해제 하면, 경고가 출력됩니다.

이 클래스가 좁은 스코프를 갖게 하고 싶다면, 일반적인 클래스와 같은 형태로 가시성에 제한을 걸어 두면 됩니다. 또한 로컬 처리에서만 이를 활용하고 싶다면, private을 붙여 주기만 하면 됩니다. 이처럼 데이터 클래스를 활용하면, 튜플을 활용할 때보다 더 많은 장점이 있습니다. 코틀린에서 클래스는 큰 비용 없이 사용할 수 있는 좋은 도구입니다. 따라서 클래스를 활용하는 데 두려움을 갖지 말고, 적극적으로 활용하기 바랍니다.

아이템 38

연산 또는 액션을 전달할 때는 인터페이스 대신 함수 타입을 사용하라

대부분의 프로그래밍 언어에는 함수 타입이라는 개념이 없습니다. 그래서 연산 또는 액션을 전달할 때 메서드가 하나만 있는 인터페이스를 활용합니다. 이러한 인터페이스를 SAM(Single-Abstract Method)이라고 부릅니다. 예를 들어 다음 코드는 뷰를 클릭했을 때 발생하는 정보를 전달하는 SAM입니다.

```
1    interface OnClick {
2        fun clicked(view: View)
3    }
```

함수가 SAM을 받는다면, 이러한 인터페이스를 구현한 객체를 전달받는다는 의미입니다.[1]

```
1    fun setOnClickListener(listener: OnClick) {
2        //...
3    }
4
5    setOnClickListener(object : OnClick {
6        override fun clicked(view: View) {
7            // ...
8        }
9    })
```

이런 코드를 함수 타입을 사용하는 코드로 변경하면, 더 많은 자유를 얻을 수 있습니다.

```
1    fun setOnClickListener(listener: (View) -> Unit) {
2        //...
3    }
```

---

1 참고로 아래 코드는 자바 코드가 아닙니다. 코틀린은 내부적으로 특별한 처리를 해 주므로, 이렇게 코드를 작성했어도 함수 타입으로 바꿔 쓸 수 있습니다.

예를 들어 다음과 같은 방법으로 파라미터를 전달할 수 있습니다.

- 람다 표현식 또는 익명 함수로 전달

```
1    setOnClickListener { /*...*/ }
2    setOnClickListener(fun(view) { /*...*/ })
```

- 함수 레퍼런스 또는 제한된 함수 레퍼런스로 전달

```
1    setOnClickListener(::println)
2    setOnClickListener(this::showUsers)
```

- 선언된 함수 타입을 구현한 객체로 전달

```
1    class ClickListener: (View)->Unit {
2        override fun invoke(view: View) {
3            // ...
4        }
5    }
6
7    setOnClickListener(ClickListener())
```

이러한 방법들은 굉장히 광범위하게 사용됩니다. 참고로, SAM의 장점은 '그 아규먼트에 이름이 붙어 있는 것'이라고 말하는 사람도 있습니다. 하지만 타입 별칭(type aliase)을 사용하면, 함수 타입도 이름을 붙일 수 있습니다.

```
1    typealias OnClick = (View) -> Unit
```

파라미터도 이름을 가질 수 있습니다. 이름을 붙이면, IDE의 지원을 받을 수 있다는 굉장히 큰 장점이 있습니다.

```
1    fun setOnClickListener(listener: OnClick) { /*...*/ }
2    typealias OnClick = (view: View)->Unit
```

```
fun main() {
    setOnClickListener {   }
}
                    view, id ->
                    view: View, id: Int ->
                  print(message: Int) (ko
```

람다 표현식을 사용할 때는 아규먼트 분해(destructure argument)도 사용할 수 있습니다. 이것도 SAM보다 함수 타입을 사용하는 것이 훨씬 더 좋은 이유입니다.

여러 옵저버를 설정할 때, 이 장점을 확인할 수 있습니다. 고전적인 자바는 다음과 같이 인터페이스를 기반으로 구현했습니다.

```
1    class CalendarView {
2        var listener: Listener? = null
3
4        interface Listener {
5            fun onDateClicked(date: Date)
6            fun onPageChanged(date: Date)
7        }
8    }
```

개인적으로 필자는 이는 게으름의 결과라고 생각합니다. API를 소비하는 사용자의 관점에서는 함수 타입을 따로따로 갖는 것이 훨씬 사용하기 쉽습니다.

```
1    class CalendarView {
2        var onDateClicked: ((date: Date) -> Unit)? = null
3        var onPageChanged: ((date: Date) -> Unit)? = null
4    }
```

이렇게 onDateClicked와 onPageChanged를 한꺼번에 묶지 않으면, 각각의 것을 독립적으로 변경할 수 있다는 장점이 생깁니다.

인터페이스를 사용해야 하는 특별한 이유가 없다면, 함수 타입을 활용하는 게 좋습니다. 함수 타입은 다양한 지원을 받을 수 있으며, 코틀린 개발자들 사이에서 이미 널리 사용되고 있습니다.

언제 SAM을 사용해야 할까?

딱 한 가지 경우에는 SAM을 사용하는 것이 좋습니다. 코틀린이 아닌 다른 언어에서 사용할 클래스를 설계할 때입니다. 자바에서는 인터페이스가 더 명확합니다. 함수 타입으로 만들어진 클래스는 자바에서 타입 별칭과 IDE의 지원 등을 제대로 받을 수 없습니다. 마지막으로 다른 언어(자바 등)에서 코틀린의 함수 타입을 사용하려면, Unit을 명시적으로 리턴하는 함수가 필요합니다.

```kotlin
1    // 코틀린
2    class CalendarView() {
3        var onDateClicked: ((date: Date) -> Unit)? = null
4        var onPageChanged: OnDateClicked? = null
5    }
6
7    interface OnDateClicked {
8        fun onClick(date: Date)
9    }
10
11   // 자바
12   CalendarView c = new CalendarView();
13   c.setOnDateClicked(date -> Unit.INSTANCE);
14   c.setOnPageChanged(date -> {});
```

자바에서 사용하기 위한 API를 설계할 때는 함수 타입보다 SAM을 사용하는 것이 합리적입니다. 하지만 이외의 경우에는 함수 타입을 사용하는 것이 좋습니다.

태그 클래스보다는 클래스 계층을 사용하라

큰 규모의 프로젝트에서는 상수(constant) '모드'를 가진 클래스를 꽤 많이 볼 수 있습니다. 이러한 상수 모드를 태그(tag)라고 부르며, 태그를 포함한 클래스를 태그 클래스(tagged class)라고 부릅니다. 그런데 태그 클래스는 다양한 문제를 내포하고 있습니다. 이러한 문제는 서로 다른 책임을 한 클래스에 태그로 구분해서 넣는다는 것에서 시작합니다. 예를 들어 다음 코드를 살펴보면, 테스트에 사용되는 클래스로서 어떤 값이 기준에 만족하는지 확인하기 위해 사용되는 클래스를 볼 수 있습니다. 이 예제는 실제 큰 규모의 프로젝트에서 일부를 발췌하고, 조금 간단하게 만든 것입니다.[2]

```kotlin
1    class ValueMatcher<T> private constructor(
2        private val value: T? = null,
3        private val matcher: Matcher
4    ){
5
6        fun match(value: T?) = when(matcher) {
7            Matcher.EQUAL -> value == this.value
8            Matcher.NOT_EQUAL -> value != this.value
9            Matcher.LIST_EMPTY -> value is List<*> && value.isEmpty()
10           Matcher.LIST_NOT_EMPTY -> value is List<*> && value.isNotEmpty()
11       }
12
13       enum class Matcher {
14           EQUAL,
15           NOT_EQUAL,
16           LIST_EMPTY,
17           LIST_NOT_EMPTY
18       }
19
20       companion object {
```

---

2 실제로는 훨씬 더 많은 모드를 갖고 있습니다.

```
21          fun <T> equal(value: T) =
22              ValueMatcher<T>(value = value, matcher = Matcher.EQUAL)
23
24          fun <T> notEqual(value: T) =
25              ValueMatcher<T>(value = value, matcher = Matcher.NOT_EQUAL)
26
27
28          fun <T> emptyList() =
29              ValueMatcher<T>(matcher = Matcher.LIST_EMPTY)
30
31          fun <T> notEmptyList() =
32              ValueMatcher<T>(matcher = Matcher.LIST_NOT_EMPTY)
33      }
34  }
```

이러한 접근 방법에는 굉장히 많은 단점이 있습니다.

- 한 클래스에 여러 모드를 처리하기 위한 상용구(boilerplate)가 추가됩니다.
- 여러 목적으로 사용해야 하므로 프로퍼티가 일관적이지 않게 사용될 수 있으며, 더 많은 프로퍼티가 필요합니다. 예를 들어 위의 예제에서 value는 모드가 LIST_EMPTY 또는 LIST_NOT_EMPTY일 때 아예 사용되지도 않습니다.
- 요소가 여러 목적을 가지고, 요소를 여러 방법으로 설정할 수 있는 경우에는 상태의 일관성과 정확성을 지키기 어렵습니다.
- 팩토리 메서드를 사용해야 하는 경우가 많습니다. 그렇지 않으면 객체가 제대로 생성되었는지 확인하는 것 자체가 굉장히 어렵습니다.

코틀린은 그래서 일반적으로 태그 클래스보다 sealed 클래스를 많이 사용합니다. 한 클래스에 여러 모드를 만드는 방법 대신에, 각각의 모드를 여러 클래스로 만들고 타입 시스템과 다형성을 활용하는 것입니다. 그리고 이러한 클래스에는 sealed 한정자를 붙여서 서브클래스 정의를 제한합니다. 구현 방법은 다음과 같습니다.

```
1   sealed class ValueMatcher<T> {
2       abstract fun match(value: T): Boolean
3
4       class Equal<T>(val value: T) : ValueMatcher<T>() {
5           override fun match(value: T): Boolean =
6               value == this.value
```

```
7        }
8
9        class NotEqual<T>(val value: T) : ValueMatcher<T>() {
10           override fun match(value: T): Boolean =
11               value != this.value
12       }
13
14       class EmptyList<T>() : ValueMatcher<T>() {
15           override fun match(value: T) =
16               value is List<*> && value.isEmpty()
17       }
18
19       class NotEmptyList<T>() : ValueMatcher<T>() {
20           override fun match(value: T) =
21               value is List<*> && value.isNotEmpty()
22       }
23   }
```

이렇게 구현하면 책임이 분산되므로 훨씬 깔끔합니다. 각각의 객체들은 자신에게 필요한 데이터만 있으며, 적절한 파라미터만 갖습니다. 이와 같은 계층을 사용하면, 태그 클래스의 단점을 모두 해소할 수 있습니다.

sealed 한정자

반드시 sealed 한정자를 사용해야 하는 것은 아닙니다. 대신 abstract 한정자를 사용할 수도 있지만, sealed 한정자는 외부 파일에서 서브클래스를 만드는 행위 자체를 모두 제한합니다. 외부에서 추가적인 서브클래스를 만들 수 없으므로, 타입이 추가되지 않을 거라는 게 보장됩니다. 따라서 when을 사용할 때 else 브랜치를 따로 만들 필요가 없습니다. 이러한 장점을 이용해서 새로운 기능을 쉽게 추가할 수 있으며, when 구문에서 이를 처리하는 것을 잊어버리기 않을 수도 있습니다.

when은 모드를 구분해서 다른 처리를 만들 때 굉장히 편리합니다. 예를 들어 어떤 처리를 각각의 서브클래스에 구현할 필요 없이, when을 활용하는 확장 함수로 정의하면 한번에 구현할 수 있습니다. 다음 코드는 reversed라는 확장 함수를 하나만 정의해서, 클래스의 종류에 따라서 서로 다른 처리를 하게 만듭니다.

```
1    fun <T> ValueMatcher<T>.reversed(): ValueMatcher<T> =
2    when (this) {
3        is ValueMatcher.EmptyList -> ValueMatcher.NotEmptyList<T>()
4        is ValueMatcher.NotEmptyList -> ValueMatcher.EmptyList<T>()
5        is ValueMatcher.Equal -> ValueMatcher.NotEqual(value)
6        is ValueMatcher.NotEqual -> ValueMatcher.Equal(value)
7    }
```

반면 abstract 키워드를 사용하면, 다른 개발자가 새로운 인스턴스를 만들어서 사용할 수도 있습니다. 이러한 경우에는 함수를 abstract로 선언하고, 서브클래스 내부에 구현해야 합니다. when을 사용하면, 프로젝트 외부에서 새로운 클래스가 추가될 때 함수가 제대로 동작하지 않을 수 있기 때문입니다.

sealed 한정자를 사용하면, 확장 함수를 사용해서 클래스에 새로운 함수를 추가하거나, 클래스의 다양한 변경을 쉽게 처리할 수 있습니다. abstract 클래스는 계층에 새로운 클래스를 추가할 수 있는 여지를 남깁니다. 클래스의 서브클래스를 제어하려면, sealed 한정자를 사용해야 합니다. abstract는 상속과 관련된 설계를 할 때 사용합니다.

태그 클래스와 상태 패턴의 차이

태그 클래스와 상태 패턴(state pattern)을 혼동하면 안 됩니다. 상태 패턴은 객체의 내부 상태가 변화할 때, 객체의 동작이 변하는 소프트웨어 디자인 패턴입니다. 상태 패턴은 프런트엔드 컨트롤러(controller), 프레젠터(presenter), 뷰(view) 모델을 설계할 때 많이 사용됩니다(각각 MVC, MVP, MVVM 아키텍처에서). 예를 들어 아침 운동을 위한 애플리케이션을 만든다고 합시다. 각각의 운동 전에 준비 시간이 있습니다. 또한 운동을 모두 하고 나면 완료했다는 화면을 출력합니다.

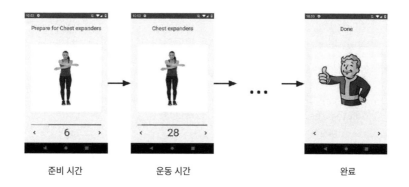

| 준비 시간 | 운동 시간 | 완료 |

상태 패턴을 사용한다면, 서로 다른 상태를 나타내는 클래스 계층 구조를 만들게 됩니다. 그리고 현재 상태를 나타내기 위한 읽고 쓸 수 있는 프로퍼티도 만들게 됩니다.

```kotlin
1    sealed class WorkoutState
2
3    class PrepareState(val exercise: Exercise) : WorkoutState()
4
5    class ExerciseState(val exercise: Exercise) : WorkoutState()
6
7    object DoneState : WorkoutState()
8
9    fun List<Exercise>.toStates(): List<WorkoutState> =
10       flatMap { exercise ->
11       listOf(PrepareState(exercise), ExerciseState(exercise))
12       } + DoneState
13
14   class WorkoutPresenter( /*...*/ ) {
15       private var state: WorkoutState = states.first()
16
17       //...
18   }
```

여기에서 차이점은 다음과 같습니다.

- 상태는 더 많은 책임을 가진 큰 클래스입니다.
- 상태는 변경할 수 있습니다.

구체 상태(concreate state)는 객체를 활용해서 표현하는 것이 일반적이며, 태그 클래스보다는 sealed 클래스 계층으로 만듭니다. 또한 이를 immutable 객체로 만들고, 변경해야 할 때마다 state 프로퍼티를 변경하게 만듭니다. 그리고 뷰에서 이러한 state의 변화를 관찰(observe)합니다.

```
1    private var state: WorkoutState by
2        Delegates.observable(states.first()) { _, _, _ ->
3            updateView()
4        }
```

정리

코틀린에서는 태그 클래스보다 타입 계층을 사용하는 것이 좋습니다. 그리고 일반적으로 이러한 타입 계층을 만들 때는 sealed 클래스를 사용합니다. 이는 상태 패턴과는 다릅니다. 타입 계층과 상태 패턴은 실질적으로 함께 사용하는 협력 관계라고 할 수 있습니다. 하나의 뷰를 가지는 경우보다는 여러 개의 상태로 구분할 수 있는 뷰를 가질 때 많이 활용됩니다.

equals의 규약을 지켜라

코틀린의 Any에는 다음과 같이 잘 설정된 규약들을 가진 메서드들이 있습니다.

- equals
- hashCode
- toString

이러한 메서드들의 규약은 주석과 문서에 잘 설명되어 있습니다. '아이템 32: 추상화 규약을 지켜라'에서 설명했던 것처럼, Any 클래스를 상속받는 모든 메서드는 이러한 규약을 잘 지켜 주는 것이 좋습니다. 이 메서드들은 자바 때부터 정의되어 있던 메서드라서 코틀린에서 중요한 위치를 차지하고 있으며, 수많은 객체와 함수들이 이 규약에 의존하고 있습니다. 따라서 규약을 위반하면, 일부 객체 또는 기능이 제대로 동작하지 않을 수도 있습니다. 중요한 내용이므로, 이번 아이템과 다음 아이템에서는 이러한 내용에 대해서 자세하게 알아보겠습니다. 그럼 equals부터 살펴봅시다.

동등성

코틀린에는 두 가지 종류의 동등성(equality)이 있습니다.

- 구조적 동등성(structural equality): equals 메서드와 이를 기반으로 만들어진 == 연산자(!= 포함)로 확인하는 동등성입니다. a가 nullable이 아니라면 a == b는 a.equals(b)로 변환되고, a가 nullable이라면 a?.equals(b) ?: (b === null)로 변환됩니다.
- 레퍼런스적 동등성(referential equality): === 연산자(!== 포함)로 확인하는 동등성입니다. 두 피연산자가 같은 객체를 가리키면, true를 리턴합니다.

equals는 모든 클래스의 슈퍼클래스인 Any에 구현되어 있으므로, 모든 객체에서 사용할 수 있습니다. 다만 연산자를 사용해서 다른 타입의 두 객체를 비교하는 것은 허용되지 않습니다.[3]

```
1    open class Animal
2    class Book
3    Animal() == Book() // 오류: Animal과 Book에는 == 연산자를 사용할 수 없습니다.
4    Animal() === Book() // 오류: Animal과 Book에는 === 연산자를 사용할 수 없습니다.
```

물론 다음과 같이 같은 타입을 비교하거나, 둘이 상속 관계를 갖는 경우에는 비교할 수 있습니다.

```
1    class Cat: Animal()
2    Animal() == Cat() // 가능합니다. Cat은 Animal의 서브클래스이기 때문입니다.
3    Animal() === Cat() // 가능합니다. Cat은 Animal의 서브클래스이기 때문입니다.
```

다른 타입의 두 객체를 비교하는 것은 큰 의미가 없으므로, 이렇게 구현되어 있는 것입니다. 이는 이후에 equals와 관련된 규약을 다룰 때 다시 설명하겠습니다.

equals가 필요한 이유

Any 클래스에 구현되어 있는 equals 메서드는 디폴트로 ===처럼 두 인스턴스가 완전히 같은 객체인지를 비교합니다. 이는 모든 객체는 디폴트로 유일한 객체라는 것을 의미합니다.

```
1    class Name(val name: String)
2    val name1 = Name("Marcin")
3    val name2 = Name("Marcin")
4    val name1Ref = name1
5
6    name1 == name1 // true
7    name1 == name2 // false
8    name1 == name1Ref // true
9
```

---

3 (옮긴이) "".equals(1)은 가능하지만, "" == 1은 불가능합니다.

```
10    name1 === name1 // true
11    name1 === name2 // false
12    name1 === name1Ref // true
```

이러한 동작은 데이터베이스 연결, 리포지토리, 스레드 등의 활동 요소(active element)를 활용할 때 굉장히 유용합니다. 하지만 동등성을 약간 다른 형태로 표현해야 하는 객체가 있습니다. 예를 들어 두 객체가 기본 생성자의 프로퍼티가 같다면, 같은 객체로 보는 형태가 있을 수 있습니다. data 한정자를 붙여서 데이터 클래스로 정의하면, 자동으로 이와 같은 동등성으로 동작합니다.

```
1     data class FullName(val name: String, val surname: String)
2     val name1 = FullName("Marcin", "Moskała")
3     val name2 = FullName("Marcin", "Moskała")
4     val name3 = FullName("Maja", "Moskała")
5
6     name1 == name1 // true
7     name1 == name2 // true, 데이터가 같기 때문입니다.
8     name1 == name3 // false
9
10    name1 === name1 // true
11    name1 === name2 // false
12    name1 === name3 // false
```

데이터 클래스는 내부에 어떤 값을 갖고 있는지가 중요하므로, 이와 같이 동작하는 것이 좋습니다. 그래서 일반적으로 데이터 모델을 표현할 때는 data 한정자를 붙입니다.

데이터 클래스의 동등성은 모든 프로퍼티가 아니라 일부 프로퍼티만 비교해야 할 때도 유용합니다. 간단한 예로, 다음과 같은 날짜와 시간을 표현하는 객체를 살펴봅시다. 이 객체는 동등성 확인 때 검사되지 않는 asStringCache와 changed라는 프로퍼티를 갖습니다. 일반적으로 캐시를 위한 객체는 캐시에 영향을 주지 않는 프로퍼티가 복사되지 않는 것이 좋습니다. 그래서 equals 내부에서 asStringCache와 changed를 비교하지 않는 것입니다.

```
1     class DateTime(
2         /** The millis from 1970-01-01T00:00:00Z */
3         private var millis: Long = 0L,
4         private var timeZone: TimeZone? = null
```

```
5      ) {
6          private var asStringCache = ""
7          private var changed = false
8
9          override fun equals(other: Any?): Boolean =
10             other is DateTime &&
11                     other.millis == millis &&
12                     other.timeZone == timeZone
13
14         //...
15     }
```

다음과 같은 data 한정자를 사용해도 같은 결과를 낼 수 있습니다.

```
1      data class DateTime(
2          private var millis: Long = 0L,
3          private var timeZone: TimeZone? = null
4      ) {
5          private var asStringCache = ""
6          private var changed = false
7
8          //...
9      }
```

참고로, 이렇게 코드를 작성한 경우, 기본 생성자에 선언되지 않은 프로퍼티는 copy로 복사되지 않습니다. 기본 생성자에 선언되지 않는 프로퍼티까지 복사하는 것은 굉장히 의미 없는 일이므로, 기본 생성자에 선언되지 않은 것을 복사하지 않는 동작은 올바른 동작이라고 할 수 있습니다

이렇게 data 한정자를 기반으로 동등성의 동작을 조작할 수 있으므로, 일반적으로 코틀린에서는 equals를 직접 구현할 필요가 없습니다. 다만 상황에 따라서 equals를 직접 구현해야 하는 경우가 있을 수도 있습니다.

또한 일부 프로퍼티만 같은지 확인해야 하는 경우 등이 있을 수 있습니다. 예를 들어 다음 코드를 살펴봅시다. 다음 User 클래스는 id만 같으면 같은 객체라고 판단합니다.

```
1      class User(
2          val id: Int,
3          val name: String,
4          val surname: String
```

```
5    ) {
6        override fun equals(other: Any?): Boolean =
7            other is User && other.id == id
8
9        override fun hashCode(): Int = id
10   }
```

equals를 직접 구현해야 하는 경우를 정리해 보면, 다음과 같습니다.

- 기본적으로 제공되는 동작과 다른 동작을 해야 하는 경우
- 일부 프로퍼티만으로 비교해야 하는 경우
- data 한정자를 붙이는 것을 원하지 않거나, 비교해야 하는 프로퍼티가 기본 생성자에 없는 경우

equals의 규약

코틀린 1.4.31을 기준으로 equals에는 다음과 같은 주석이 달려 있습니다.

어떤 다른 객체가 이 객체와 '같은지(equal to)' 확인할 때 사용한다. 구현은 반드시 다음과 같은 요구 사항을 충족해야 한다.

- 반사적(reflexive) 동작: x가 널(null)이 아닌 값이라면, x.equals(x)는 true를 리턴해야 한다.
- 대칭적(symmetric) 동작: x와 y가 널이 아닌 값이라면, x.equals(y)는 y.equals(x)와 같은 결과를 출력해야 한다.
- 연속적(transitive) 동작: x, y, z가 널이 아닌 값이고 x.equals(y)와 y.equals(z)가 true라면, x.equals(z)도 true여야 한다.
- 일관적(consistent) 동작: x와 y가 널이 아닌 값이라면, x.equals(y)는 (비교에 사용되는 프로퍼티를 변경한 것이 아니라면) 여러 번 실행하더라도 항상 같은 결과를 리턴해야 한다.
- 널과 관련된 동작: x가 널이 아닌 값이라면, x.equals(null)은 항상 false를 리턴해야 한다.

추가로, equals, toString, hashCode의 동작은 매우 **빠를** 거라 예측되므로, 빠르게 동작해야 합니다. 이는 공식 문서에는 없는 규약이지만, 두 요소가 같은지 확인하는 동작에 몇 초가 걸리는 것은 일반적으로 예측하지 못하는 동작입니다.

요구 사항은 모두 중요합니다. 이 요구 사항들은 자바 때부터 정의되었으며, 코틀린에서도 처음부터 정의된 내용입니다. 따라서 수많은 객체가 이러한 동작에 의존해서 만들어졌습니다. 그럼 각각의 내용을 하나하나 자세하게 살펴봅시다.

- equals는 **반사적** 동작을 해야 합니다. 이는 x.equals(x)가 true라는 것을 의미합니다. 크게 문제 없는 확실한 동작처럼 보이지만, 실수로 코드를 작성해서 이러한 동작을 위반할 수도 있습니다. 예를 들어 현재 시간을 나타내고, 밀리초로 시간을 비교하는 Time 객체를 다음과 같이 만들었다고 합시다.

```
1    // 이렇게 하지 마세요!
2    class Time(
3        val millisArg: Long = -1,
4        val isNow: Boolean = false
5    ) {
6        val millis: Long get() =
7            if (isNow) System.currentTimeMillis()
8            else millisArg
9
10       override fun equals(other: Any?): Boolean =
11           other is Time && millis == other.millis
12   }
13
14   val now = Time(isNow = true)
15   now == now // 때로는 true이고, 때로는 false입니다.
16   List(100000) { now }.all { it == now }
17   // 대부분 false입니다.
```

참고로, 이 코드는 실행할 때마다 결과가 달라질 수 있어서, 일관적 동작도 위반합니다.

이처럼 equals 규약이 잘못되면, 컬렉션 내부에 해당 객체가 포함되어 있어도, contains 메서드 등으로 포함되어 있는지 확인할 수 없습니다. 물론 다음과 같은 단위 테스트도 제대로 통과하지 못합니다.

```
1    val now1 = Time(isNow = true)
2    val now2 = Time(isNow = true)
3    assertEquals(now1, now2)
4    // 때로는 통과하지만, 때로는 통과하지 못합니다.
```

결과에 일관성이 없으면, 실행 결과가 제대로 된 것인지 아닌지 알 수 없으므로 코드를 신뢰할 수 없습니다.

그렇다면 이 코드를 어떻게 수정해야 할까요? 간단한 방법은 '객체가 현재 시간을 나타내는가?'를 확인하고, 현재 시간을 나타내지 않는다면, '같은 타임스탬프를 갖고 있는가?'로 동등성을 확인하는 것입니다. 이는 태그 클래스의 고전적인 예입니다. 따라서 태그 클래스를 '아이템 39: 태그 클래스보다는 클래스 계층을 사용하라'에서 설명한 것처럼, 클래스 계층 구조를 사용해서 해결하는 것이 좋습니다.

```
1    sealed class Time
2    data class TimePoint(val millis: Long): Time()
3    object Now: Time()
```

- equals는 **대칭적** 동작을 해야 합니다. 이는 x == y와 y == x가 같아야 한다는 의미입니다. 일반적으로 다른 타입과 동등성을 확인하려고 할 때, 이런 동작이 위반됩니다. 예를 들어 다음 코드는 복소수(complex number)를 나타내는 Complex 클래스를 구현한 예입니다. equals 내부에서 Double 타입과 동등성을 확인합니다.

```
1    class Complex(
2        val real: Double,
3        val imaginary: Double
4    ) {
5        // 이렇게 하지 마세요. 대칭적이지 않습니다.
6        override fun equals(other: Any?): Boolean {
7            if (other is Double) {
8                return imaginary == 0.0 && real == other
9            }
10           return other is Complex &&
11                   real == other.real &&
```

```
12                    imaginary == other.imaginary
13      }
14   }
```

이 코드만 보면 큰 문제가 없어 보이지만, Double은 Complex와 비교할 수 없습니다. 따라서 요소의 순서에 따라서 결과가 달라집니다.

```
1    Complex(1.0, 0.0).equals(1.0) // true
2    1.0.equals(Complex(1.0, 0.0)) // false
```

대칭적 동작을 하지 못한다는 것은 contains 메서드와 단위 테스트 등에서 예측하지 못한 동작이 발생할 수 있다는 것입니다.

```
1    val list = listOf<Any>(Complex(1.0, 0.0))
2    list.contains(1.0) // 현재 JVM에서는 false입니다.
3    // 하지만 컬렉션 구현에 따라서 달라질 수 있으므로
4    // 신뢰성이 떨어집니다.
```

동등성 비교가 대칭적으로 동작하지 못하면, 'x와 y를 비교'와 'y와 x를 비교'가 달라지므로, 결과를 신뢰할 수 없게 됩니다. 사실 이는 문서화되어 있는 내용은 아닙니다. 일반적으로 모든 사람이 대칭적인 동작을 가정하고 있을 뿐입니다. 객체가 대칭적인 동작을 하지 못한다면 예상하지 못한 오류가 발생할 수 있으며, 이것을 디버깅 중에 찾기는 정말 어렵습니다. 따라서 동등성을 구현할 때는 항상 대칭성을 고려해야 합니다.

결론적으로 다른 클래스는 동등하지 않게 만들어 버리는 것이 좋습니다. 필자는 지금까지 다른 클래스를 동등하게 만드는 것이 합리적인 경우를 본 적이 없습니다. 코틀린에서는 완전히 같지 않다면, 같다고 이야기하지 않습니다. 예를 들어 1과 1.0은 다르며, 1.0과 1.0F도 다릅니다. 이들은 타입이 다르므로, 비교 자체가 안 됩니다. 또한 코틀린에서는 Any 이외의 공통 슈퍼클래스가 없는 두 타입끼리 == 연산자로 비교할 수 없습니다.

```
1    Complex(1.0, 0.0) == 1.0 // 오류
```

• 객체 동등성이 **연속적**이어야 한다는 것은 x, y, z가 널이 아닐 때, x.equals(y)와 y.equals(z)가 true라면, x.equals(z)도 true여야 한다는 것입니다. 이러

한 연속적인 동작을 설계할 때 가장 큰 문제는 타입이 다른 경우입니다. 예를 들어 다음과 같이 Date와 DateTime을 정의했다고 합시다.

```kotlin
open class Date(
    val year: Int,
    val month: Int,
    val day: Int
) {
    // 이렇게 하지 마세요. 대칭적이지만 연속적이지 못합니다.
    override fun equals(o: Any?): Boolean = when (o) {
        is DateTime -> this == o.date
        is Date -> o.day == day && o.month == month && o.year == year
        else -> false
    }

    // ...
}

class DateTime(
    val date: Date,
    val hour: Int,
    val minute: Int,
    val second: Int
): Date(date.year, date.month, date.day) {
    // 이렇게 하지 마세요. 대칭적이지만 연속적이지 못합니다.
    override fun equals(o: Any?): Boolean = when (o) {
        is DateTime -> o.date == date && o.hour == hour &&
o.minute == minute && o.second == second
        is Date -> date == o
        else -> false
    }

    // ...
}
```

위의 구현은 'DateTime과 Date를 비교할 때'보다 'DataTime과 DateTime을 비교할 때'에 더 많은 프로퍼티를 확인한다는 문제점이 있습니다. 따라서 날짜가 같지만 시간이 다른 두 DateTime 객체를 비교하면 false가 나오지만, 이러한 것들과 날짜가 같은 Date 객체를 비교하면 true가 나옵니다. 즉, 연속적이지 않은 관계를 갖게 됩니다. 말이 복잡하므로 코드를 살펴봅시다.

```kotlin
val o1 = DateTime(Date(1992, 10, 20), 12, 30, 0)
```

```
2    val o2 = Date(1992, 10, 20)
3    val o3 = DateTime(Date(1992, 10, 20), 14, 45, 30)
4
5    o1 == o2 // true
6    o2 == o3 // true
7    o1 == o3 // false <- 연속적으로 동작하지 않습니다.
```

현재 Date와 DateTime이 상속 관계를 가지므로, 같은 객체끼리만 비교하게 만드는 방법은 좋지 않은 선택지입니다. 이렇게 구현하면 리스코프 치환 원칙을 위반하기 때문입니다(더욱 사용하면 안 되는 선택지입니다). 따라서 처음부터 상속 대신 컴포지션을 사용하고('아이템 36: 상속보다는 컴포지션을 사용하라'), 두 객체를 아예 비교하지 못하게 만드는 것이 좋습니다. 코드로 구현한다면, 다음과 같습니다.

```
1    data class Date(
2        val year: Int,
3        val month: Int,
4        val day: Int
5    )
6
7    data class DateTime(
8        val date: Date,
9        val hour: Int,
10       val minute: Int,
11       val second: Int
12   )
13
14   val o1 = DateTime(Date(1992, 10, 20), 12, 30, 0)
15   val o2 = Date(1992, 10, 20)
16   val o3 = DateTime(Date(1992, 10, 20), 14, 45, 30)
17
18   o1.equals(o2) // false
19   o2.equals(o3) // false
20   o1 == o3 // false
21
22   o1.date.equals(o2) // true
23   o2.equals(o3.date) // true
24   o1.date == o3.date // true
```

- 동등성은 반드시 **일관성**을 가져야 합니다. 두 객체를 비교한 결과는 한 객체를 수정하지 않는 한 항상 같은 결과를 내야 합니다. immutable 객체라면

결과가 언제나 같아야 합니다. 즉, equals는 반드시 비교 대상이 되는 두 객체에만 의존하는 순수 함수(pure function)여야 합니다. 이전에 살펴보았던 Time 클래스는 이러한 원칙을 위반합니다. 또한 원칙을 위반하는 대표적인 예로 java.net.URL.equals()가 있습니다.

- null과는 같을 수 없습니다. x가 널이 아닐 때, 모든 x.equals(null)은 false를 리턴해야 합니다. null은 유일한 객체이므로 절대 null과 같을 수는 없습니다.

URL과 관련된 equals 문제

equals를 굉장히 잘못 설계한 예로는 java.net.URL이 있습니다. java.net.URL 객체 2개를 비교하면 동일한 IP 주소로 해석될 때는 true, 아닐 때는 false가 나옵니다. 문제는 이 결과가 네트워크 상태에 따라서 달라진다는 것입니다. 다음 예를 살펴봅시다.

```
1    import java.net.URL
2
3    fun main() {
4        val enWiki = URL("https://en.wikipedia.org/")
5        val wiki = URL("https://wikipedia.org/")
6        println(enWiki == wiki)
7    }
```

이 코드는 상황에 따라서 결과가 달라집니다. 일반적인 상황에서는 두 주소가 같은 IP 주소를 나타내므로 true를 출력합니다. 하지만 인터넷 연결이 끊겨 있으면, false를 출력합니다. 간단한 코드이므로 실제로 한번 해 보기 바랍니다. 이처럼 동등성이 네트워크 상태에 의존한다는 것은 잘못된 것입니다.

이 설계의 문제점을 정리해 보면, 다음과 같습니다.

- 동작이 일관되지 않습니다. 방금 설명한 것처럼 네트워크가 정상이라면 두 URL이 같고, 문제가 있다면 다릅니다. 네트워크 설정에 따라서도 결과가 달라질 수 있습니다. 주어진 호스트의 IP 주소는 시간과 네트워크 상황에 따라서 다릅니다. 어떤 네트워크에서는 두 URL이 같을 수 있지만, 다른 네트워

크에서는 또 다를 수 있습니다.

- 일반적으로 equals와 hashCode 처리는 빠를 거라 예상하지만, 네트워크 처리는 굉장히 느립니다. URL이 어떤 리스트 내부에 있는지 확인하는 경우를 생각해 봅시다. 이러한 작업을 할 때, 각각의 요소(URL)에 대해 네트워크 호출이 필요할 것입니다. 따라서 일반적으로 예상되는 속도보다 느리게 동작합니다. 또한 안드로이드 등과 같은 일부 플랫폼에서는 기본 쓰레드에서 네트워크 작업이 금지됩니다. 이런 환경에서는 URL을 세트(set)에 추가하는 기본적인 조작도 쓰레드를 나누어서 해야 합니다.[4]
- 동작 자체에 문제가 있습니다. 동일한 IP 주소를 갖는다고, 동일한 콘텐츠를 나타내는 것은 아닙니다. 가상 호스팅(virtual hosting)을 한다면, 관련 없는 사이트가 같은 IP 주소를 공유할 수도 있습니다. 현재 java.net.URL은 이런 경우에도 비교하면, 무조건 true를 리턴합니다.

안드로이드는 Android 4.0(Ice Cream Sandwich) 버전부터 이러한 내용이 수정되었습니다. 이 배포 버전부터는 호스트 이름이 동일할 때만 true를 리턴합니다. 코틀린/JVM 또는 다른 플랫폼을 사용할 때는 java.net.URL이 아니라 java.net.URI를 사용해서 이런 문제를 해결합니다.

equals 구현하기

특별한 이유가 없는 이상, 직접 equals를 구현하는 것은 좋지 않습니다. 기본적으로 제공되는 것을 그대로 쓰거나, 데이터 클래스로 만들어서 사용하는 것이 좋습니다. 그래도 직접 구현해야 한다면, 반사적, 대칭적, 연속적, 일관적 동작을 하는지 꼭 확인하세요. 그리고 이러한 클래스는 final로 만드는 것이 좋습니다. 만약 상속을 한다면, 서브클래스에서 equals가 작동하는 방식을 변경하면 안 된다는 것을 기억하세요. 상속을 지원하면서도 완벽한 사용자 정의 equals

---

4 (옮긴이) 세트는 동일한 것이 이미 세트 내부에 있는지 확인하고, 없을 경우에만 추가하기 때문입니다. 동일한 것이 있는지 확인할 때 네트워크 호출이 이루어집니다.

함수를 만드는 것은 거의 불가능에 가깝습니다.[5] 참고로 데이터 클래스는 언제나 final입니다.

5 조슈아 블로크의 《이펙티브 자바》를 보면, '아이템 10: equals는 일반 규약을 지켜 재정의하라'에서도 "구체 클래스를 확장해 새로운 값을 추가하면서 equals 규약을 만족시킬 방법은 존재하지 않는다. 객체 지향적 추상화의 이점을 포기하지 않는 한은 말이다."라고 언급하고 있습니다.

아이템 41

hashCode의 규약을 지켜라

오버라이드할 수 있는 Any의 메서드로는 hashCode가 있습니다. 일단 hashCode 가 왜 필요한지부터 살펴보겠습니다. hashCode 함수는 수많은 컬렉션과 알고 리즘에 사용되는 자료 구조인 해시 테이블(hash table)을 구축할 때 사용됩 니다.

해시 테이블

그럼 해시 테이블이 어떤 문제를 해결하기 위해서 만들어졌는지부터 살펴보겠 습니다. 컬렉션에 요소를 빠르게 추가하고, 컬렉션에서 요소를 빠르게 추출해 야 한다고 해 봅시다. 이럴 때 사용할 수 있는 컬렉션으로는 세트와 맵이 있습 니다. 이 둘은 중복을 허용하지 않습니다. 따라서 요소를 추가할 때, 일단 동일 한 요소가 이미 들어 있는지 확인해야 합니다.

배열 또는 링크드 리스트를 기반으로 만들어진 컬렉션은 요소가 포함되어 있는지 확인하는 성능이 좋지 않습니다. 요소가 포함되어 있는지 확인할 때 하 나하나 모든 요소와 비교해야 하기 때문입니다. 수백 만 개의 텍스트가 포함된 배열에 특정 텍스트가 포함되어 있는지 확인해야 한다고 합시다. 수백 만 개의 텍스트를 선형으로 비교한다면, 꽤 오랜 시간이 걸릴 것입니다.

성능을 좋게 만드는 해결 방법이 바로 해시 테이블입니다. 해시 테이블은 각 요소에 숫자를 할당하는 함수가 필요합니다. 이 함수를 해시 함수라고 부르며, 같은 요소라면 항상 같은 숫자를 리턴합니다. 추가로, 해시 함수가 다음과 같 은 특성을 갖고 있으면 좋습니다.

- 빠르다.
- 충돌이 적다(다른 값이라면 최대한 다른 숫자를 리턴한다는 의미입니다).

해시 함수는 각각의 요소에 특정한 숫자를 할당하고, 이를 기반으로 요소를 다른 버킷(bucket, 통)에 넣습니다. 또한 해시 함수의 기본적인 조건(같은 요소라면 항상 같은 숫자를 리턴한다)에 의해서, 같은 요소는 항상 동일한 버킷에 넣게 됩니다. 버킷은 버킷 수와 같은 크기의 배열인 해시 테이블에 보관됩니다. 요소를 추가하는 경우에는 해시 함수로 배치할 버킷을 계산하고, 이 버킷 안에 요소를 추가합니다(버킷은 배열처럼 구현됩니다). 해시 함수의 속도는 빨라야 하므로 이 처리는 굉장히 빠르게 이루어집니다. 요소를 찾는 경우에도 해시 함수로 만들어지는 숫자를 활용해 버킷을 찾은 뒤, 버킷 내부에서 원하는 요소를 찾습니다. 해시 함수는 같은 요소라면 같은 값을 리턴하므로, 다른 버킷을 확인할 필요 없이 바로 원하는 것이 들어 있는 버킷을 찾을 수 있습니다. 예를 들어 1,000,000개의 요소와 1,000개의 버킷이 있는 경우, 버킷을 특정한 후에 해당 버킷 내부에 원하는 요소가 있는지 찾으면 됩니다. 버킷 하나에 평균 1,000개의 요소가 들어 있을 것이므로 1,000번만 비교하면 됩니다.

좀 더 구체적인 예를 살펴봅시다. 다음과 같은 문자열이 있고, 4개의 버킷으로 분할되는 해시 함수가 있다고 가정해 보겠습니다.

텍스트	해시 코드
"How much wood would a woodchunk chunk"	3
"Peter piper picked a peck of pickled peppers"	2
"Betty bought a bit of butter"	1
"She sells seashells by the seashore"	2

이러한 숫자를 기반으로 다음과 같은 해시 테이블이 만들어집니다.

인덱스	해시 테이블이 가리키는 객체
0	[]
1	["Betty bought a bit of butter"]
2	["Peter piper picked a peck of pickled peppers", "She sells seashells by the seashore"]
3	["How much wood would a woodchunk chunk"]

어떤 텍스트가 해시 테이블 내부에 있는지 확인할 때는 해시 코드를 계산합니다. 만약 0이라면 리스트에 없다는 것을 알 수 있습니다. 1과 3이라면 각각 하나의 텍스트와 비교합니다. 2라면 두 개의 텍스트와 비교합니다.

이러한 해시 테이블의 개념은 컴퓨터 과학에서 매우 많이 사용됩니다. 예를 들어 데이터베이스, 인터넷 프로토콜, 여러 언어의 표준 라이브러리 컬렉션에서 사용됩니다. 코틀린/JVM에 있는 기본 세트(LinkedHashSet)와 기본 맵(LinkedHashMap)도 이를 사용합니다. 코틀린은 해시 코드를 만들 때 hashCode 함수[6]를 사용합니다.

가변성과 관련된 문제

요소가 추가될 때만 해시 코드를 계산합니다. 요소가 변경되어도 해시 코드는 계산되지 않으며, 버킷 재배치도 이루어지지 않습니다. 그래서 기본적인 LinkedHashSet와 'LinkedHashMap의 키'는 한 번 추가한 요소를 변경할 수 없습니다.

```
1    data class FullName(
2        var name: String,
3        var surname: String
4    )
5
6    val person = FullName("Maja", "Markiewicz")
7    val s = mutableSetOf<FullName>()
8    s.add(person)
9    person.surname = "Moskała"
10   print(person) // FullName(name=Maja, surname=Moskała)
11   print(person in s) // false
12   print(s.first() == person) // true
```

이러한 문제는 '아이템 1: 가변성을 제한하라'에서 간단하게 다루었습니다. 그래서 해시 등의 'mutable 프로퍼티로 요소를 조합하는 자료 구조'에서는

---

6 일반적으로 hashCode 함수가 Int를 리턴하므로, 32비트 부호 있는 정수만큼의 버킷이 만들어집니다. 즉, 4294967296개의 버킷이 만들어집니다. 한두 개의 요소만 포함할 세트로는 이는 너무 큰 크기입니다. 따라서 기본적으로 숫자를 더 작게 만드는 변환을 사용하다가, 필요한 경우 변환 방법을 바꿔서 해시 테이블을 크게 만들고, 요소를 재배치합니다.

mutable 객체가 사용되지 않습니다. 따라서 세트와 맵의 키로 mutable 요소를 사용하면 안 되며, 사용하더라도 요소를 변경해서는 안 됩니다. 이러한 이유로 immutable 객체를 많이 사용합니다.

hashCode의 규약

hashCode는 명확한 규약이 있습니다. 코틀린 1.3.11을 기준으로 공식적인 규약을 정리해 보면, 다음과 같습니다.

- 어떤 객체를 변경하지 않았다면(equals에서 비교에 사용된 정보가 수정되지 않는 이상), hashCode는 여러 번 호출해도 그 결과가 항상 같아야 합니다.
- equals 메서드의 실행 결과로 두 객체가 같다고 나온다면, hashCode 메서드의 호출 결과도 같다고 나와야 합니다.

첫 번째 요구 사항은 일관성 유지를 위해서 hashCode가 필요하다는 것입니다. 두 번째 요구 사항은 많은 개발자가 자주 잊어버리는 것들 중 하나이므로 강조되어야 합니다. hashCode는 equals와 같이 일관성 있는 동작을 해야 합니다. 즉, 같은 요소는 반드시 같은 해시 코드를 가져야 한다는 의미입니다. 그렇지 않으면 컬렉션 내부에 요소가 들어 있는지 제대로 확인하지 못하는 문제가 발생할 수 있습니다.

```
1    class FullName(
2        var name: String,
3        var surname: String
4    ) {
5        override fun equals(other: Any?): Boolean =
6            other is FullName
7                && other.name == name
8                && other.surname == surname
9    }
10
11   val s = mutableSetOf<FullName>()
12   s.add(FullName("Marcin", "Moskała"))
13   val p = FullName("Marcin", "Moskała")
14   print(p in s) // false
15   print(p == s.first()) // true
```

그래서 코틀린은 equals 구현을 오버라이드할 때, hashCode도 함께 오버라이드 하는 것을 추천합니다.

```
 4    class FullName(
```

Class has 'equals()' defined but does not define 'hashCode()' more... (⌘F1)

```
 7    ) {
 8      override fun equals(other: Any?): Boolean =
 9          other is FullName
10              && other.name == name
11              && other.surname == surname
12    }
```

필수 요구 사항은 아니지만 제대로 사용하려면 지켜야 하는 요구 사항이 있습니다. 바로 hashCode는 최대한 요소를 넓게 퍼뜨려야 한다는 것입니다. 다른 요소라면 최대한 다른 해시 값을 갖는 것이 좋습니다.

많은 요소가 같은 버킷에 배치되는 경우를 생각해 봅시다. 해시 테이블을 쓸 이유 자체가 없어질 것입니다. 극단적인 예로 hashCode가 항상 동일한 숫자를 리턴하는 경우를 살펴봅시다. 이렇게 구현하면, 요소를 항상 같은 버킷에 배치할 것입니다. 이렇게 구현한다고 규약을 위반하는 것은 아니지만, 쓸모가 없어질 것입니다. hashCode가 항상 같은 값을 리턴한다면, 해시 테이블을 사용할 필요가 없습니다. 다음 코드를 살펴봅시다. Terrible은 hashCode가 항상 0을 리턴하는 코드입니다. 성능을 확인할 수 있게 equals 내부에 사용된 횟수를 계산하는 카운터를 추가했습니다. 실행 결과를 보면, Proper와 Terrible의 equals 메서드 실행 횟수가 크게 차이 나는 것을 볼 수 있습니다.

```
 1    class Proper(val name: String) {
 2
 3        override fun equals(other: Any?): Boolean {
 4            equalsCounter++
 5            return other is Proper && name == other.name
 6        }
 7
 8        override fun hashCode(): Int {
 9            return name.hashCode()
10        }
11
```

```
12        companion object {
13            var equalsCounter = 0
14        }
15    }
16
17    class Terrible(val name: String) {
18        override fun equals(other: Any?): Boolean {
19            equalsCounter++
20            return other is Terrible && name == other.name
21        }
22
23        // 안 좋은 선택입니다. 이렇게 하지 마세요.
24        override fun hashCode() = 0
25
26        companion object {
27            var equalsCounter = 0
28        }
29    }
30
31    val properSet = List(10000) { Proper("$it") }.toSet()
32    println(Proper.equalsCounter) // 0
33    val terribleSet = List(10000) { Terrible("$it") }.toSet()
34    println(Terrible.equalsCounter) // 50116683
35
36    Proper.equalsCounter = 0
37    println(Proper("9999") in properSet) // true
38    println(Proper.equalsCounter) // 1
39
40    Proper.equalsCounter = 0
41    println(Proper("A") in properSet) // false
42    println(Proper.equalsCounter) // 0
43
44    Terrible.equalsCounter = 0
45    println(Terrible("9999") in terribleSet) // true
46    println(Terrible.equalsCounter) // 4324
47
48    Terrible.equalsCounter = 0
49    println(Terrible("A") in terribleSet) // false
50    println(Terrible.equalsCounter) // 10001
```

hashCode 구현하기

일반적으로 data 한정자를 붙이면, 코틀린이 알아서 적당한 equals와 hashCode

를 정의해 주므로 이를 직접 정의할 일은 거의 없습니다. 다만 equals를 따로 정의했다면, 반드시 hashCode도 함께 정의해 줘야 합니다. equals를 따로 정의하지 않았다면, 정당한 이유가 없는 이상 hashCode를 따로 정의하지 않는 것이 좋습니다. equals로 같은 요소라고 판정되는 요소는 hashCode가 반드시 같은 값을 리턴해야 합니다.

hashCode는 기본적으로는 equals에서 비교에 사용되는 프로퍼티를 기반으로 해시 코드를 만들어야 합니다. 해시 코드를 어떻게 만들어 낼까요? 일반적으로 모든 해시 코드의 값을 더합니다. 더하는 과정마다 이전까지의 결과에 31을 곱한 뒤 더해 줍니다. 물론 31일 필요는 없지만, 관례적으로 31을 많이 사용합니다. data 한정자를 붙일 때도 이렇게 구현됩니다. 코드를 글로 이해하는 것이 더 어려우므로, 곧바로 코드를 살펴봅시다. 다음은 일반적인 equals와 hashCode의 구현 예입니다.

```
1    class DateTime(
2        private var millis: Long = 0L,
3        private var timeZone: TimeZone? = null
4    ) {
5        private var asStringCache = ""
6        private var changed = false
7
8        override fun equals(other: Any?): Boolean =
9            other is DateTime &&
10                   other.millis == millis &&
11                   other.timeZone == timeZone
12
13       override fun hashCode(): Int {
14           var result = millis.hashCode()
15           result = result * 31 + timeZone.hashCode()
16           return result
17       }
18   }
```

이때 유용한 함수로는 코틀린/JVM의 Objects.hashCode가 있습니다. 이 함수는 해시를 계산해 줍니다.

```
1    override fun hashCode(): Int =
2        Objects.hash(timeZone, millis)
```

코틀린 stdlib에는 이러한 함수가 따로 없습니다. 따라서 다른 플랫폼에서는 다음과 같은 함수를 구현해서 사용해야 합니다.

```kotlin
override fun hashCode(): Int =
    hashCodeOf(timeZone, millis)

inline fun hashCodeOf(vararg values: Any?) =
    values.fold(0) { acc, value ->
        (acc * 31) + value.hashCode()
    }
```

코틀린 stdlib이 이러한 함수를 기본적으로 제공하지 않는 이유는 사실 hashCode를 우리가 직접 구현할 일이 거의 없기 때문입니다. 예를 들어 위의 DateTime 클래스는 equals와 hashCode를 직접 구현하지 않아도, 다음과 같이 data 한정자를 붙이기만 하면 됩니다.

```kotlin
data class DateTime2(
    private var millis: Long = 0L,
    private var timeZone: TimeZone? = null
) {
    private var asStringCache = ""
    private var changed = false
}
```

hashCode를 구현할 때 가장 중요한 규칙은 '언제나 equals와 일관된 결과가 나와야 한다'입니다. 같은 객체라면 언제나 같은 값을 리턴하게 만들어 주세요.

compareTo의 규약을 지켜라

compareTo 메서드는 Any 클래스에 있는 메서드가 아닙니다. 이는 수학적인 부등식으로 변환되는 연산자입니다.

```
1    obj1 > obj2  // obj1.compareTo(obj2) > 0으로 바뀝니다.
2    obj1 < obj2  // obj1.compareTo(obj2) < 0으로 바뀝니다.
3    obj1 >= obj2 // obj1.compareTo(obj2) >= 0으로 바뀝니다.
4    obj1 <= obj2 // obj1.compareTo(obj2) <= 0으로 바뀝니다.
```

참고로 compareTo 메서드는 Comparable<T> 인터페이스에도 들어 있습니다. 어떤 객체가 이 인터페이스를 구현하고 있거나 compareTo라는 연산자 메서드를 갖고 있다는 의미는 해당 객체가 어떤 순서를 갖고 있으므로, 비교할 수 있다는 것입니다. compareTo는 다음과 같이 동작해야 합니다.

- **비대칭적 동작**: a >= b이고 b >= a라면, a == b여야 합니다. 즉, 비교와 동등성 비교에 어떠한 관계가 있어야 하며, 서로 일관성이 있어야 합니다.
- **연속적 동작**: a >= b이고 b >= c라면, a >= c여야 합니다. 마찬가지로 a > b이고 b > c라면, a > c여야 합니다. 이러한 동작을 하지 못하면, 요소 정렬이 무한 반복에 빠질 수 있습니다.
- **코넥스적 동작[7]**: 두 요소는 어떤 확실한 관계를 갖고 있어야 합니다. 즉, a >= b 또는 b >= a 중에 적어도 하나는 항상 true여야 합니다. 두 요소 사이에 관계가 없으면, 퀵 정렬과 삽입 정렬 등의 고전적인 정렬 알고리즘을 사용할 수 없습니다. 대신 위상 정렬(topological sort)과 같은 정렬 알고리즘만 사용할 수 있습니다.

---

7 (옮긴이) 코넥스 관계(connex relation)를 나타냅니다.

compareTo를 따로 정의해야 할까?

코틀린에서 compareTo를 따로 정의해야 하는 상황은 거의 없습니다. 일반적으로 어떤 프로퍼티 하나를 기반으로 순서를 지정하는 것으로 충분하기 때문입니다. 예를 들어 sortedBy를 사용하면, 원하는 키로 컬렉션을 정렬할 수 있습니다. 다음 코드는 surname 프로퍼티를 기반으로 정렬하는 예입니다.

```
1    class User(val name: String, val surname: String)
2    val names = listOf<User>(/*...*/)
3
4    val sorted = names.sortedBy { it.surname }
```

여러 프로퍼티를 기반으로 정렬해야 한다면 어떻게 해야 할까요? 그럴 때는 sortedWith 함수를 사용하면 됩니다. 이 함수는 다음과 같이 사용합니다. compareBy를 활용해서 비교기(comparator)를 만들어서 사용합니다. 다음 코드는 surname으로 정렬을 하고, 만약 surname이 같은 경우에는 name까지 비교해서 정렬합니다.

```
1    val sorted = names
2        .sortedWith(compareBy({ it.surname }, { it.name }))
```

물론 User가 Comparable<User>를 구현하는 형태로 만들 수도 있습니다. 이럴 때는 순서를 어떻게 해야 할까요? 특정 프로퍼티를 기반으로 정렬하게 하면 됩니다. 만약 비교에 대한 절대적인 기준이 없다면, 아예 비교하지 못하게 만드는 것도 좋습니다.

문자열은 알파벳과 숫자 등의 순서가 있습니다. 따라서 내부적으로 Comparable<String>을 구현하고 있습니다. 텍스트는 일반적으로 알파벳과 숫자 순서로 정렬해야 하는 경우가 많으므로 굉장히 유용합니다. 하지만 단점도 있습니다. 예를 들어 직관적이지 않은 부등호 기호를 기반으로 두 문자열을 비교하는 코드를 작성할 수 있습니다. 두 문자열이 부등식으로 비교된 코드를 보면, 이해하는 데 약간의 시간이 걸립니다.

```
1    // 이렇게 하지 마세요.
2    print("Kotlin" > "Java") // true
```

자연스러운 순서를 갖는 객체들이 있습니다. 예를 들어 측정 단위, 날짜, 시간 등이 모두 자연스러운 순서를 갖습니다. 객체가 자연스러운 순서인지 확실하지 않다면, 비교기(comparator)를 사용하는 것이 좋습니다. 이를 자주 사용한다면, 클래스에 companion 객체로 만들어 두는 것도 좋습니다.

```kotlin
class User(val name: String, val surname: String) {
    // ...

    companion object {
        val DISPLAY_ORDER = compareBy(User::surname, User::name)
    }
}

val sorted = names.sortedWith(User.DISPLAY_ORDER)
```

compareTo 구현하기

compareTo를 구현할 때 유용하게 활용할 수 있는 톱레벨 함수가 있습니다. 두 값을 단순하게 비교하기만 한다면, compareValues 함수를 다음과 같이 활용할 수 있습니다.

```kotlin
class User(
    val name: String,
    val surname: String
): Comparable<User> {
    override fun compareTo(other: User): Int =
            compareValues(surname, other.surname)
}
```

더 많은 값을 비교하거나, 선택기(selector)를 활용해서 비교하고 싶다면, 다음과 같이 compareValuesBy를 사용합니다.

```kotlin
class User(
    val name: String,
    val surname: String
): Comparable<User> {
    override fun compareTo(other: User): Int =
        compareValuesBy(this, other, { it.surname }, { it.name })
}
```

이 함수는 비교기를 만들 때 도움이 됩니다. 특별한 논리를 구현해야 하는 경우에는 이 함수가 다음 값을 리턴해야 한다는 것을 기억하세요.

- 0: 리시버와 other가 같은 경우
- 양수: 리시버가 other보다 큰 경우
- 음수: 리시버가 other보다 작은 경우

이를 구현한 뒤에는 이 함수가 비대칭적 동작, 연속적 동작, 코넥스적 동작을 하는지 확인하세요.

API의 필수적이지 않는 부분을 확장 함수로 추출하라

클래스의 메서드를 정의할 때는 메서드를 멤버로 정의할 것인지 아니면 확장 함수로 정의할 것인지 결정해야 합니다.

```
1    // 멤버로 메서드 정의하기
2    class Workshop(/*...*/) {
3        //...
4
5        fun makeEvent(date: DateTime): Event = //...
6
7        val permalink
8            get() = "/workshop/$name"
9    }
```

```
1    // 확장 함수로 메서드 정의하기
2    class Workshop(/*...*/) {
3        //...
4    }
5
6    fun Workshop.makeEvent(date: DateTime): Event = //...
7
8    val Workshop.permalink
9        get() = "/workshop/$name"
```

두 가지 방법은 거의 비슷합니다. 호출하는 방법도 비슷하고, 리플렉션으로 레퍼런싱하는 방법도 비슷합니다.

```
1    fun useWorkshop(workshop: Workshop) {
2        val event = workshop.makeEvent(date)
3        val permalink = workshop.permalink
4
5        val makeEventRef = Workshop::makeEvent
6        val permalinkPropRef = Workshop::permalink
7    }
```

둘의 차이점을 설명하기 전에 알아 두었으면 하는 것이 있다면, 두 방식 중에 어떤 방식이 우월하다고 할 수 없다는 것입니다. 장단점을 모두 갖고 있으므로 상황에 맞게 사용해야 합니다. 따라서 지금부터 설명하는 내용을 무조건 적용하지 말고, 반드시 검토한 후, 필요한 경우에만 사용하기 바랍니다.

일단 멤버와 확장의 가장 큰 차이점은 확장은 따로 가져와서 사용해야 한다는 것입니다. 그래서 일반적으로 확장은 다른 패키지에 위치합니다. 확장은 우리가 직접 멤버를 추가할 수 없는 경우, 데이터와 행위(behavior)를 분리하도록 설계된 프로젝트에서 사용됩니다. 필드가 있는 프로퍼티는 클래스에 있어야 하지만, 메서드는 클래스의 public API만 활용한다면 어디에 위치해도 상관없습니다.

임포트해서 사용한다는 특징 덕분에 확장은 같은 타입에 같은 이름으로 여러 개 만들 수도 있습니다. 따라서 여러 라이브러리에서 여러 메서드를 받을 수도 있고, 충돌이 발생하지도 않는다는 장점이 생깁니다. 하지만 같은 이름으로 다른 동작을 하는 확장이 있다는 것은 위험할 수 있습니다. 위험 가능성이 있다면, 그냥 멤버 함수로 만들어서 사용하는 것이 좋습니다. 그렇게 하면 컴파일러가 항상 확장 대신 멤버 함수를 호출할 것입니다.[8]

또 다른 차이점은 확장은 가상(virtual)이 아니라는 것입니다. 즉, 파생 클래스에서 오버라이드할 수 없습니다. 확장 함수는 컴파일 시점에 정적으로 선택됩니다. 따라서 확장 함수는 가상 멤버 함수와 다르게 동작합니다. 상속을 목적으로 설계된 요소는 확장 함수로 만들면 안 됩니다.

```
1    open class C
2    class D: C()
3    fun C.foo() = "c"
4    fun D.foo() = "d"
5
6    fun main() {
7        val d = D()
8        print(d.foo()) // d
9        val c: C = d
```

---

8 다만 stdlib의 확장 함수가 kotlin.internal.HidesMembers 어노테이션을 갖고 있는 경우에는 예외입니다.

```
10        print(c.foo()) // c
11
12        print(D().foo()) // d
13        print((D() as C).foo()) // c
14    }
```

이러한 차이는 확장 함수가 '첫 번째 아규먼트로 리시버가 들어가는 일반 함수'
로 컴파일되기 때문에 발생되는 결과입니다.

```
1     fun foo('this$receiver': C) = "c"
2     fun foo('this$receiver': D) = "d"
3
4     fun main() {
5         val d = D()
6         print(foo(d)) // d
7         val c: C =d
8         print(foo(c)) // c
9
10        print(foo(D())) // d
11        print(foo(D() as C)) // c
12    }
```

추가로 확장 함수는 클래스가 아닌 타입에 정의하는 것입니다. 그래서 nullable
또는 구체적인 제네릭 타입에도 확장 함수를 정의할 수 있습니다.

```
1     inline fun CharSequence?.isNullOrBlank(): Boolean {
2         contract {
3             returns(false) implies (this@isNullOrBlank != null)
4         }
5
6         return this == null || this.isBlank()
7     }
8
9     public fun Iterable<Int>.sum(): Int {
10        var sum: Int = 0
11        for (element in this) {
12            sum += element
13        }
14        return sum
15    }
```

마지막으로 중요한 차이점은 확장은 클래스 레퍼런스에서 멤버로 표시되지 않는다는 것입니다. 그래서 확장 함수는 어노테이션 프로세서(annotation processor)가 따로 처리하지 않습니다. 따라서 필수적이지 않은 요소를 확장 함수로 추출하면, 어노테이션 프로세스로부터 숨겨집니다. 이는 확장 함수가 클래스 내부에 있는 것은 아니기 때문입니다.

정리

멤버와 확장 함수의 차이를 비교하면, 다음과 같습니다.

- 확장 함수는 읽어 들여야 합니다.
- 확장 함수는 virtual이 아닙니다.
- 멤버는 높은 우선 순위를 갖습니다.
- 확장 함수는 클래스 위가 아니라 타입 위에 만들어집니다.
- 확장 함수는 클래스 레퍼런스에 나오지 않습니다.

정리해 보면, 확장 함수는 우리에게 더 많은 자유와 유연성을 줍니다. 확장 함수는 상속, 어노테이션 처리 등을 지원하지 않고, 클래스 내부에 없으므로 약간 혼동을 줄 수도 있습니다. API의 필수적인 부분은 멤버로 두는 것이 좋지만, 필수적이지 않은 부분은 확장 함수로 만드는 것이 여러모로 좋습니다.

멤버 확장 함수의 사용을 피하라

어떤 클래스에 대한 확장 함수를 정의할 때, 이를 멤버로 추가하는 것은 좋지 않습니다. 확장 함수는 첫 번째 아규먼트로 리시버를 받는 단순한 일반 함수로 컴파일됩니다. 예를 들어 다음과 같은 함수는

```
1    fun String.isPhoneNumber(): Boolean =
2        length == 7 && all { it.isDigit() }
```

컴파일되면, 다음과 같이 변합니다.

```
1    fun isPhoneNumber('$this': String): Boolean =
2        '$this'.length == 7 && '$this'.all { it.isDigit() }
```

이렇게 단순하게 변환되는 것이므로, 확장 함수를 클래스 멤버로 정의할 수도 있고, 인터페이스 내부에 정의할 수도 있습니다.

```
1    interface PhoneBook {
2        fun String.isPhoneNumber(): Boolean
3    }
4
5    class Fizz: PhoneBook {
6        override fun String.isPhoneNumber(): Boolean =
7            length == 7 && all { it.isDigit() }
8    }
```

이런 코드가 가능하지만, DSL을 만들 때를 제외하면 이를 사용하지 않는 것이 좋습니다. 특히 가시성 제한을 위해 확장 함수를 멤버로 정의하는 것은 굉장히 좋지 않습니다.

```
1    // 나쁜 습관입니다. 이렇게 하지 마세요.
2    class PhoneBookIncorrect {
```

```
3        // ...
4
5        fun String.isPhoneNumber() =
6            length == 7 && all { it.isDigit() }
7    }
```

한 가지 큰 이유는 가시성을 제한하지 못한다는 것입니다. 이는 단순하게 확장 함수를 사용하는 형태를 어렵게 만들 뿐입니다. 이러한 확장 함수를 사용하려면, 다음과 같이 사용해야 합니다.

```
1    PhoneBookIncorrect().apply { "1234567890".test() }
```

확장 함수의 가시성을 제한하고 싶다면, 멤버로 만들지 말고, 가시성 한정자를 붙여 주면 됩니다.

```
1    // 이런 형태로 확장 함수의 가시성을 제한합니다.
2    class PhoneBookCorrect {
3        // ...
4    }
5
6    private fun String.isPhoneNumber() =
7            length == 7 && all { it.isDigit() }
```

멤버 확장을 피해야 하는 몇 가지 타당한 이유를 정리해 보면, 다음과 같습니다.

• 레퍼런스를 지원하지 않습니다.

```
1    val ref = String::isPhoneNumber
2    val str = "1234567890"
3    val boundedRef = str::isPhoneNumber
4
5    val refX = PhoneBookIncorrect::isPhoneNumber // 오류
6    val book = PhoneBookIncorrect()
7    val boundedRefX = book::isPhoneNumber // 오류
```

• 암묵적 접근을 할 때, 두 리시버 중에 어떤 리시버가 선택될지 혼동됩니다.

```
1    class A {
2        val a = 10
```

```
3    }
4    class B {
5        val a = 20
6        val b = 30
7
8        fun A.test() = a + b // 40일까요? 50일까요?
9    }
```

- 확장 함수가 외부에 있는 다른 클래스를 리시버로 받을 때, 해당 함수가 어떤 동작을 하는지 명확하지 않습니다.

```
1    class A {
2        //...
3    }
4    class B {
5        //...
6
7        fun A.update() = ... // A와 B 중에서 어떤 것을 업데이트할까요?
8    }
```

- 경험이 적은 개발자의 경우 확장 함수를 보면, 직관적이지 않거나, 심지어 보기만 해도 겁먹을 수도 있습니다.

정리해 보겠습니다. 멤버 확장 함수를 사용하는 것이 의미가 있는 경우에는 사용해도 괜찮습니다. 하지만 일반적으로는 그 단점을 인지하고, 사용하지 않는 것이 좋습니다. 가시성을 제한하려면, 가시성과 관련된 한정자를 사용하세요. 클래스 내부에 확장 함수를 배치한다고, 외부에서 해당 함수를 사용하지 못하게 제한되는 것이 아닙니다.

3부

효율성

7장

E f f e c t i v e   K o t l i n

비용 줄이기

오늘날에는 코드의 **효율성**(efficiency)을 관대하게 바라봅니다. 이는 메모리는 저렴해졌고, 개발자는 비싸졌기 때문이라고 할 수 있습니다. 하지만 어떤 애플리케이션이 수백 만 대의 장치에서 실행된다면, 굉장히 많은 에너지를 소비합니다. 배터리 사용을 조금만 최적화해도 작은 마을에 공급할 수 있을 만큼의 에너지를 절약할 수 있을 것입니다. 또한 회사가 서버에 많은 비용을 지불하고 있을 때, 최적화를 하면 이러한 비용을 줄일 수도 있습니다. 애플리케이션이 적은 수의 요청에서는 잘 동작했다고 해서 제대로 확장하지 않고 공개해 버렸다가 소비자가 사용하는 중에 문제가 발생하면, 소비자는 이런 안 좋은 경험을 기억할 것입니다. 이것도 큰 비용입니다.

이처럼 장기적으로 보았을 때 효율성은 중요합니다. 하지만 최적화는 쉬운 일이 아닙니다. 또한 최적화를 초기 단계에서부터 하는 것은 얻는 것보다 잃는 것이 많은 경우가 많습니다. 그래도 프로그램을 효율적으로 만들 때 활용할 수 있는, 잃는 것이 거의 없는 몇 가지 고정된 규칙이 있습니다. 이를 활용하면 큰 비용을 들이지 않고도 성능을 크게 향상시킬 수 있습니다.

이번 장과 다음 장에서는 비용이 크게 들어가지는 않지만 프로그램을 효율적으로 만들 수 있는 최적화 방법을 다룹니다.

• 7장: 비용 줄이기 — 성능과 관련된 기본적인 규칙을 설명합니다.

• 8장: 효율적인 컬렉션 처리 — 컬렉션 처리에 초점을 맞춰서 설명합니다.

물론 비용이 조금 들어가지만, 프로그램의 중요한 부분에서 성능을 향상시킬 수 있는 코틀린 팁도 살펴봅니다. 이러한 내용을 살펴보면 성능과 관련된 내용을 더 깊게 이해할 수 있을 것입니다.

가독성과 성능 사이에 트레이드 오프(tradeoff)[1]가 발생할 때, 개발하는 컴포넌트에서 무엇이 더 중요한지 스스로 답할 수 있어야 합니다. 이를 결정할 수 있는 몇 가지 방법이 있지만, 최종적인 결정은 스스로 상황을 보고 해야 합니다.

---

1 (옮긴이) 하나를 높이면, 다른 하나가 떨어지는 관계를 트레이드 오프라고 부릅니다.

불필요한 객체 생성을 피하라

객체 생성은 언제나 비용이 들어갑니다. 상황에 따라서는 굉장히 큰 비용이 들어갈 수도 있습니다. 따라서 불필요한 객체 생성을 피하는 것이 최적화의 관점에서 좋습니다. 다양한 레벨에서 객체 생성을 피할 수 있습니다. 예를 들어 JVM에서는 하나의 가상 머신에서 동일한 문자열을 처리하는 코드가 여러 개 있다면, 기존의 문자열을 재사용합니다.[2]

```
1    val str1 = "Lorem ipsum dolor sit amet"
2    val str2 = "Lorem ipsum dolor sit amet"
3    print(str1 == str2) // true
4    print(str1 === str2) // true
```

Integer와 Long처럼 박스화한 기본 자료형도 작은 경우에는 재사용됩니다(기본적으로 Int는 −128~127 범위를 캐시해 둡니다).

```
1    val i1: Int? = 1
2    val i2: Int? = 1
3    print(i1 == i2) // true
4    print(i1 === i2) // true, i2를 캐시로부터 읽어 들이기 때문입니다.
```

위의 코드는 Integer가 재사용되므로, ===로 비교했을 때 true가 뜨는 것을 볼 수 있습니다. −128~127 범위를 벗어나는 숫자는 캐시되지 않습니다. 그래서 다음 코드는 false가 뜹니다.

```
1    val j1: Int? = 1234
2    val j2: Int? = 1234
3    print(j1 == j2) // true
4    print(j1 === j2) // false
```

---

2 Java Language Specification, Java SE 8 edition, 3.10.5

참고로, nullable 타입은 int 자료형 대신 Integer 자료형을 사용하게 강제됩니다. Int를 사용하면, 일반적으로 기본 자료형 int로 컴파일됩니다. 하지만 nullable로 만들거나, 타입 아규먼트로 사용할 경우에는 Integer로 컴파일됩니다. 기본 자료형은 null일 수 없고, 타입 아규먼트로도 사용할 수 없기 때문입니다. 이러한 메커니즘은 객체 생성 비용에 큰 영향을 줍니다. 조금 더 자세하게 살펴봅시다.

객체 생성 비용은 항상 클까?

어떤 객체를 랩(wrap)하면, 크게 세 가지 비용이 발생합니다.

- 객체는 더 많은 용량을 차지합니다. 현대 64비트 JDK에서 객체는 8바이트의 배수만큼 공간을 차지합니다. 앞부분 12바이트는 헤더로서 반드시 있어야 하므로, 최소 크기는 16바이트입니다. 참고로, 32비트 JVM에서는 8바이트입니다. 추가로 객체에 대한 레퍼런스도 공간을 차지합니다. 일반적으로 레퍼런스는 -Xmx32G까지는 32비트 플랫폼과 64비트 플랫폼 모두 4바이트입니다. 또한 64비트 플랫폼에서 32G(-Xmx32G)부터는 8바이트입니다. 큰 공간은 아니지만, 분명히 비용으로서 추가됩니다. 정수처럼 작은 것들을 많이 사용하면, 그 비용의 차이가 더 커집니다. 기본 자료형 int는 4바이트지만, 오늘날 널리 사용되고 있는 64비트 JDK에 랩(wrap)되어 있는 Integer는 16바이트입니다. 추가로 이에 대한 레퍼런스로 인해 8바이트가 더 필요합니다. 따라서 5배 이상의 공간을 차지한다고 할 수 있습니다.[3]
- 요소가 캡슐화되어 있다면, 접근에 추가적인 함수 호출이 필요합니다. 함수를 사용하는 처리는 굉장히 빠르므로 마찬가지로 큰 비용이 발생하지는 않습니다. 하지만 티끌 모아 태산이 되는 것처럼 수많은 객체를 처리한다면, 이 비용도 굉장히 커집니다.
- 객체는 생성되어야 합니다. 객체는 생성되고, 메모리 영역에 할당되고, 이

---

3 JVM 객체의 구체적인 필드 크기를 확인하려면, 자바 오브젝트 레이아웃(Java Object Layout)을 사용하세요.

에 대한 레퍼런스를 만드는 등의 작업이 필요합니다. 마찬가지로 적은 비용이지만, 모이면 굉장히 큰 비용이 됩니다.

```
1    class A
2    private val a = A()
3
4    // 벤치마크 결과: 2.698 ns/op
5    fun accessA(blackhole: Blackhole) {
6        blackhole.consume(a)
7    }
8
9    // 벤치마크 결과: 3.814 ns/op
10   fun createA(blackhole: Blackhole) {
11       blackhole.consume(A())
12   }
13
14   // 벤치마크 결과: 3828.540 ns/op
15   fun createListAccessA(blackhole: Blackhole) {
16       blackhole.consume(List(1000) { a })
17   }
18
19   // 벤치마크 결과: 5322.857 ns/op
20   fun createListCreateA(blackhole: Blackhole) {
21       blackhole.consume(List(1000) { A() })
22   }
```

객체를 제거함으로써 이런 세 가지 비용을 모두 피할 수 있습니다. 특히 객체를 재사용하면 첫 번째와 세 번째에 설명한 비용을 제거할 수 있습니다. 이를 알면 코드에서 불필요한 객체를 어떤 식으로 제거해야 하는지 알 수 있습니다. 몇 가지 방법을 살펴봅시다.

객체 선언

매 순간 객체를 생성하지 않고, 객체를 재사용하는 간단한 방법은 객체 선언을 사용하는 것입니다(싱글톤). 링크드 리스트를 구현하는 간단한 예를 살펴봅시다. 링크드 리스트는 비어 있거나, 노드를 가질 수 있습니다. 또한 노드는 요소를 갖고, 다른 노드를 포인팅하는 객체를 의미합니다. 간단하게 구현하면 다음과 같습니다.

```
1    sealed class LinkedList<T>
2
3    class Node<T>(
4        val head: T,
5        val tail: LinkedList<T>
6    ): LinkedList<T>()
7
8    class Empty<T>: LinkedList<T>()
9
10   // 사용
11   val list: LinkedList<Int> =
12       Node(1, Node(2, Node(3, Empty())))
13   val list2: LinkedList<String> =
14       Node("A", Node("B", Empty()))
```

이 구현에서 한 가지 문제점을 뽑으라면, 리스트를 만들 때마다 Empty 인스턴 스를 만들어야 한다는 것입니다. Empty 인스턴스를 하나만 만들고, 다른 모든 리스트에서 활용할 수 있게 한다면 어떨까요? 하지만 이렇게 구현하려면, 제네 릭 타입이 일치하지 않아서 문제가 될 수 있습니다. 어떤 제네릭 타입을 지정 해야 이를 해결할 수 있을까요? 빈 리스트는 다른 모든 리스트의 서브타입이 어야 합니다. 이를 해결하려면 Nothing 리스트를 만들어서 사용하면 됩니다. Nothing은 모든 타입의 서브타입입니다. 따라서 LinkedList<Nothing>은 리스 트가 covariant이라면(out 한정자), 모든 LinkedList의 서브타입이 됩니다. 리 스트는 immutable이고, 이 타입은 out 위치에서만 사용되므로, 현재 상황에서 는 타입 아규먼트를 covariant로 만드는 것은 의미 있는 일입니다('아이템 24: 제네릭 타입과 variance 한정자를 참고하라' 참고). 개선된 코드는 다음과 같습 니다.

```
1    sealed class LinkedList<out T>
2
3    class Node<out T>(
4        val head: T,
5        val tail: LinkedList<T>
6    ) : LinkedList<T>()
7
8    object Empty : LinkedList<Nothing>()
9
10   // 사용
```

```
11    val list: LinkedList<Int> =
12        Node(1, Node(2, Node(3, Empty)))
13
14    val list2: LinkedList<String> =
15        Node("A", Node("B", Empty))
```

이러한 트릭은 immutable sealed 클래스를 정의할 때 자주 사용됩니다. 만약 mutable 객체에 사용하면 공유 상태 관리와 관련된 버그를 검출하기 어려울 수 있으므로 좋지 않습니다. mutable 객체는 캐시하지 않는다는 규칙을 지키는 것이 좋습니다('아이템 1: 가변성을 제한하라'). 객체 선언 이외에도 객체를 재사용하는 다양한 방법이 있습니다. 바로 캐시를 활용하는 팩토리 함수입니다.

캐시를 활용하는 팩토리 함수

일반적으로 객체는 생성자를 사용해서 만듭니다. 하지만 팩토리 메서드를 사용해서 만드는 경우도 있습니다. 팩토리 함수는 캐시(cache)를 가질 수 있습니다. 그래서 팩토리 함수는 항상 같은 객체를 리턴하게 만들 수도 있습니다. 실제로 stdlib의 emptyList는 이를 활용해서 구현되어 있습니다.

```
1    fun <T> List<T> emptyList() {
2        return EMPTY_LIST;
3    }
```

객체 세트가 있고, 그중에서 하나를 리턴하는 경우를 생각해 봅시다. 예를 들어 코틀린 코루틴 라이브러리에 있는 디폴트 디스패처인 Dispatchers.Default는 쓰레드 풀을 갖고 있으며, 어떤 처리를 시작하라고 명령하면, 사용하고 있지 않은 쓰레드 하나를 사용해 명령을 수행합니다. 참고로 데이터베이스도 비슷한 형태로 커넥션 풀을 사용합니다. 객체 생성이 무겁거나, 동시에 여러 mutable 객체를 사용해야 하는 경우에는 이처럼 객체 풀을 사용하는 것이 좋습니다.

parameterized 팩토리 메서드도 캐싱을 활용할 수 있습니다. 예를 들어 객체를 다음과 같이 map에 저장해 둘 수 있을 것입니다.

```
1    private val connections =
2        mutableMapOf<String, Connection>()
3
4    fun getConnection(host: String) =
5        connections.getOrPut(host) { createConnection(host) }
```

모든 순수 함수는 캐싱을 활용할 수 있습니다. 이를 메모이제이션(memoiza-tion)이라고 부릅니다. 예를 들어 다음 함수는 피보나치 수의 정의를 기반으로 메모이제이션을 활용해 피보나치 수를 구하는 함수입니다.

```
1    private val FIB_CACHE = mutableMapOf<Int, BigInteger>()
2
3    fun fib(n: Int): BigInteger = FIB_CACHE.getOrPut(n) {
4        if (n <= 1) BigInteger.ONE else fib(n - 1) + fib(n - 2)
5    }
```

이렇게 코드를 작성하면, 이미 계산된 피보나치 수는 추가적인 계산 없이 바로 구해집니다. 재귀 함수로 구현했지만, 반복문을 사용해서 구현(선형 방법으로 구현)하는 것만큼 효율적입니다. 속도를 비교해 보면 다음과 같습니다. fibIter 는 반복문으로 구현했을 때의 속도, fib(first)는 처음 해당 숫자를 구현할 때 의 속도, fib(last)는 이전에 구했던 숫자를 한 번 더 구할 때의 속도입니다.

	n = 100	n = 200	n = 300	n = 400
fibIter	1997 ns	5234 ns	7008 ns	9727 ns
fib (first)	4413 ns	9815 ns	15484 ns	22205 ns
fib (later)	8 ns	8 ns	8 ns	8 ns

```
1    fun fibIter(n: Int): BigInteger {
2        if(n <= 1) return BigInteger.ONE
3        var p = BigInteger.ONE
4        var pp = BigInteger.ONE
5        for (i in 2..n) {
6            val temp = p + pp
7            pp = p
8            p = temp
9        }
10       return p
11   }
```

재귀 함수는 처음 사용할 때 피보나치 수를 구하는 오버헤드가 커서, 반복문을 사용한 방식보다 시간이 더 오래 걸리는 것을 알 수 있습니다. 하지만 값이 한 번 계산되면, 값을 즉시 구해 줍니다.

다만 큰 단점이 있습니다. 캐시를 위한 Map을 저장해야 하므로, 더 많은 메모리를 사용합니다. 만약 메모리 문제로 크래시가 생긴다면 메모리를 해제해 주면 됩니다. 참고로 메모리가 필요할 때 가비지 컬렉터(Garbage Collector, GC)가 자동으로 메모리를 해제해 주는 SoftReference를 사용하면 더 좋습니다. WeakReference와 혼동하지 마세요. WeakReference와 SoftReference의 차이를 간단하게 정리하면, 다음과 같습니다.

- WeakReference는 가비지 컬렉터가 값을 정리(clean)하는 것을 막지 않습니다. 따라서 다른 레퍼런스(변수)가 이를 사용하지 않으면 곧바로 제거됩니다.
- SoftReference는 가비지 컬렉터가 값을 정리할 수도 있고, 정리하지 않을 수도 있습니다. 일반적인 JVM 구현의 경우, 메모리가 부족해서 추가로 필요한 경우에만 정리합니다. 따라서 캐시를 만들 때는 SoftReference를 사용하는 것이 좋습니다.

캐시는 언제나 메모리와 성능의 트레이드 오프가 발생하므로, 캐시를 잘 설계하는 것은 쉽지 않습니다. 성능 문제를 메모리 부족 문제로 돌리고 싶은 사람은 아무도 없을 것입니다. 여러 가지 상황을 잘 고려해서 현명하게 사용하기 바랍니다.

무거운 객체를 외부 스코프로 보내기

성능을 위한 굉장히 유용한 트릭으로, 무거운 객체를 외부 스코프로 보내는 방법이 있습니다. 컬렉션 처리에서 이루어지는 무거운 연산은 컬렉션 처리 함수 내부에서 외부로 빼는 것이 좋습니다. 간단한 예로 Iterable 내부에 '최댓값의 수를 세는 확장 함수'를 만드는 경우를 생각해 봅시다.

```
1    fun <T: Comparable<T>> Iterable<T>.countMax(): Int =
2        count { it == this.max() }
```

앞 코드를 조금 더 수정하면, 다음과 같이 만들 수 있습니다. 최댓값을 나타내는 max를 countMax 함수의 레벨로 옮겼습니다.

```
1    fun <T: Comparable<T>> Iterable<T>.countMax(): Int {
2        val max = this.max()
3        return count { it == max }
4    }
```

이렇게 코드를 작성하면 처음에 max 값을 찾아 두고, 이를 활용해서 수를 셉니다. 일단 확장 리시버로 max를 호출하는 형태가 확실하게 보이므로 가독성이 향상됩니다. 또한 반복 처리 중에 max 값을 한 번만 확인하므로 코드의 성능이 좋아집니다.

　연산을 외부로 추출해서 값 계산을 추가로 하지 않게 만든다는 것이 당연하게 들릴 수도 있겠지만, 사실 많은 사람이 자주 실수하는 부분입니다. 추가적인 예로 문자열이 IP 주소 형식을 갖는지 확인하는 다음 함수를 살펴봅시다.

```
1    fun String.isValidIpAddress(): Boolean {
2        return this.matches("\\A(?:(?:25[0-5]|2[0-4][0-9]
3    |[01]?[0-9][0-9]?)\\.){3}(?:25[0-5]|2[0-4][0-9]|[01]
4    ?[0-9][0-9]?)\\z".toRegex())
5    }
6
7    // 사용
8    print("5.173.80.254".isValidIpAddress()) // true
```

이 함수의 문제는 함수를 사용할 때마다 Regex 객체를 계속해서 새로 만든다는 것입니다. 정규 표현식 패턴을 컴파일하는 과정은 꽤 복잡한 연산이라, 이처럼 함수를 호출할 때마다 계속해서 새로 만든다는 것은 성능적으로 문제를 일으킵니다. 정규 표현식을 톱레벨로 보내면, 이런 문제가 사라집니다.

```
1    private val IS_VALID_EMAIL_REGEX = "\\A(?:(?:25[0-5]
2    |2[0-4][0-9]|[01]?[0-9][0-9]?)\\.){3}(?:25[0-5]|2[0-4]
3    [0-9]|[01]?[0-9][0-9]?)\\z".toRegex()
4
5    fun String.isValidIpAddress(): Boolean =
6        matches(IS_VALID_EMAIL_REGEX)
```

이 함수가 한 파일에 다른 함수와 함께 있을 때, 함수를 사용하지 않는다면 정

규 표현식이 만들어지는 것 자체가 낭비입니다. 이러한 경우에는 지연 초기화
(lazy initialization)하면 됩니다.

```
1    private val IS_VALID_EMAIL_REGEX by lazy {
2    "\\A(?:(?:25[0-5]|2[0-4][0-9]|[01]?[0-9][0-9]?)\\.)
3    {3}(?:25[0-5]|2[0-4][0-9]|[01]?[0-9][0-9]?)\\z".toRegex()
4    }
```

이처럼 프로퍼티를 지연되게 만드는 것은 무거운 클래스를 사용할 때 유용합
니다.

지연 초기화

무거운 클래스를 만들 때는 지연되게 만드는 것이 좋을 때가 있습니다. 예를
들어 A 클래스에 B, C, D라는 무거운 인스턴스가 필요하다고 가정해 봅시다. 클
래스를 생성할 때 이를 모두 생성한다면, A 객체를 생성하는 과정이 굉장히 무
거워질 것입니다.

```
1    class A {
2        val b = B()
3        val c = D()
4        val d = D()
5
6        //...
7    }
```

내부에 있는 인스턴스들을 지연 초기화하면, A라는 객체를 생성하는 과정을 가
볍게 만들 수 있습니다.

```
1    class A {
2        val b by lazy { B() }
3        val c by lazy { C() }
4        val d by lazy { D() }
5
6        //...
7    }
```

다만 이러한 지연 초기화는 장점도 있지만 단점도 갖고 있습니다. 클래스가 무

거운 객체를 가졌지만, 메서드의 호출은 빨라야 하는 경우가 있을 수 있습니다. A가 HTTP 호출에 응답하는 백엔드 애플리케이션의 컨트롤러라고 생각해봅시다. 지연되게 만들었다면, 처음 호출될 때 무거운 객체들의 초기화가 필요할 것입니다. 일반적으로 백엔드 애플리케이션은 전체적인 실행 시간은 중요하지 않은데, 이처럼 지연되게 만들면, 첫 번째 호출 때 응답 시간이 굉장히 길 것입니다. 그래서 백엔드 애플리케이션에서 좋지 않을 수 있습니다. 또한 지연되게 만들면, 성능 테스트가 복잡해지는 문제가 있습니다. 따라서 지연 초기화는 상황에 맞게 사용해야 합니다.

기본 자료형 사용하기

JVM은 숫자와 문자 등의 기본적인 요소를 나타내기 위한 특별한 기본 내장 자료형을 갖고 있습니다. 이를 **기본 자료형**(primitives)이라고 부릅니다. 코틀린/JVM 컴파일러는 내부적으로 최대한 이러한 기본 자료형을 사용합니다. 다만 다음과 같은 두 가지 상황에서는 기본 자료형을 랩(wrap)한 자료형이 사용됩니다.

1. nullable 타입을 연산할 때(기본 자료형은 null일 수 없으므로)
2. 타입을 제네릭으로 사용할 때

간단하게 비교해 보면, 다음과 같습니다.

코틀린의 자료형	자바의 자료형
Int	int
Int?	Integer
List<Int>	List<Integer>

이를 알면 랩한 자료형 대신 기본 자료형을 사용하게 코드를 최적화할 수 있습니다. 참고로 이러한 최적화는 코틀린/JVM, 일부 코틀린/Native 버전에서만 의미가 있으며, 코틀린/JS에서는 아무런 의미가 없습니다. 또한 숫자에 대한 작업이 여러 번 반복될 때만 의미가 있습니다. 숫자와 관련된 연산은 정도는 어

떤 형태의 자료형을 사용하나 성능적으로 큰 차이가 없습니다. 따라서 굉장히 큰 컬렉션을 처리할 때 차이를 확인할 수 있습니다(이와 관련된 자세한 내용은 '아이템 51: 성능이 중요한 부분에는 기본 자료형 배열을 사용하라'에서 다루겠습니다). 또한 기존의 코드에서 사용되던 자료형을 일괄 변경하면, 코드를 읽기 힘들어질 수 있습니다. 결과적으로 코드와 라이브러리의 성능이 굉장히 중요한 부분에서만 이를 적용하기 바랍니다. 프로파일러를 활용하면, 어떤 부분이 성능에 중요한 역할을 하는지 쉽게 찾을 수 있습니다.

그럼 간단한 예로 코틀린으로 컬렉션 내부의 최댓값을 리턴하는 함수를 만들어 봅시다. 이 함수는 컬렉션이 비어 있을 경우, null을 리턴합니다. 간단하게, 다음과 같이 구현할 수 있습니다.

```
1    fun Iterable<Int>.maxOrNull(): Int? {
2        var max: Int? = null
3        for (i in this) {
4            max = if(i > (max ?: Int.MIN_VALUE)) i else max
5        }
6        return max
7    }
```

이 구현에는 두 가지 심각한 단점이 있습니다.

1. 각각의 단계에서 엘비스(Elvis) 연산자를 사용해야 합니다.
2. nullable 값을 사용했기 때문에 JVM 내부에서 int가 아니라 Integer로 연산이 일어납니다.

이러한 두 가지 문제를 해결하려면, 다음과 같이 while 반복문을 사용해서 반복을 구현합니다.

```
1     fun Iterable<Int>.maxOrNull(): Int? {
2         val iterator = iterator()
3         if (!iterator.hasNext()) return null
4         var max: Int = iterator.next()
5         while (iterator.hasNext()) {
6             val e = iterator.next()
7             if (max < e) max = e
8         }
9         return max
10    }
```

컬렉션 내부에 100~1000만 개의 요소를 넣고 함수를 실행하면, 필자의 컴퓨터에서 이전 구현은 518ms, 이번 구현은 289ms 정도 걸렸습니다. 거의 두 배가 빠르지만, 이는 차이를 극단적으로 보여 주기 위해서 만든 극단적인 예라는 것을 기억해 주세요. 사실 이 정도의 최적화는 성능이 그렇게까지 중요하지 않은 코드에서는 큰 의미가 없는 최적화입니다.

다만 라이브러리를 구현한다면, 성능이 중요할 수 있습니다. 다음과 같이 성능이 아주 중요한 경우에 활용하세요.

```
1    /**
2    * Returns the largest element or 'null' if there are
3    * no elements.
4    */
5    public fun <T : Comparable<T>> Iterable<T>.max(): T? {
6        val iterator = iterator()
7        if (!iterator.hasNext()) return null
8        var max = iterator.next()
9        while (iterator.hasNext()) {
10            val e = iterator.next()
11            if (max < e) max = e
12        }
13        return max
14   }
```

정리

이번 절에서는 객체를 생성할 때 발생할 수 있는 문제를 피하는 방법에 대해 살펴봤습니다. 몇 가지는 코드의 가독성을 향상시켜 주는 장점도 있으므로, 적극적으로 사용하는 것이 좋습니다. 예를 들어 '무거운 객체를 외부 스코프로 보내기'는 성능도 향상시켜 주고, 객체에 이름을 붙여서 함수 내부에서 사용하므로 함수를 더 쉽게 읽을 수 있게 해 줍니다.

또한 성능이 중요한 코드에서 성능을 조금이라도 향상시킬 수 있는 방법에 대해서도 배웠습니다. 다만 이러한 최적화에 큰 변경이 필요하거나, 다른 코드에 문제를 일으킬 수 있다면 최적화를 미루는 것도 방법입니다.

함수 타입 파라미터를 갖는 함수에 inline 한정자를 붙여라

코틀린 표준 라이브러리의 고차 함수(higher-order function)[4]를 살펴보면, 대부분 inline 한정자가 붙어 있는 것을 확인할 수 있습니다. 예를 들어 코틀린 표준 라이브러리의 repeat 함수는 다음과 같이 구현되어 있습니다. 왜 inline 한정자를 붙였을까요?

```
1    inline fun repeat(times: Int, action: (Int) -> Unit) {
2        for (index in 0 until times) {
3            action(index)
4        }
5    }
```

inline 한정자의 역할은 컴파일 시점에 '함수를 호출하는 부분'을 '함수의 본문'으로 대체하는 것입니다. 예를 들어 다음과 같이 repeat 함수를 호출하는 코드가 있다면,

```
1    repeat(10) {
2        print(it)
3    }
```

컴파일 시점에 다음과 같이 대체됩니다.

```
1    for (index in 0 until 10) {
2        print(index)
3    }
```

이처럼 inline 한정자를 붙여 함수를 만들면, 굉장히 큰 변화가 일어납니다. 일반적인 함수를 호출하면 함수 본문으로 점프하고, 본문의 모든 문장을 호출한

---

4 (옮긴이) 함수를 파라미터로 받는 함수 또는 함수를 리턴하는 함수를 고차 함수라고 부릅니다.

뒤에 함수를 호출했던 위치로 다시 점프하는 과정을 거칩니다. 하지만 '함수를 호출하는 부분'을 '함수의 본문'으로 대체하면, 이러한 점프가 일어나지 않습니다.

inline 한정자를 사용하면, 다음과 같은 장점이 있습니다.

1. 타입 아규먼트에 reified 한정자를 붙여서 사용할 수 있습니다.
2. 함수 타입 파라미터를 가진 함수가 훨씬 빠르게 동작합니다.
3. 비지역(non-local) 리턴을 사용할 수 있습니다.

하지만 단점도 분명 존재합니다. inline 한정자를 붙였을 때 발생하는 비용도 당연히 있습니다. 그럼 inline 한정자와 관련된 장점과 단점을 살펴봅시다.

타입 아규먼트를 reified로 사용할 수 있다

구버전의 자바에는 제네릭이 없었습니다. 2004년 J2SE 5.0 버전부터 자바에서 제네릭을 사용할 수 있게 되었습니다. 하지만 JVM 바이트 코드에는 제네릭이 존재하지 않습니다. 따라서 컴파일을 하면, 제네릭 타입과 관련된 내용이 제거됩니다. 예를 들어 List<Int>를 컴파일하면 List로 바뀝니다. 그래서 객체가 List인지 확인하는 코드는 사용할 수 있지만, List<Int>인지 확인하는 코드는 사용할 수 없습니다.

```
1   any is List<Int> // 오류
2   any is List<*> // OK
```

```
if(any is List<Int>) {
```
Cannot check for instance of erased type: List<Int>

같은 이유로 다음과 같은 타입 파라미터에 대한 연산도 오류가 발생합니다.

```
1   fun <T> printTypeName() {
2       print(T::class.simpleName) // 오류
3   }
```

함수를 인라인으로 만들면, 이러한 제한을 무시할 수 있습니다. 함수 호출이 본문으로 대체되므로, reified 한정자를 지정하면, 타입 파라미터를 사용한 부분이 타입 아규먼트로 대체됩니다.

```
1    inline fun <reified T> printTypeName() {
2        print(T::class.simpleName)
3    }
4
5    // 사용
6    printTypeName<Int>() // Int
7    printTypeName<Char>() // Char
8    printTypeName<String>() // String
```

컴파일하는 동안 printTypeName의 본문이 실제로 대체됩니다. 따라서 실제로는 다음과 같이 됩니다.

```
1    print(Int::class.simpleName) // Int
2    print(Char::class.simpleName) // Char
3    print(String::class.simpleName) // String
```

reified는 굉장히 유용한 한정자입니다. 예를 들어 표준 라이브러리의 filter IsInstance도 특정 타입의 요소를 필터링할 때 사용됩니다.

```
1    class Worker
2    class Manager
3
4    val employees: List<Any> =
5        listOf(Worker(), Manager(), Worker())
6
7    val workers: List<Worker> =
8        employees.filterIsInstance<Worker>()
```

함수 타입 파라미터를 가진 함수가 훨씬 빠르게 동작한다

조금 더 구체적으로 말하면, 모든 함수는 inline 한정자를 붙이면 조금 더 빠르게 동작합니다. 함수 호출과 리턴을 위해 점프하는 과정과 백스택을 추적하는 과정이 없기 때문입니다. 그래서 표준 라이브러리에 있는 간단한 함수들에는 대부분 inline 한정자가 붙어 있습니다.

```
1    inline fun print(message: Any?) {
2        System.out.print(message)
3    }
```

하지만 함수 파라미터를 가지지 않는 함수에서는 이러한 차이가 큰 성능 차이를 발생시키지 않습니다. 그래서 간단한 함수에 inline을 붙일 경우, 인텔리제이가 다음과 같은 경고를 표시해 주는 것입니다.

그 이유를 이해하려면, 일단 함수를 객체로서 조작할 때 발생하는 문제를 이해해야 합니다. 함수 리터럴을 사용해 만들어진 이러한 종류의 객체는 어떤 방식으로든 저장되고 유지되어야 합니다. 코틀린/JS에서는 자바스크립트가 함수를 일급 객체(first-class citizen)로 처리하므로, 굉장히 간단하게 변환이 이루어집니다. 코틀린/JS에서 함수는 단순한 함수 또는 함수 레퍼런스입니다. 반면, 코틀린/JVM에서는 JVM 익명 클래스 또는 일반 클래스를 기반으로, 함수를 객체로 만들어 냅니다. 따라서 다음과 같은 람다 표현식은

```
1    val lambda: ()->Unit = {
2        // 코드
3    }
```

클래스로 컴파일됩니다. 익명 클래스로 컴파일하면 다음과 같으며,

```
1    // 자바
2    Function0<Unit> lambda = new Function0<Unit>() {
3        public Unit invoke() {
4            // 코드
5        }
6    };
```

별도의 파일에 정의되어 있는 일반 클래스로 컴파일하면, 다음과 같습니다.

```
1    // 자바
2    // 다른 파일의 추가적인 클래스
3    public class Test$lambda implements Function0<Unit> {
```

```
4        public Unit invoke() {
5            // 코드
6        }
7    }
8
9    // 사용
10   Function0 lambda = new Test$lambda()
```

두 결과 사이에 큰 차이는 없습니다.

참고로, JVM에서 아규먼트가 없는 함수 타입은 Function0 타입으로 변환됩니다. 다른 타입의 함수는 다음과 같은 형태로 변환됩니다.

- ()->Unit는 Function0<Unit>로 컴파일

- ()->Int는 Function0<Int>로 컴파일

- (Int)->Int는 Function1<Int, Int>로 컴파일

- (Int, Int)->Int는 Function2<Int, Int, Int>로 컴파일

이러한 모든 인터페이스는 모두 코틀린 컴파일러에 의해서 생성됩니다. 요청이 있을 때 생성되므로, 이를 명시적으로 사용할 수는 없습니다. 대신 함수 타입을 사용할 수 있습니다. 함수 타입이 단순한 인터페이스라는 것을 알면, 추가적인 가능성들이 보이게 됩니다.

```
1    class OnClickListener: ()->Unit {
2        override fun invoke() {
3            // ...
4        }
5    }
```

'아이템 45: 불필요한 객체 생성을 피하라'에서 설명했던 것처럼, 함수 본문을 객체로 랩(wrap)하면, 코드의 속도가 느려집니다. 그래서 다음과 같은 두 함수가 있을 때, 첫 번째 함수가 더 빠른 것입니다.

```
1    inline fun repeat(times: Int, action: (Int) -> Unit) {
2        for (index in 0 until times) {
3            action(index)
4        }
5    }
```

```
6
7    fun repeatNoinline(times: Int, action: (Int) -> Unit) {
8        for (index in 0 until times) {
9            action(index)
10       }
11   }
```

눈으로는 차이가 보이지만, 실제로는 큰 차이가 없다고 생각할 수도 있습니다. 하지만 테스트를 잘 설계하고 확인해 보면, 차이가 분명하게 드러납니다.

```
1    @Benchmark
2    fun nothingInline(blackhole: Blackhole) {
3        repeat(100_000_000) {
4            blackhole.consume(it)
5        }
6    }
7
8    @Benchmark
9    fun nothingNoninline(blackhole: Blackhole) {
10       noinlineRepeat(100_000_000) {
11           blackhole.consume(it)
12       }
13   }
```

필자의 컴퓨터에서 첫 번째 코드는 평균 189ms로 동작하고, 두 번째 코드는 477ms로 동작합니다. 첫 번째 함수는 숫자로 반복을 돌면서, 빈 함수를 호출합니다. 반면, 두 번째 함수는 숫자로 반복을 돌면서, 객체를 호출하고, 이 객체가 빈 함수를 호출합니다. 이러한 코드의 실행 방식 차이로 인해 속도가 발생하는 것입니다('아이템 42: compareTo의 규약을 지켜라').

그럼 조금 더 일반적인 예를 살펴봅시다. 사용자가 구매한 제품들의 합을 구해야 한다면, 다음과 같은 코드를 작성할 수 있을 것입니다.

```
1    users.filter { it.bought }.sumByDouble { it.price }
```

5,000개의 제품이 있을 경우, 필자의 컴퓨터에서는 평균 38ms 정도 걸렸습니다. filter와 sumByDouble 함수가 인라인 함수가 아니라면 어떨까요? 필자의 컴퓨터에서는 평균 42ms 정도 걸렸습니다. 큰 차이로 보이지 않을 수 있지만, 이러한 처리를 할 때마다 10%의 시간이 계속해서 누적될 것입니다.

'인라인 함수'와 '인라인 함수가 아닌 함수'의 더 중요한 차이는 함수 리터럴 내부에서 지역 변수를 캡처할 때 확인할 수 있습니다. 캡처된 값은 객체로 래핑(wrapping)해야 하며, 사용할 때마다 객체를 통해 작업이 이루어져야 합니다. 예를 들어 다음 코드에서

```
1    var l = 1L
2    noinlineRepeat(100_000_000) {
3        l += it
4    }
```

인라인이 아닌 람다 표현식에서는 지역 변수 l을 직접 사용할 수 없습니다. l은 컴파일 과정 중에 다음과 같이 레퍼런스 객체로 래핑되고, 람다 표현식 내부에서는 이를 사용합니다.

```
1    val a = Ref.LongRef()
2    a.element = 1L
3    noinlineRepeat(100_000_000) {
4        a.element = a.element + it
5    }
```

이와 같은 코드는 굉장히 많이 사용되므로, 실제로 중요한 차이를 발생시킵니다. 이 코드를 기반으로 다음과 같은 벤치마크를 만들어서 비교해 봅시다.

```
1    @Benchmark
2    // 평균적으로 30 ms
3    fun nothingInline(blackhole: Blackhole) {
4        var l = 0L
5        repeat(100_000_000) {
6            l += it
7        }
8        blackhole.consume(l)
9    }
10
11   @Benchmark
12   // 평균적으로 274 ms
13   fun nothingNoninline(blackhole: Blackhole) {
14       var l = 0L
15       noinlineRepeat(100_000_000) {
16           l += it
17       }
```

```
18        blackhole.consume(l)
19    }
```

필자의 컴퓨터에서 첫 번째 처리는 30ms, 두 번째 처리는 274ms가 걸립니다. 이는 함수가 객체로 컴파일되고, 지역 변수가 래핑되어 발생하는 문제가 누적된 결과입니다. 이는 굉장히 큰 차이입니다. 일반적으로 함수 타입의 파라미터가 어떤 식으로 동작하는지 이해하기 어려우므로, 함수 타입 파라미터를 활용해서 유틸리티 함수를 만들 때(예: 컬렉션 처리)는 그냥 인라인을 붙여 준다 생각하는 것도 좋습니다. 이러한 이유로 표준 라이브러리가 제공하는 대부분의 함수 타입 파라미터를 가진 확장 함수는 인라인으로 정의됩니다.

비지역적 리턴(non-local return)을 사용할 수 있다

이전에 살펴보았던 repeatNoninline은 제어문처럼 코드를 작성했습니다. 일반적인 if 조건문, for 반복문과 비교해서 살펴봅시다.

```
1     if(value != null) {
2         print(value)
3     }
4
5     for (i in 1..10) {
6         print(i)
7     }
8
9     repeatNoninline(10) {
10        print(it)
11    }
```

하지만 중요한 차이점이 있습니다. repeatNoninline은 내부에서 리턴을 사용할 수 없습니다.

```
1     fun main() {
2         repeatNoninline(10) {
3             print(it)
4             return // 오류: 허용되지 않습니다.
5         }
6     }
```

이는 함수 리터럴이 컴파일될 때, 함수가 객체로 래핑되어서 발생하는 문제입니다. 함수가 다른 클래스에 위치하므로, return을 사용해서 main으로 돌아올 수 없는 것입니다. 인라인 함수라면 이런 제한이 없습니다. 함수가 main 함수 내부에 박히기 때문입니다.

```
1    fun main() {
2        repeat(10) {
3            print(it)
4            return // OK
5        }
6    }
```

덕분에 제어문처럼 보이면서도 잘 동작합니다.

```
1    fun getSomeMoney(): Money? {
2        repeat(100) {
3            val money = searchForMoney()
4            if(money != null) return money
5        }
6        return null
7    }
```

inline 한정자의 비용

inline 한정자는 굉장히 유용한 한정자지만, 모든 곳에 사용할 수는 없습니다. 대표적인 예로 인라인 함수는 재귀적으로 동작할 수 없습니다. 재귀적으로 사용하면, 무한하게 대체되는 문제가 발생합니다. 이러한 문제는 인텔리제이가 오류로 잡아 주지 못하므로 굉장히 위험합니다.

```
1    inline fun a() { b() }
2    inline fun b() { c() }
3    inline fun c() { a() }
```

또한 인라인 함수는 더 많은 가시성 제한을 가진 요소를 사용할 수 없습니다. public 인라인 함수 내부에서는 private과 internal 가시성을 가진 함수와 프로퍼티를 사용할 수 없습니다.

```
1    internal inline fun read() {
2        val reader = Reader() // 오류
3        // ...
4    }
5
6    private class Reader {
7        // ...
8    }
```

이처럼 인라인 함수는 구현을 숨길 수 없으므로, 클래스에 거의 사용되지 않는 것입니다.

추가적인 예를 살펴봅시다. 이상한 예지만. 필자가 숫자 3을 출력하는 것을 좋아해서 다음과 같은 함수를 구현했다고 해 봅시다.

```
1    inline fun printThree() {
2        print(3)
3    }
```

이러한 함수를 세 번 호출하고 싶어서, 다음과 같은 함수를 만들었다고 해 봅시다.

```
1    inline fun threePrintThree() {
2        printThree()
3        printThree()
4        printThree()
5    }
```

3을 더 출력하고 싶어서, 다음과 같이 3을 더 출력하게 만들었다고 합시다.

```
1    inline fun threeThreePrintThree() {
2        threePrintThree()
3        threePrintThree()
4        threePrintThree()
5    }
6
7    inline fun threeThreeThreePrintThree() {
8        threeThreePrintThree()
9        threeThreePrintThree()
10       threeThreePrintThree()
11   }
```

어떻게 컴파일될까요? 전자의 코드는 다음과 같이 컴파일됩니다.

```
1    inline fun printThree() {
2        print(3)
3    }
4
5    inline fun threePrintThree() {
6        print(3)
7        print(3)
8        print(3)
9    }
```

후자의 두 코드는 다음과 같이 컴파일됩니다.

```
1    inline fun threeThreePrintThree() {
2        print(3)
3        print(3)
4        print(3)
5        print(3)
6        print(3)
7        print(3)
8        print(3)
9        print(3)
10       print(3)
11   }
12
13   inline fun threeThreeThreePrintThree() {
14       print(3)
15       print(3)
16       print(3)
17       print(3)
18       print(3)
19       print(3)
20       print(3)
21       print(3)
22       print(3)
23       print(3)
24       print(3)
25       print(3)
26       print(3)
27       print(3)
28       print(3)
29       print(3)
30       print(3)
31       print(3)
```

```
32        print(3)
33        print(3)
34        print(3)
35        print(3)
36        print(3)
37        print(3)
38        print(3)
39        print(3)
40        print(3)
41    }
```

굉장히 추상적인 예지만, 인라인 함수도 큰 문제가 있다는 것을 보여 줍니다. inline 한정자를 남용하면, 코드의 크기가 쉽게 커집니다. 이러한 문제는 필자도 실제로 프로젝트를 진행하면서 만나보았습니다. 서로 호출하는 인라인 함수가 많아지면, 코드가 기하급수적으로 증가하므로 위험합니다.

crossinline과 noinline

함수를 인라인으로 만들고 싶지만, 어떤 이유로 일부 함수 타입 파라미터는 inline으로 받고 싶지 않은 경우가 있을 수 있습니다. 이러한 경우에는 다음과 같은 한정자를 사용합니다.

- crossinline: 아규먼트로 인라인 함수를 받지만, 비지역적 리턴을 하는 함수는 받을 수 없게 만듭니다. 인라인으로 만들지 않은 다른 람다 표현식과 조합해서 사용할 때 문제가 발생하는 경우 활용합니다.
- noinline: 아규먼트로 인라인 함수를 받을 수 없게 만듭니다. 인라인 함수가 아닌 함수를 아규먼트로 사용하고 싶을 때 활용합니다.

```
1     inline fun requestNewToken(
2         hasToken: Boolean,
3         crossinline onRefresh: ()->Unit,
4         noinline onGenerate: ()->Unit
5     ) {
6         if (hasToken) {
7             httpCall("get-token", onGenerate)
8             // 인라인이 아닌 함수를 아규먼트로 함수에 전달하려면
9             // noinline을 사용합니다.
10        } else {
```

```
11          httpCall("refresh-token") {
12              onRefresh()
13              // Non-local 리턴이 허용되지 않는 컨텍스트에서
14              // inline 함수를 사용하고 싶다면 crossinline을 사용합니다.
15              onGenerate()
16          }
17      }
18  }
19
20  fun httpCall(url: String, callback: ()->Unit) {
21      /*...*/
22  }
```

두 한정자의 의미를 확실하게 기억하면 좋겠지만, 인텔리제이 IDEA가 필요할 때 알아서 제안을 해 주므로 대충 알아 두기만 해도 괜찮습니다.

```
17  inline fun requestNewToken(
18      hasToken: Boolean,
19      onRefresh: ()->Unit,
20      onGenerate: ()->Unit
21  ) {
22      if (hasToken) {
23          httpCall("get-token", onGenerate)
24      } else {
25          httpCall("refresh-token") {
26              onRefresh()
```
Can't inline 'onRefresh' here: it may contain non-local returns. Add 'crossinline' modifier to parameter declaration 'onRefresh'

정리

인라인 함수가 사용되는 주요 사례를 정리해 보면 다음과 같습니다.

* print 함수처럼 매우 많이 사용되는 경우
* filterIsInstance 함수처럼 타입 아규먼트로 reified 타입을 전달받는 경우
* 함수 타입 파라미터를 갖는 톱레벨 함수를 정의해야 하는 경우, 특히 컬렉션 처리 함수와 같은 헬퍼 함수(map, filter, flatMap, joinToString 등), 스코프 함수(also, apply, let 등), 톱레벨 유틸리티 함수(repeat, run, with)의 경우

API를 정의할 때 인라인 함수를 사용하는 경우는 거의 없습니다. 또한 한 인라인 함수가 다른 인라인 함수를 호출하는 경우, 코드가 기하급수적으로 많아질 수 있으므로 주의하세요.

인라인 클래스의 사용을 고려하라

인라인으로 만들 수 있는 것은 함수뿐만이 아닙니다. 하나의 값을 보유하는 객체도 inline으로 만들 수 있습니다. 이는 코틀린 1.3부터 도입된 기능입니다. 기본 생성자 프로퍼티가 하나인 클래스 앞에 `inline`을 붙이면, 해당 객체를 사용하는 위치가 모두 해당 프로퍼티로 교체됩니다.

```
1   inline class Name(private val value: String) {
2       // ...
3   }
```

이러한 inline 클래스는 타입만 맞다면, 다음과 같이 그냥 값을 곧바로 집어 넣는 것도 허용됩니다.

```
1   // 코드
2   val name: Name = Name("Marcin")
3
4   // 컴파일 때 다음과 같은 형태로 바뀝니다.
5   val name: String = "Marcin"
```

inline 클래스의 메서드는 모두 정적 메서드로 만들어집니다.

```
1   inline class Name(private val value: String) {
2       // ...
3
4       fun greet() {
5           print("Hello, I am $value")
6       }
7   }
8
9   // 코드
10  val name: Name = Name("Marcin")
11  name.greet()
12
```

```
13    // 컴파일 때 다음과 같은 형태로 바뀝니다.
14    val name: String = "Marcin"
15    Name.'greet-impl'(name)
```

인라인 클래스는 다른 자료형을 래핑해서 새로운 자료형을 만들 때 많이 사용됩니다(위의 예제에서는 String을 Name으로 래핑했습니다). 이때 어떠한 오버헤드도 발생하지 않습니다('아이템 45: 불필요한 객체 생성을 피하라' 참고). inline 클래스는 다음과 같은 상황에서 많이 사용됩니다.

• 측정 단위를 표현할 때
• 타입 오용으로 발생하는 문제를 막을 때

각각의 내용을 조금 더 자세히 살펴봅시다.

측정 단위를 표현할 때

타이머 클래스를 만드는 경우를 가정해 봅시다. 이 클래스는 특정 시간 후에 파라미터로 받은 함수를 호출합니다.

```
1    interface Timer {
2        fun callAfter(time: Int, callback: ()->Unit)
3    }
```

그런데 여기에서 time은 정확하게 어떤 단위일까요? ms(밀리초), s(초), min(분) 중에서 어떤 단위인지 명확하지 않습니다. 따라서 심각한 실수로 여러 문제가 발생할 수 있는 지점입니다. 실제로 화성의 대기와 충돌한 화성 기후 궤도선(Mars Climate Orbiter)에서 이런 문제가 발생했습니다. 나사(NASA)는 궤도선 제어에 사용되는 소프트웨어 개발을 외부 회사에 맡겼습니다. 하지만 나사가 생각했던 측정 단위와 외주 회사가 만든 측정 단위에 차이가 발생했습니다. 나사는 뉴턴 초(newton-seconds, N·s) 단위를 생각했지만, 파운드 힘 초(pound-force seconds, lbs·s)로 만들어 버린 것입니다. 3억 2,360만 달러가 들어간 이 프로젝트는 이 단순한 문제로 완전히 실패했습니다. 이처럼 측정 단위 혼동은 굉장히 큰 문제를 초래할 수 있습니다.

이러한 문제를 해결할 수 있는 가장 쉬운 방법은 파라미터 이름에 측정 단위를 붙여 주는 것입니다.

```
1    interface Timer {
2        fun callAfter(timeMillis: Int, callback: ()->Unit)
3    }
```

하지만 함수를 사용할 때 프로퍼티 이름이 표시되지 않을 수 있으므로, 여전이 실수를 할 수 있습니다. 또한 파라미터는 이름을 붙일 수 있지만, 리턴 값은 이름을 붙일 수 없습니다. 예를 들어 다음 코드의 decideAboutTime은 시간을 리턴하지만, 어떤 단위로 리턴하는지 전혀 알려 주지 않습니다. 마찬가지로 이는 큰 문제가 될 수 있는 부분입니다.

```
1    interface User {
2        fun decideAboutTime(): Int
3        fun wakeUp()
4    }
5
6    interface Timer {
7        fun callAfter(timeMillis: Int, callback: ()->Unit)
8    }
9
10   fun setUpUserWakeUpUser(user: User, timer: Timer) {
11       val time: Int = user.decideAboutTime()
12       timer.callAfter(time) {
13           user.wakeUp()
14       }
15   }
```

물론 함수에 이름을 붙여서, 어떤 단위로 리턴하는지 알려 줄 수 있습니다. 예를 들어 함수 이름을 decideAboutTimeMillis로 만들면, ms 단위로 리턴한다는 것을 알 수 있습니다. 하지만 이러한 해결 방법은 함수를 더 길게 만들고, 필요 없는 정보까지도 전달해 줄 가능성이 있으므로, 실제로는 거의 사용되지 않습니다.

더 좋은 해결 방법은 타입에 제한을 거는 것입니다. 제한을 걸면 제네릭 유형을 잘못 사용하는 문제를 줄일 수 있습니다. 그리고 이때 코드를 더 효율적으로 만들려면, 다음과 같이 인라인 클래스를 활용합니다.

```
1    inline class Minutes(val minutes: Int) {
2        fun toMillis(): Millis = Millis(minutes * 60 * 1000)
3        // ...
4    }
5
6    inline class Millis(val milliseconds: Int) {
7        // ...
8    }
9
10   interface User {
11       fun decideAboutTime(): Minutes
12       fun wakeUp()
13   }
14
15   interface Timer {
16       fun callAfter(timeMillis: Millis, callback: ()->Unit)
17   }
18
19   fun setUpUserWakeUpUser(user: User, timer: Timer) {
20       val time: Minutes = user.decideAboutTime()
21       timer.callAfter(time) { // 오류: Type mismatch
22           user.wakeUp()
23       }
24   }
```

이렇게 하면, 올바른 타입을 사용하는 것이 강제됩니다.

```
1    fun setUpUserWakeUpUser(user: User, timer: Timer) {
2        val time = user.decideAboutTime()
3        timer.callAfter(time.toMillis()) {
4            user.wakeUp()
5        }
6    }
```

프런트엔드 개발에서는 px, mm, dp 등의 다양한 단위를 사용하는데, 이러한 단위를 제한할 때 활용하면 좋습니다. 또한 객체 생성을 위해서 DSL-like 확장 프로퍼티를 만들어 두어도 좋습니다.

```
1    val Int.min get() = Minutes(this)
2    val Int.ms get() = Millis(this)
3
4    val timeMin: Minutes = 10.min
```

타입 오용으로 발생하는 문제를 막을 때

SQL 데이터베이스는 일반적으로 ID를 사용해서 요소를 식별합니다. ID는 일반적으로 단순한 숫자입니다. 간단한 예로 학생 성적 관리 시스템이 있다고 해봅시다. 학생, 교사, 학교 등의 데이터들이 모두 ID를 갖고 있을 것입니다.

```
1   @Entity(tableName = "grades")
2   class Grades(
3       @ColumnInfo(name = "studentId")
4       val studentId: Int,
5       @ColumnInfo(name = "teacherId")
6       val teacherId: Int,
7       @ColumnInfo(name = "schoolId")
8       val schoolId: Int,
9       // ...
10  )
```

그런데 이런 코드는 모든 ID가 Int 자료형이므로, 실수로 잘못된 값을 넣을 수 있습니다. 또한 이러한 문제가 발생했을 때 어떠한 오류도 발생하지 않으므로, 문제를 찾는 게 힘들어집니다. 이런 문제를 미리 막으려면, 다음과 같이 Int 자료형의 값을 inline 클래스를 활용해 래핑합니다.

```
1   inline class StudentId(val studentId: Int)
2   inline class TeacherId(val teacherId: Int)
3   inline class SchoolId(val studentId: Int)
4
5   class Grades(
6       @ColumnInfo(name = "studentId")
7       val studentId: StudentId,
8       @ColumnInfo(name = "teacherId")
9       val teacherId: TeacherId,
10      @ColumnInfo(name = "schoolId")
11      val schoolId: SchoolId,
12      // ...
13  )
```

이렇게 하면 ID를 사용하는 것이 굉장히 안전해지며, 컴파일할 때 타입이 Int로 대체되므로 코드를 바꾸어도 별도의 문제가 발생하지 않습니다. 이처럼 인라인 클래스를 사용하면, 안전을 위해 새로운 타입을 도입해도, 추가적인 오버헤드가 발생하지 않습니다.

인라인 클래스와 인터페이스

인라인 클래스도 다른 클래스와 마찬가지로 인터페이스를 구현할 수 있습니다. 다음 예를 살펴봅시다. 인터페이스를 활용해서 시간을 적절한 단위로 변환하고 있습니다.

```kotlin
1    interface TimeUnit {
2        val millis: Long
3    }
4
5    inline class Minutes(val minutes: Long): TimeUnit {
6        override val millis: Long get() = minutes * 60 * 1000
7        // ...
8    }
9
10   inline class Millis(val milliseconds: Long): TimeUnit {
11       override val millis: Long get() = milliseconds
12   }
13
14   fun setUpTimer(time: TimeUnit) {
15       val millis = time.millis
16       //...
17   }
18
19   setUpTimer(Minutes(123))
20   setUpTimer(Millis(456789))
```

하지만 이 코드는 클래스가 inline으로 동작하지 않습니다. 따라서 위의 예는 클래스를 inline으로 만들었을 때 얻을 수 있는 장점이 하나도 없습니다. 인터페이스를 통해서 타입을 나타내려면, 객체를 래핑해서 사용해야 하기 때문입니다. 인터페이스를 구현하는 인라인 클래스는 아무런 의미가 없습니다.

typealias

typealias를 사용하면, 타입에 새로운 이름을 붙여 줄 수 있습니다.

```kotlin
1    typealias NewName = Int
2    val n: NewName = 10
```

이러한 typealias는 길고 반복적으로 사용해야 할 때 많이 유용합니다. 예를 들어 다음과 같이 자주 사용되는 함수 타입은 typealias로 이름을 붙여서 사용합니다.

```
1    typealias ClickListener =
2        (view: View, event: Event) -> Unit
3
4    class View {
5        fun addClickListener(listener: ClickListener) {}
6        fun removeClickListener(listener: ClickListener) {}
7        //...
8    }
```

하지만 typealias는 안전하지 않습니다. 다음 코드를 살펴봅시다. Seconds 와 Millis 모두 단순하게 Int를 나타냅니다. 따라서 실수로 둘을 혼용해서 잘 못 입력하더라도, 어떠한 오류도 발생하지 않습니다. 하지만 이름이 명확하게 Seconds와 Mills라고 붙어 있으므로, 안전할 거라는 착각을 하게 만듭니다. 이 는 오히려 문제가 발생했을 때, 문제 찾는 것을 어렵게 만듭니다.

```
1    typealias Seconds = Int
2    typealias Millis = Int
3
4    fun getTime(): Millis = 10
5    fun setUpTimer(time: Seconds) {}
6
7    fun main() {
8        val seconds: Seconds = 10
9        val millis: Millis = seconds // 컴파일 오류가 발생하지 않습니다.
10
11       setUpTimer(getTime())
12   }
```

위의 코드는 typealias를 사용하지 않는 것이 오히려 오류를 쉽게 찾을 수 있 을 것입니다. 따라서 이런 형태로 typealias를 사용하면 안 됩니다. 단위 등을 표현하려면, 파라미터 이름 또는 클래스를 사용하세요. 이름은 비용이 적게 들 고, 클래스는 안전합니다. 인라인 클래스를 사용하면, 비용과 안전이라는 두 마리 토끼를 모두 잡을 수 있습니다.

정리

인라인 클래스를 사용하면 성능적인 오버헤드 없이 타입을 래핑할 수 있습니다. 인라인 클래스는 타입 시스템을 통해 실수로 코드를 잘못 작성하는 것을 막아주므로, 코드의 안정성을 향상시켜 줍니다. 의미가 명확하지 않은 타입, 특히 여러 측정 단위들을 함께 사용하는 경우에는 인라인 클래스를 꼭 활용하세요.

더 이상 사용하지 않는 객체의 레퍼런스를 제거하라

메모리 관리를 자동으로 해 주는 프로그래밍 언어에 익숙한 개발자는 객체 해제(free)를 따로 생각하지 않습니다. 예를 들어 자바는 가비지 컬렉터가 객체 해제와 관련된 모든 작업을 해 줍니다. 하지만 그렇다고 메모리 관리를 완전히 무시해 버리면, 메모리 누수(불필요한 메모리 소비)가 발생해서, 상황에 따라 OutOfMemoryError가 발생하기도 합니다. 따라서 '더 이상 사용하지 않는 객체의 레퍼런스를 유지하면 안 된다'라는 규칙 정도는 지켜 주는 것이 좋습니다. 특히 어떤 객체가 메모리를 많이 차지하거나, 어떤 객체의 인스턴스가 많이 생성될 경우에는 규칙을 꼭 지켜 줘야 합니다.

안드로이드를 처음 시작하는 많은 개발자가 흔히 실수로, Activity(데스크톱 애플리케이션의 창(window) 같은 개념)를 여러 곳에서 자유롭게 접근하기 위해서 companion 프로퍼티(고전적인 형태로는 static 필드)에 이를 할당해 두는 경우가 있습니다.

```
1    class MainActivity : Activity() {
2
3        override fun onCreate(savedInstanceState: Bundle?) {
4            super.onCreate(savedInstanceState)
5            //...
6            activity = this
7        }
8
9        //...
10
11       companion object {
12           // 이렇게 하지 마세요. 메모리 누수가 크게 발생합니다.
13           var activity: MainActivity? = null
14       }
15   }
```

이렇게 객체에 대한 참조를 companion(또는 static)으로 유지해 버리면, 가비지 컬렉터가 해당 객체에 대한 메모리 해제를 할 수 없습니다. 액티비티는 굉장히 큰 객체입니다. 따라서 굉장히 큰 메모리 누수가 발생하게 됩니다. 이를 개선할 수 있는 방법이 몇 가지 있습니다. 일단 이러한 리소스를 정적으로 유지하지 않는 것이 가장 좋습니다. 의존 관계를 정적으로 저장하지 말고, 다른 방법을 활용해서 적절하게 관리하기 바랍니다. 또한 객체에 대한 레퍼런스를 다른 곳에 저장할 때는 메모리 누수가 발생할 가능성을 언제나 염두에 두기 바랍니다. 다음 코드를 살펴봅시다. MainActivity에 대한 레퍼런스를 사용하는 람다 함수를 다른 곳에서 저장합니다.

```
1    class MainActivity : Activity() {
2
3        override fun onCreate(savedInstanceState: Bundle?) {
4            super.onCreate(savedInstanceState)
5            //...
6
7            // this에 대한 레퍼런스 누수가 발생합니다.
8            logError = { Log.e(this::class.simpleName, it.message) }
9        }
10
11       //...
12
13       companion object {
14           // 이렇게 하지 마세요. 메모리 누수가 발생합니다.
15           var logError: ((Throwable)->Unit)? = null
16       }
17   }
```

메모리 문제는 굉장히 미묘한 곳에서 발생하는 경우가 많습니다. 다음과 같은 간단한 스택 구현을 살펴봅시다.[5]

```
1    class Stack {
2        private var elements: Array<Any?> =
3            arrayOfNulls(DEFAULT_INITIAL_CAPACITY)
4        private var size = 0
5
```

---

5 조슈아 블로크의 《이펙티브 자바》의 코드를 기반으로 만든 코드입니다.

```
6      fun push(e: Any) {
7          ensureCapacity()
8          elements[size++] = e
9      }
10
11     fun pop(): Any? {
12         if (size == 0) {
13             throw EmptyStackException()
14         }
15         return elements[--size]
16     }
17
18     private fun ensureCapacity() {
19         if (elements.size == size) {
20             elements = elements.copyOf(2 * size + 1)
21         }
22     }
23
24     companion object {
25         private const val DEFAULT_INITIAL_CAPACITY = 16
26     }
27 }
```

이 코드에서 어떤 부분이 문제일까요? 잠시 시간을 내어 생각해 보기 바랍니다.

문제는 pop을 할 때 size를 감소시키기만 하고, 배열 위의 요소를 해제하는 부분이 없다는 것입니다. 스택에 1000개의 요소가 있다고 가정해 봅시다. 이어서 pop을 실행해서 size를 1까지 줄였다고 해 봅시다. 요소 1개만 의미가 있고 나머지는 의미가 없습니다. 하지만 위 코드의 스택은 1,000개의 요소를 모두 붙들고 놓아 주지 않으므로, 가비지 컬렉터가 이를 해제하지 못합니다. 따라서 999개의 요소가 메모리를 낭비하게 됩니다. 즉, 메모리 누수가 발생한다는 것입니다. 이러한 누수가 쌓이고 쌓이면, OutOfMemoryError가 발생할 것입니다. 구현을 어떻게 수정해야 할까요? 간단하게 객체를 더 이상 사용하지 않을 때, 그 레퍼런스에 null을 설정하기만 하면 됩니다.

```
1      fun pop(): Any? {
2          if (size == 0)
3              throw EmptyStackException()
4          val elem = elements[--size]
```

```
5        elements[size] = null
6        return elem
7    }
```

방금 살펴본 예는 메모리 누수를 확실하게 살펴볼 수 있지만, 사실 그렇게 자주 접할 수 있는 예는 아닙니다. 그럼 조금 더 일상적으로 볼 수 있는 예를 살펴봅시다. lazy처럼 동작해야 하지만, 상태 변경도 할 수 있는 것을 만들어야 합니다. 다음과 같은 코드로 mutableLazy 프로퍼티 델리게이트를 구현했다고 합시다.

```
1    fun <T> mutableLazy(initializer: () -> T):
2    ReadWriteProperty<Any?, T> = MutableLazy(initializer)
3
4    private class MutableLazy<T>(
5        val initializer: () -> T
6    ) : ReadWriteProperty<Any?, T> {
7
8        private var value: T? = null
9        private var initialized = false
10
11       override fun getValue(
12           thisRef: Any?,
13           property: KProperty<*>
14       ): T {
15           synchronized(this) {
16               if (!initialized) {
17                   value = initializer()
18                   initialized = true
19               }
20               return value as T
21           }
22       }
23
24       override fun setValue(
25           thisRef: Any?,
26           property: KProperty<*>,
27           value: T
28       ) {
29           synchronized(this) {
30               this.value = value
31               initialized = true
32           }
33       }
34   }
```

사용 예는 다음과 같습니다.

```
1   var game: Game? by mutableLazy { readGameFromSave() }
2
3   fun setUpActions() {
4       startNewGameButton.setOnClickListener {
5           game = makeNewGame()
6           startGame()
7       }
8       resumeGameButton.setOnClickListener {
9           startGame()
10      }
11  }
```

위의 mutableLazy 구현은 한 가지 결점을 갖고 있습니다. initializer가 사용된 후에도 해제되지 않는다는 것입니다. MutableLazy에 대한 참조가 존재한다면, 이것이 더 이상 필요 없어도 유지됩니다. 이와 관련된 부분을 조금 더 개선해 보면 다음과 같습니다.

```
1   fun <T> mutableLazy(initializer: () -> T):
2   ReadWriteProperty<Any?, T> = MutableLazy(initializer)
3
4   private class MutableLazy<T>(
5       var initializer: (() -> T)?
6   ) : ReadWriteProperty<Any?, T> {
7
8       private var value: T? = null
9
10      override fun getValue(
11          thisRef: Any?,
12          property: KProperty<*>
13      ): T {
14          synchronized(this) {
15              val initializer = initializer
16              if (initializer != null) {
17                  value = initializer()
18                  this.initializer = null
19              }
20              return value as T
21          }
22      }
23
24      override fun setValue(
```

```
25          thisRef: Any?,
26          property: KProperty<*>,
27          value: T
28      ) {
29          synchronized(this) {
30              this.value = value
31              this.initializer = null
32          }
33      }
34  }
```

initializer를 null로 설정하기만 하면, 가비지 컬렉터가 이를 처리할 수 있습니다.

이런 최적화 처리가 과연 중요할까요? 거의 사용되지 않는 객체까지 이런 것을 신경 쓰는 것은 오히려 좋지 않을 수도 있습니다. 쓸데없는 최적화가 모든 악의 근원이라는 말도 있습니다. 하지만 오브젝트에 null을 설정하는 것은 그렇게 어려운 일이 아니므로, 무조건 하는 것이 좋습니다. 특히 많은 변수를 캡처할 수 있는 함수 타입, Any 또는 제네릭 타입과 같은 미지의 클래스일 때는 이러한 처리가 중요합니다. 예를 들어 이전에 살펴보았던 Stack으로 조금 더 큰 객체들을 다루는 경우가 있을 수 있습니다. Stack과 같이 범용적으로 사용되는 것들은 어떤 식으로 사용될지 예측하기 어렵습니다. 따라서 이런 것들은 최적화에 더 신경을 써야 합니다. 즉, 라이브러리를 만들 때 이런 최적화가 중요합니다. 예를 들어 코틀린 stdlib에 구현되어 있는 lazy 델리게이트는 사용 후에 모두 initializer를 null로 초기화합니다.

```
1   private class SynchronizedLazyImpl<out T>(
2       initializer: () -> T, lock: Any? = null
3   ) : Lazy<T>, Serializable {
4       private var initializer: (() -> T)? = initializer
5       private var _value: Any? = UNINITIALIZED_VALUE
6       private val lock = lock ?: this
7
8       override val value: T
9           get() {
10              val _v1 = _value
11              if (_v1 !== UNINITIALIZED_VALUE) {
12                  @Suppress("UNCHECKED_CAST")
13                  return _v1 as T
```

```
14              }
15
16              return synchronized(lock) {
17                  val _v2 = _value
18                  if (_v2 !== UNINITIALIZED_VALUE) {
19                      @Suppress("UNCHECKED_CAST") (_v2 as T)
20                  } else {
21                      val typedValue = initializer!!()
22                      _value = typedValue
23                      initializer = null
24                      typedValue
25                  }
26              }
27          }
28
29      override fun isInitialized(): Boolean =
30          _value !== UNINITIALIZED_VALUE
31
32      override fun toString(): String =
33          if (isInitialized()) value.toString()
34          else "Lazy value not initialized yet."
35
36      private fun writeReplace(): Any =
37          InitializedLazyImpl(value)
38  }
```

일반적인 규칙은 상태를 유지할 때는 메모리 관리를 염두에 두어야 한다는 것입니다. 코드를 작성할 때는 '메모리와 성능'뿐만 아니라 '가독성과 확장성'을 항상 고려해야 합니다. 일반적으로 가독성이 좋은 코드는 메모리와 성능적으로도 좋습니다. 가독성이 좋지 않은 코드는 메모리와 CPU 리소스의 낭비를 숨기고 있을 가능성이 높습니다. 물론 둘 사이에 트레이드 오프가 발생하는 경우도 있습니다. 이럴 때는 일반적으로 가독성과 확장성을 더 중시하는 것이 좋습니다. 예외적으로 라이브러리를 구현할 때는 메모리와 성능이 더 중요합니다.

일반적으로 메모리 누수가 발생하는 부분을 몇 가지 정리해 보겠습니다. 첫 번째는 절대 사용되지 않는 객체를 캐시해서 저장해 두는 경우입니다. 물론 캐시를 해 두는 것이 나쁜 것은 아닙니다. 하지만 이것이 OutOfMemoryError를 일으킬 수 있다면, 아무런 도움도 되지 않습니다. 해결 방법은 소프트 레퍼런스

(soft reference)[6]를 사용하는 것입니다. 소프트 레퍼런스를 활용하면, 메모리가 필요한 경우에는 가비지 컬렉터가 이를 알아서 해제합니다. 하지만 메모리가 부족하지 않아서 해제되지 않았다면, 이를 활용할 수 있습니다.

화면 위의 대화상자와 같은 일부 객체는 약한 레퍼런스(weak reference)를 사용하는 것이 좋을 수 있습니다.[7] 대화상자가 출력되는 동안에는 가비지 컬렉터가 이를 수집하지 않을 것입니다. 그리고 대화상자를 닫은 이후에는 이에 대한 참조를 유지할 필요가 전혀 없습니다. 따라서 약한 레퍼런스를 사용하면 좋습니다.

메모리 누수는 예측하기 어렵습니다. 애플리케이션이 크래시(crash)되기 전까지 있는지 확인하기 힘들 수도 있습니다. 메모리 누수는 안드로이드 애플리케이션에서 더 큰 문제가 됩니다. 안드로이드 애플리케이션은 일반적인 데스크톱 애플리케이션보다 메모리 사용량에 엄격한 제한이 있기 때문입니다. 그래서 별도의 도구들을 활용해서 메모리 누수를 찾는 것도 좋은 방법입니다. 가장 기본적인 도구로는 힙 프로파일러(heap profiler)가 있습니다. 또한 메모리 누수 탐색에 도움이 되는 라이브러리도 있습니다. 예를 들어 안드로이드에서 인기 있는 라이브러리로, 메모리 누수가 검출될 때마다 알려 주는 LeakCanary가 있습니다.

사실 객체를 수동으로 해제해야 하는 경우는 굉장히 드뭅니다. 일반적으로 스코프를 벗어나면서, 어떤 객체를 가리키는 레퍼런스가 제거될 때 객체가 자동으로 해제됩니다. 따라서 메모리와 관련된 문제를 피하는 가장 좋은 방법은 '아이템 2: 변수의 스코프를 최소화하라'에서 언급했던 것처럼 변수를 지역 스코프(local scope)에 정의하고, 톱레벨 프로퍼티 또는 객체 선언(companion 객체 포함)으로 큰 데이터를 저장하지 않는 것입니다.

---

6 (옮긴이) 소프트 레퍼런스를 처음 들어본다면 이게 무엇인지 의문이 들 수 있는데, SoftReference라는 객체입니다. 어떤 객체를 SoftReference로 연결하면, 메모리가 부족한 경우에는 알아서 해제됩니다. 반면 메모리가 부족하지 않다면, 이를 해제하지 않고 유지합니다.

7 (옮긴이) 마찬가지로 WeakReference라는 객체가 있습니다. 어떤 객체가 WeakReference와 연결되면, 가비지 컬렉터가 메모리를 수집할 때 반드시 수집됩니다. 참고로, 'WeakReference 객체가 있으면, StrongReference 객체도 있겠네?'라고 생각할 수 있는데요. 그냥 일반적으로 new 키워드로 생성하는 일반적인 동작을 강한 레퍼런스(strong reference)라고 부릅니다.

8장

효율적인 컬렉션 처리

컬렉션은 프로그래밍에서 굉장히 중요한 개념입니다. iOS에서 많이 사용되는
뷰 요소인 UICollectionView도 컬렉션을 출력하도록 설계되어 있습니다. 마찬
가지로 안드로이드에서도 RecyclerView와 ListView 등의 컬렉션을 사용하지
않는 애플리케이션은 상상하기 어렵습니다. 뉴스를 제공해 주는 포털 사이트
를 만들어야 한다면 뉴스 리스트(목록)를 출력해야 할 것입니다. 그리고 각각
의 항목에는 작성자(기자) 이름과 태그들이 들어 있을 것입니다. 온라인 전자
상거래 사이트를 만든다면 제품 리스트, 카테고리 리스트, 장바구니에 들어 있
는 물건 리스트 등의 여러 리스트를 사용해야 할 것입니다. 일부 프로그래밍
언어에서 String은 문자(character)의 리스트입니다. 이처럼 컬렉션은 모든 곳
에서 사용됩니다. 여러 애플리케이션의 공개되어 있는 코드(또는 자신이 직접
만든 코드)를 보면, 수많은 컬렉션들이 사용되고 있다는 것을 알 수 있을 것입
니다.

　대부분의 현대적인 프로그래밍 언어에는 컬렉션 리터럴이 따로 제공됩니다.

```
1    // 파이썬
2    primes = [2, 3, 5, 7, 13]
3    // 스위프트
4    let primes = [2, 3, 5, 7, 13]
```

과거에는 함수형 프로그래밍 언어들에서만 컬렉션 처리가 잘 지원되었습니다.

예를 들어 Lisp 프로그래밍 언어는 이름이 'list processing(리스트 처리)'의 약자일 정도로 컬렉션 처리에 특화되어 있습니다.[1] 현대적인 프로그래밍 언어는 대부분 켈렉션 처리를 굉장히 잘 지원해 줍니다. 코틀린도 마찬가지로 굉장히 강력한 컬렉션 처리 방법을 제공합니다. 다음 코드를 살펴봅시다.

```
1   val visibleNews = mutableListOf<News>()
2   for (n in news) {
3       if(n.visible) {
4           visibleNews.add(n)
5       }
6   }
7
8   Collections.sort(visibleNews,
9       { n1, n2 -> n2.publishedAt - n1.publishedAt })
10  val newsItemAdapters = mutableListOf<NewsItemAdapter>()
11  for (n in visibleNews) {
12      newsItemAdapters.add(NewsItemAdapter(n))
13  }
```

이를 다음과 같이 간단하게 작성할 수도 있습니다.

```
1   val newsItemAdapters = news
2           .filter { it.visible }
3           .sortedByDescending { it.publishedAt }
4           .map(::NewsItemAdapter)
```

코드를 보면 알 수 있겠지만, 단순하게 짧아지는 장점만 있는 것이 아니라, 코드를 읽기 쉬워진다는 장점도 있습니다. 각각의 단계에서 리스트의 요소들에 어떤 처리가 일어납니다. 각각의 처리를 그림으로 시각화해 보면, 다음과 같습니다.

---

1 Lisp는 널리 사용되고 있는 프로그래밍 언어 중 하나로, 함수형 프로그래밍 언어의 아버지로 알려져 있습니다. Lisp는 Clojure, Common Lisp, Scheme 등으로 파생되어 사용되고 있습니다.

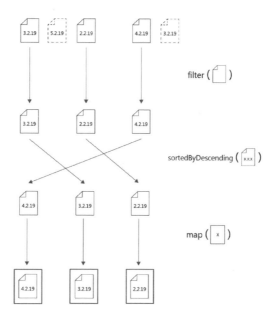

위에서 살펴본 두 코드는 성능적으로 큰 차이가 없습니다. 하지만 성능의 차이가 발생하는 경우가 있습니다. 예를 들어 다음과 같은 코드가 있다면, 두 실행 결과는 같지만 성능적으로 차이가 있습니다.

```kotlin
1    fun productsListProcessing(): String {
2        return clientsList
3                .filter { it.adult }
4                .flatMap { it.products }
5                .filter { it.bought }
6                .map { it.price }
7                .filterNotNull()
8                .map { "$$it" }
9                .joinToString(separator = " + ")
10    }
11
12    fun productsSequenceProcessing(): String {
13        return clientsList.asSequence()
14                .filter { it.adult }
15                .flatMap { it.products.asSequence() }
16                .filter { it.bought }
17                .mapNotNull { it.price }
18                .joinToString(separator = " + ") { "$$it" }
19    }
```

컬렉션 처리 최적화는 생각보다 어렵지만 굉장히 중요합니다. 필자도 컨설턴 트로서 컬렉션 처리가 성능에 큰 문제를 일으키는 경우를 많이 보았습니다. 특 히 백엔드 애프리케이션 개발, 데이터 분석 등의 영역에서는 컬렉션 처리 최적 화만 잘해도 프로그램의 전체적인 성능이 향상됩니다. 프런트엔드 클라이언트 를 구현할 때도 컬렉션 처리가 애플리케이션의 성능에 문제를 일으키는 경우 를 많이 볼 수 있습니다. 따라서 무시하고 넘어갈 수 있는 부분이 아니므로 꼭 기억하세요.

그래도 다행인 것은 컬렉션 처리 최적화를 공부하는 것이 그렇게 어렵지는 않다는 것입니다. 몇 가지 규칙을 기억하고, 상황에 맞춰 생각하면 누구나 효 과적으로 최적화할 수 있습니다. 이와 관련된 내용을 이 장에서 살펴보도록 하 겠습니다.

하나 이상의 처리 단계를 가진 경우에는 시퀀스를 사용하라

많은 사람이 Iterable과 Sequence의 차이를 잊어 버립니다. 사실 정의가 거의 동일하므로 충분히 이해할 수 있는 일입니다.

```
1    interface Iterable<out T> {
2        operator fun iterator(): Iterator<T>
3    }
4
5    interface Sequence<out T> {
6        operator fun iterator(): Iterator<T>
7    }
```

코드를 보면 둘의 차이는 이름밖에 없는 것 아니냐고 할 수도 있는데요. Iterable과 Sequence는 완전히 다른 목적으로 설계되어서, 완전히 다른 형태로 동작합니다. 무엇보다 Sequence는 지연(lazy) 처리됩니다. 따라서 시퀀스 처리 함수들을 사용하면, 데코레이터 패턴으로 꾸며진 새로운 시퀀스가 리턴됩니다. 최종적인 계산은 toList 또는 count 등의 최종 연산이 이루어질 때 수행됩니다. 반면, Iterable은 처리 함수를 사용할 때마다 연산이 이루어져 List가 만들어집니다.

```
1    public inline fun <T> Iterable<T>.filter(
2        predicate: (T) -> Boolean
3    ): List<T> {
4        return filterTo(ArrayList<T>(), predicate)
5    }
6
7    public fun <T> Sequence<T>.filter(
8        predicate: (T) -> Boolean
9    ): Sequence<T> {
10       return FilteringSequence(this, true, predicate)
11   }
```

정리하면, 컬렉션 처리 연산은 호출할 때 연산이 이루어집니다. 반면, 시퀀스 처리 함수는 최종 연산이 이루어지기 전까지는 각 단계에서 연산이 일어나지 않습니다. 예를 들어 시퀀스 처리 함수 filter는 중간 연산입니다. 따라서 어떠한 연산 처리도 하지 않고, 기존의 시퀀스를 필터링하는 데코레이터만 설치합니다. 실질적인 필터링 처리는 toList 등과 같은 최종 연산을 할 때 이루어집니다.

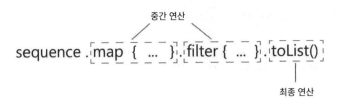

```
1    val seq = sequenceOf(1,2,3)
2    val filtered = seq.filter { print("f$it "); it % 2 == 1 }
3    println(filtered) // FilteringSequence@...
4
5    val asList = filtered.toList()
6    // f1 f2 f3
7    println(asList) // [1, 3]
8
9    val list = listOf(1,2,3)
10   val listFiltered = list
11       .filter { print("f$it "); it % 2 == 1 }
12   // f1 f2 f3
13   println(listFiltered) // [1, 3]
```

이와 같은 시퀀스의 지연 처리는 다음과 같은 장점을 갖습니다.

- 자연스러운 처리 순서를 유지합니다.
- 최소한만 연산합니다.
- 무한 시퀀스 형태로 사용할 수 있습니다.
- 각각의 단계에서 컬렉션을 만들어 내지 않습니다.

각각의 장점을 하나씩 자세하게 살펴봅시다.

순서의 중요성

이터러블 처리와 시퀀스 처리는 연산의 순서가 달라지면, 다른 결과가 나옵니다. 시퀀스 처리는 요소 하나하나에 지정한 연산을 한꺼번에 적용합니다. 이를 전문적으로 element-by-element order 또는 lazy order라고 부릅니다. 반면, 이터러블은 요소 전체를 대상으로 연산을 차근차근 적용해 나갑니다. 이를 전문적으로 step-by-step order 또는 eager order라고 부릅니다.

```
1    sequenceOf(1,2,3)
2            .filter { print("F$it, "); it % 2 == 1 }
3            .map { print("M$it, "); it * 2 }
4            .forEach { print("E$it, ") }
5    // 출력: F1, M1, E2, F2, F3, M3, E6,
6
7    listOf(1,2,3)
8            .filter { print("F$it, "); it % 2 == 1 }
9            .map { print("M$it, "); it * 2 }
10           .forEach { print("E$it, ") }
11   // 출력: F1, F2, F3, M1, M3, E2, E6,
```

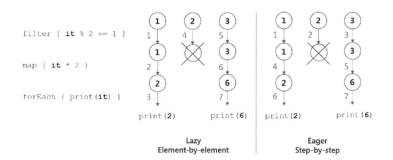

컬렉션 처리 함수를 사용하지 않고, 고전적인 반복문과 조건문을 활용해서 다음과 같은 코드를 구현한다면, 이는 시퀀스 처리인 element-by-element order와 같습니다.

```
1    for (e in listOf(1,2,3)) {
2        print("F$e, ")
3        if(e % 2 == 1) {
4            print("M$e, ")
```

```
5              val mapped = e * 2
6              print("E$mapped, ")
7         }
8     }
9     // 출력: F1, M1, E2, F2, F3, M3, E6,
```

따라서 시퀀스 처리에서 사용되는 element-by-element order가 훨씬 자연스러운 처리라고 할 수 있습니다. 또한 시퀀스 처리는 기본적인 반복문과 조건문을 사용하는 코드와 같으므로, 아마도 조만간 낮은 레벨 컴파일러 최적화가 처리를 더 빠르게 만들어 줄 수도 있을 것입니다.

최소 연산

컬렉션에 어떤 처리를 적용하고, 앞의 요소 10개만 필요한 상황은 굉장히 자주 접할 수 있는 상황입니다. 이터러블 처리는 기본적으로 중간 연산이라는 개념이 없으므로, 원하는 처리를 컬렉션 전체에 적용한 뒤, 앞의 요소 10개를 사용해야 합니다. 하지만 시퀀스는 중간 연산이라는 개념을 갖고 있으므로, 앞의 요소 10개에만 원하는 처리를 적용할 수 있습니다.

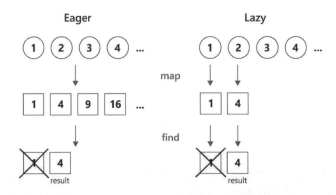

간단한 예를 살펴봅시다. 몇 가지 처리를 한 후에 find를 사용해서 필요한 것만 추출합니다.

```
1    (1..10).asSequence()
2         .filter { print("F$it, "); it % 2 == 1 }
```

```
3        .map { print("M$it, "); it * 2 }
4        .find { it > 5 }
5   // 출력: F1, M1, F2, F3, M3,
6
7   (1..10)
8        .filter { print("F$it, "); it % 2 == 1 }
9        .map { print("M$it, "); it * 2 }
10       .find { it > 5 }
11  // 출력: F1, F2, F3, F4, F5, F6, F7, F8, F9, F10,
12  // M1, M3, M5, M7, M9,
```

이러한 이유로 중간 처리 단계를 모든 요소에 적용할 필요가 없는 경우에는 시퀀스를 사용하는 것이 좋습니다. 현재 코드에서 find처럼 처리를 적용하고 싶은 요소를 선택하는 연산으로는 first, take, any, all, none, indexOf가 있습니다.

무한 시퀀스

시퀀스는 실제로 최종 연산이 일어나기 전까지는 컬렉션에 어떠한 처리도 하지 않습니다. 따라서 무한 시퀀스(infinite sequence)를 만들고, 필요한 부분까지만 값을 추출하는 것도 가능합니다. 무한 시퀀스를 만드는 일반적인 방법은 generateSequence 또는 sequence를 사용하는 것입니다. 먼저 generateSequence는 '첫 번째 요소'와 '그 다음 요소를 계산하는 방법'을 지정해야 합니다.

```
1   generateSequence(1) { it + 1 }
2        .map { it * 2 }
3        .take(10)
4        .forEach { print("$it, ") }
5   // 출력: 2, 4, 6, 8, 10, 12, 14, 16, 18, 20,
```

두 번째로 sequence는 중단 함수(suspending function, 코루틴[2])로 요소들을 지정합니다. 시퀀스 빌더는 중단 함수 내부에서 yield로 값을 하나씩 만들어 냅

---

2 이때의 코루틴은 병렬(parallel)/동시(concurrent) 코루틴이 아니라, 시퀀셜(sequential) 코루틴입니다. 시퀀셜 코루틴은 쓰레드를 변경하지는 않고, 단순하게 함수를 중간에 중단하는 기능만을 활용하는 코루틴입니다.

니다. 말로 하면 복잡하니 곧바로 피보나치 숫자를 만들어 내는 무한 시퀀스를 살펴봅시다.

```
1    val fibonacci = sequence {
2        yield(1)
3        var current = 1
4        var prev = 1
5        while (true) {
6            yield(current)
7            val temp = prev
8            prev = current
9            current += temp
10       }
11   }
12
13   print(fibonacci.take(10).toList())
14   // [1, 1, 2, 3, 5, 8, 13, 21, 34, 55]
```

참고로 무한 시퀀스를 실제로 사용할 때는 값을 몇 개 활용할지 지정해야 합니다. 그렇지 않으면 무한하게 반복합니다.

```
1    print(fibonacci.toList()) // 종료되지 않습니다.
```

따라서 이전 코드처럼 take를 사용해서 활용할 값의 수를 지정하거나, first, find, any, all, none, indexOf와 같은 일부 요소만 선택하는 종결 연산을 활용해야 합니다. 이를 구할 때도 이전 절과 마찬가지로 모든 요소를 처리하지 않으므로, 시퀀스가 이터러블보다 훨씬 더 효율적으로 동작합니다. 다만 실제로 사용해 보면, 무한 반복에 빠지는 경우가 생각보다 많습니다. any는 true를 리턴하지 못하면, 무한 반복에 빠집니다. 마찬가지로 all과 none은 false를 리턴하지 못하면, 무한 반복에 빠집니다. 결과적으로 무한 시퀀스는 종결 연산으로 take와 first 정도만 사용하는 것이 좋습니다.

각각의 단계에서 컬렉션을 만들어 내지 않음

표준 컬렉션 처리 함수는 각각의 단계에서 새로운 컬렉션을 만들어 냅니다. 일반적으로 대부분 List입니다. 각각의 단계에서 만들어진 결과를 활용하거나 저장할 수 있다는 것은 컬렉션의 장점이지만, 각각의 단계에서 결과가 만들어지면서 공간을 차지하는 비용이 든다는 것은 큰 단점입니다.

```
1    numbers
2        .filter { it % 10 == 0 } // 여기에서 컬렉션 하나
3        .map { it * 2 } // 여기에서 컬렉션 하나
4        .sum()
5    // 전체적으로 2개의 컬렉션이 만들어집니다.
6
7    numbers
8        .asSequence()
9        .filter { it % 10 == 0 }
10       .map { it * 2 }
11       .sum()
12   // 컬렉션이 만들어지지 않습니다.
```

크거나 무거운 컬렉션을 처리할 때는 굉장히 큰 비용이 들어갑니다. 조금 극단적인 예이지만, 기가바이트 단위의 파일을 읽어 들이고 컬렉션 처리를 한다면, 엄청난 메모리 낭비를 불러 일으킵니다. 그래서 일반적으로 파일을 처리할 때는 시퀀스를 활용하는 것입니다.

예를 들어 시카고의 범죄 통계를 분석해야 한다고 해 봅시다. 시카고를 포함한 미국 대부분의 도시는 2001년 이후에 발생한 범죄 정보 데이터베이스를 인터넷에 공유하고 있습니다.[3] 데이터세트의 크기는 1.53GB입니다. 여기에서 대마초와 관련된 범죄 수를 세야 하는 경우를 가정해 봅시다. 컬렉션 처리를 사용해서 단순하게 만들면, 다음과 같이 작성할 수 있을 것입니다. 참고로 readLines는 List<String>을 리턴합니다.

```
1    // 큰 파일을 대상으로는 컬렉션 처리를 하지 않는 것이 좋습니다.
2    File("ChicagoCrimes.csv").readLines()
3        .drop(1) // descriptions 컬럼을 제거합니다.
4        .mapNotNull { it.split(",").getOrNull(6) }
5        // 탐색합니다.
6        .filter { "CANNABIS" in it }
7        .count()
8        .let(::println)
```

---

3 이 데이터베이스는 www.data.cityofchicago.org에서 확인할 수 있습니다.

필자의 컴퓨터에서는 OutOfMemoryError가 발생했습니다.

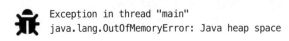

```
Exception in thread "main"
java.lang.OutOfMemoryError: Java heap space
```

사실 당연한 결과입니다. 현재 코드에서는 컬렉션을 만들고, 컬렉션을 추가로 만들어 내는 중간 연산을 3번이나 하고 있습니다. 이 컬렉션들은 1.53GB나 하는 데이터 파일의 내용을 대부분 담고 있습니다. 따라서 대충 어림잡아도 4.59GB 이상의 메모리를 소비할 것입니다. 이는 굉장한 메모리 낭비입니다. 시퀀스를 사용해서 구현하면, 이러한 낭비를 줄일 수 있습니다. 또한 useLines를 사용하면, Sequence<String> 형태로 파일을 사용할 수 있습니다. 이 코드는 필자의 컴퓨터에서는 8.3초 걸렸습니다.

```
1    File("ChicagoCrimes.csv").useLines { lines ->
2    // lines의 타입은 Sequence<String>입니다.
3       lines
4          .drop(1) // descriptions 컬럼을 제거합니다.
5          .mapNotNull { it.split(",").getOrNull(6) }
6          // 탐색합니다.
7          .filter { "CANNABIS" in it }
8          .count()
9          .let { println(it) } // 318185
10   }
```

추가로 두 가지 코드의 효율성을 비교하기 위해서 불필요한 컬럼을 삭제함으로써 데이터의 크기를 줄였습니다. CrimeData.csv 파일을 728MB까지 줄이고 컬렉션 처리와 시퀀스 처리로 동일한 처리를 해 보았습니다. 컬렉션 처리를 활용하는 첫 번째 구현에서는 13초 정도 걸립니다. 시퀀스 처리를 사용하는 두 번째 처리에서는 4.5초 정도 걸립니다. 이처럼 시퀀스를 사용하면 메모리를 절약할 수 있을 뿐만 아니라 성능도 향상시킬 수 있습니다.

컬렉션 처리의 각각의 단계에서 새로운 컬렉션을 만드는 데는 비용이 들어갑니다. 크기가 큰 요소를 처리할수록 비용이 커집니다. 처리 단계가 하나 정도라면, 컬렉션 처리와 시퀀스 처리의 차이가 크지 않습니다. 하지만 처리 단계가 많아질수록 이러한 차이가 커지므로, 큰 컬렉션으로 여러 처리 단계를 거처야 한다면, 컬렉션 처리보다는 시퀀스 처리를 사용하는 것이 좋습니다.

이 문장에서 '큰 컬렉션'이라는 것은 요소를 많이 갖는 무거운 컬렉션을 말합니다. 수만 개의 요소를 갖는 정수 리스트일 수도 있습니다. 또한 일반적인 상황은 아니지만 몇 MB나 되는 긴 문자열이 몇 개 들어 있는 리스트일 수도 있습니다.

여러 처리 단계란 여러 함수를 사용한다는 의미입니다. 예를 들어 다음 코드를 살펴봅시다.

```
1    fun singleStepListProcessing(): List<Product> {
2        return productsList.filter { it.bought }
3    }
4
5    fun singleStepSequenceProcessing(): List<Product> {
6        return productsList.asSequence()
7                .filter { it.bought }
8                .toList()
9    }
```

일반적으로 코드 실행의 성능에 큰 차이가 없습니다(filter 함수가 인라인이므로, 간단한 리스트 처리에서는 더 빠릅니다). 하지만 큰 규모의 컬렉션에 filter 함수를 사용하고 나서 map 함수를 사용하는 등의 더 많은 처리 단계를 넣으면 차이를 확인할 수 있습니다. 차이를 확인할 수 있게 다음과 같이 5,000개의 제품에 2~3개의 처리 단계를 넣고 비교해 보겠습니다.

```
1    fun twoStepListProcessing(): List<Double> {
2        return productsList
3                .filter { it.bought }
4                .map { it.price }
5    }
6
7    fun twoStepSequenceProcessing(): List<Double> {
8        return productsList.asSequence()
9                .filter { it.bought }
10               .map { it.price }
11               .toList()
12   }
13
14   fun threeStepListProcessing(): Double {
15       return productsList
```

```
16                    .filter { it.bought }
17                    .map { it.price }
18                    .average()
19    }
20
21    fun threeStepSequenceProcessing(): Double {
22        return productsList.asSequence()
23                    .filter { it.bought }
24                    .map { it.price }
25                    .average()
26    }
```

필자의 맥북 프로(Retina, 15인치, Late 2013)[4]에서 실행하면, 다음과 같은 결과
가 나옵니다(productsList에 5000개의 제품을 넣었습니다).

```
1    twoStepListProcessing                           81 095 ns
2    twoStepSequenceProcessing                       55 685 ns
3    twoStepListProcessingAndAcumulate               83 307 ns
4    twoStepSequenceProcessingAndAcumulate            6 928 ns
```

위의 결과만으로는 어느 정도의 향상이 이루어지는지 예측하기 어렵지만, 필
자의 경험으로는 하나 이상의 처리 단계를 포함하는 컬렉션 처리는 20~40% 정
도의 성능이 향상됩니다.

시퀀스가 빠르지 않은 경우

컬렉션 전체를 기반으로 처리해야 하는 연산은 시퀀스를 사용해도 빨라지
지 않습니다. 현재 유일한 예로 코틀린 stdlib의 sorted가 있습니다. sorted는
Sequence를 List로 변환한 뒤에, 자바 stdlib의 sort를 사용해 처리합니다. 문제
는 이러한 변환 처리로 인해서, 시퀀스가 컬렉션(Collection) 처리보다 느려진
다는 것입니다(물론 이터러블도 Collection 또는 배열은 아니므로, 변환 처리
가 필요해서 차이가 크지는 않습니다).

참고로 무한 시퀀스처럼 시퀀스의 다음 요소를 lazy하게 구하는 시퀀스에
sorted를 적용하면, 무한 반복에 빠지는 문제가 있습니다. 그래서 시퀀스에서

---

4 Processor 2.6 GHz Intel Core i7, Memory 16 GB 1600 MHz DDR3

sorted를 빼야 한다는 의견도 있지만, 정렬 처리는 일반적으로 사용되는 처리 이므로, 시퀀스에도 들어간 것입니다. 따라서 무한 시퀀스에 sorted를 사용할 수 없다는 결함은 따로 기억해야 합니다.

```
1    generateSequence(0) { it + 1 }.take(10).sorted().toList()
2    // [0, 1, 2, 3, 4, 5, 6, 7, 8, 9]
3    generateSequence(0) { it + 1 }.sorted().take(10).toList()
4    // 종료되지 않습니다. 따라서 어떤 값도 리턴하지 않습니다.
```

sorted는 Sequence보다 Collection이 더 빠른 희귀한 예입니다. 다른 처리는 모두 Sequence가 빠르므로, 여러 처리가 결합된 경우에는 Collection을 사용하 는 것보다 Sequence를 사용하는 것이 더 빠릅니다.

```
1    // 벤치마크 측정 결과: 150 482 ns
2    fun productsSortAndProcessingList(): Double {
3        return productsList
4                .sortedBy { it.price }
5                .filter { it.bought }
6                .map { it.price }
7                .average()
8    }
9
10   // 벤치마크 측정 결과: 96 811 ns
11   fun productsSortAndProcessingSequence(): Double {
12       return productsList.asSequence()
13               .sortedBy { it.price }
14               .filter { it.bought }
15               .map { it.price }
16               .average()
17   }
```

자바 스트림의 경우

자바 8부터는 컬렉션 처리를 위해 스트림 기능이 추가되었습니다. 코틀린의 시퀀스와 비슷한 형태로 동작합니다.

```
1    productsList.asSequence()
2            .filter { it.bought }
3            .map { it.price }
4            .average()
```

```
5
6    productsList.stream()
7            .filter { it.bought }
8            .mapToDouble { it.price }
9            .average()
10           .orElse(0.0)
```

자바 8의 스트림도 lazy하게 작동하며, 마지막 처리 단계에서 연산이 일어납니다. 다만 자바의 스트림과 코틀린의 시퀀스는 다음과 같은 세 가지 큰 차이점이 있습니다.

- 코틀린의 시퀀스가 더 많은 처리 함수를 갖고 있습니다(확장 함수를 사용해서 정의되어 있으므로). 그리고 사용하기 더 쉽습니다(이는 자바 스트림이 나온 이후에 코틀린 시퀀스가 나와서 몇 가지 문제를 해결했기 때문입니다. 예를 들어 최종 연산을 collect(Collectors.toList())가 아닌 toList()처럼 간단하게 할 수 있습니다).
- 자바 스트림은 병렬 함수를 사용해서 병렬 모드로 실행할 수 있습니다. 이는 (현재는 널리 사용되는) 멀티 코어 환경에서 굉장히 큰 성능 향상을 가져옵니다. 다만 몇 가지 결함이 있으므로 주의해서 사용해야 합니다.[5]
- 코틀린의 시퀀스는 코틀린/JVM, 코틀린/JS, 코틀린/네이티브 등의 일반적인 모듈에서 모두 사용할 수 있습니다. 하지만 자바 스트림은 코틀린/JVM에서만 동작하며, 그것도 JVM이 8 버전 이상일 때만 동작합니다.

일반적으로 병렬 모드를 사용하지 않는다면, 자바 스트림과 코틀린 시퀀스 중에 어떤 것이 더 효율적이라고 단정지어서 이야기하기 어렵습니다. 필자의 개인적인 경험으로는 병렬 모드로 성능적 이득을 얻을 수 있는 곳에서만 자바 스트림을 사용하고, 이외의 일반적인 경우에는 코틀린 시퀀스를 사용하는 것이 좋다고 생각합니다. 코틀린 stdlib 함수를 사용하면, 모든 플랫폼에서 활용할 수 있는 공통 모듈의 코드가 더 깔끔해집니다.

---

5 병렬 함수 내부에서 사용하는 common join-fork 스레드 풀과 관련된 이슈가 있습니다. 병렬로 처리되는 작업이 독립적인 처리가 아니라면, 성능에 문제가 발생합니다. 이와 관련된 더 자세한 내용은 *https://dzone.com/articles/think-twice-using-java-8*을 참고하기 바랍니다.

코틀린 시퀀스 디버깅

코틀린 시퀀스와 자바 스트림은 모두 단계적으로 요소의 흐름을 추적할 수 있는 디버깅 기능이 지원됩니다. 자바 스트림은 'Java Stream Debugger'라는 이름의 플러그인, 코틀린은 'Kotlin Sequence Debugger'라는 이름의 플러그인으로 이를 활용할 수 있습니다. 참고로, 현재 'Kotlin Sequence Debugger'는 'Kotlin' 플러그인에 통합되어 있습니다. 'Kotlin Sequence Debugger'가 어떻게 동작하는지 화면으로 살펴보면, 다음과 같습니다.

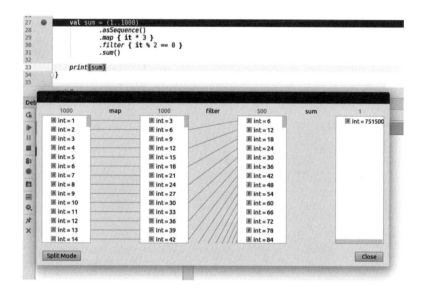

정리

컬렉션과 시퀀스는 같은 처리 메서드를 지원하며, 사용하는 형태가 거의 비슷합니다. 일반적으로 데이터를 컬렉션에 저장하므로, 시퀀스 처리를 하려면 시퀀스로 변환하는 과정이 필요합니다. 또한 최종적으로 컬렉션 결과를 원하는 경우가 많으므로, 시퀀스를 다시 컬렉션으로 변환하는 과정도 필요합니다. 이것이 시퀀스 처리의 단점이라고 할 수 있습니다. 하지만 시퀀스는 lazy하게 처리됩니다. 이로 인해서 다음과 같은 장점이 발생합니다.

- 자연스러운 처리 순서를 유지합니다.
- 최소한만 연산합니다.
- 무한 시퀀스 형태로 사용할 수 있습니다.
- 각각의 단계에서 컬렉션을 만들어 내지 않습니다.

결과적으로 무거운 객체나 규모가 큰 컬렉션을 여러 단계에 걸쳐서 처리할 때는 시퀀스를 사용하는 것이 좋습니다. 또한 시퀀스 처리는 'Kotlin Sequence Debugger' 플러그인을 활용해서, 처리 단계를 시각적으로 확인할 수 있습니다. 상황에 따라서 시퀀스 처리를 활용하면 큰 성능 향상이 있을 수 있습니다.

컬렉션 처리 단계 수를 제한하라

모든 컬렉션 처리 메서드는 비용이 많이 듭니다. 표준 컬렉션 처리는 내부적으로 요소들을 활용해 반복을 돌며, 내부적으로 계산을 위해 추가적인 컬렉션을 만들어 사용합니다. 시퀀스 처리도 시퀀스 전체를 랩하는 객체가 만들어지며, 조작을 위해서 또 다른 추가적인 객체를 만들어 냅니다.[6] 두 처리 모두 요소의 수가 많다면, 꽤 큰 비용이 들어갑니다. 따라서 적절한 메서드를 활용해서, 컬렉션 처리 단계 수를 적절하게 제한하는 것이 좋습니다. 예를 들어 다음 코드를 살펴봅시다. 어떤 메서드를 사용하는지에 따라서 컬렉션 처리의 단계 수가 달라집니다.

```
1    class Student(val name: String?)
2
3    // 작동은 합니다.
4    fun List<Student>.getNames(): List<String> = this
5        .map { it.name }
6        .filter { it != null }
7        .map { it!! }
8
9    // 더 좋습니다.
10   fun List<Student>.getNames(): List<String> = this
11       .map { it.name }
12       .filterNotNull()
13
14   // 가장 좋습니다.
15   fun List<Student>.getNames(): List<String> = this
16       .mapNotNull { it.name }
```

---

6 연산 내용이 시퀀스 객체로 전달되므로, 인라인으로 사용할 수 없습니다. 따라서 람다 표현식을 객체로 만들어 사용해야 합니다.

사실 컬렉션 처리와 관련해서 비효율적인 코드를 작성하는 이유는 그것이 필요 없다고 생각해서가 아니라, 어떤 메서드가 있는지 몰라서인 경우가 많습니다. 따라서 어떤 메서드가 있는지 확인해 보는 것이 좋습니다. 참고로, 상황에 따라서 경고로 어떤 메서드를 사용하는 것이 좋은지 어느 정도 알려 줍니다.

```
19    fun makePassingStudentsListText(): String = studentsRepository
20        .getStudents()
21        .filter { it.pointsInSemester > 15 && it.result >= 50 }
22        .sortedWith(compareBy({ it.surname }, { it.name }))
23        .map { "${it.name} ${it.surname}, ${it.result}" }
24        .joinToString(separator = "\n")
   Call chain on collection type may be simplified more... (⌘F1)
26
27
```

경고로 어느 정도 알려 준다고 해도, 컬렉션 처리를 어떤 형태로 줄일 수 있는지 알아두면 좋습니다. 다음 표는 두 단계 이상의 컬렉션 처리 함수를 한번에 끝내는 방법을 정리한 것입니다.

이 코드보다는	이 코드가 좋습니다.
`.filter { it != null }` `.map { it!! }`	`.filterNotNull()`
`.map { <Transformation> }` `.filterNotNull()`	`.mapNotNull { <Transformation> }`
`.map { <Transformation> }` `.joinToString()`	`.joinToString { <Transformation> }`
`.filter { <Predicate 1> }` `.filter { <Predicate 2> }`	`.filter {` `   <Predicate 1> && <Predicate 2> }`
`.filter { it is Type }` `.map { it as Type }`	`.filterIsInstance<Type>()`
`.sortedBy { <Key 2> }` `.sortedBy { <Key 1> }`	`.sortedWith(` `compareBy({ <Key 1> }, { <Key 2> }))`
`listOf(...)` `.filterNotNull()`	`listOfNotNull(...)`

`.withIndex()`
`.filter { (index, elem) -> `
`<Predicate using index> }`
`.map { it.value }`
	`.filterIndexed { index, elem -> `
	`<Predicate using index> }`
	
	(map, forEach, reduce, fold도 비슷합니다.)

정리

대부분의 컬렉션 처리 단계는 '전체 컬렉션에 대한 반복'과 '중간 컬렉션 생성'
이라는 비용이 발생합니다. 이 비용은 적절한 컬렉션 처리 함수들을 활용해서
줄일 수 있습니다.

아이템 51

성능이 중요한 부분에는 기본 자료형 배열을 사용하라

코틀린은 기본 자료형(primitive)을 선언할 수 없지만, 최적화를 위해서 내부적으로는 사용할 수 있습니다. 이전에 '아이템 45: 불필요한 객체 생성을 피하라'에서 언급했던 것처럼 기본 자료형은 다음과 같은 특징이 있습니다.

- 가볍습니다. 일반적인 객체와 다르게 추가적으로 포함되는 것들이 없기 때문입니다.
- 빠릅니다. 값에 접근할 때 추가 비용이 들어가지 않습니다.

따라서 대규모의 데이터를 처리할 때 기본 자료형을 사용하면, 상당히 큰 최적화가 이루어집니다. 그런데 코틀린에서 사용되는 List와 Set 등의 컬렉션은 제네릭 타입입니다. 제네릭 타입에는 기본 자료형을 사용할 수 없으므로, 랩핑된 타입을 사용해야 합니다. 일반적인 경우에는 이렇게 하는 것이 훨씬 더 처리가 쉬워지므로 적합합니다. 하지만 성능이 중요한 코드라면 IntArray와 LongArray 등의 기본 자료형을 활용하는 배열을 사용하는 것이 좋습니다.

코틀린 타입	자바 타입
Int	Int
List<Int>	List<Integer>
Array<Int>	Integer[]
IntArray	int[]

기본 자료형 배열은 얼마나 가벼울까요? 코틀린/JVM에서 1,000,000개의 정수를 갖는 컬렉션을 만든다고 해 봅시다. IntArray와 List<Int>를 사용할 수 있을 것입니다. 단순하게 할당되는 영역만 생각해도 IntArray는 400,000,016바이트,

List<Int>는 2,000,006,944바이트를 할당합니다. 5배 정도의 차이가 발생합니다. 따라서 메모리 소비가 중요하다면, 기본 자료형 배열을 사용하는 것이 좋습니다.

성능적으로도 차이가 있습니다. 1,000,000개의 숫자를 갖는 컬렉션을 사용해서 평균을 구하는 처리를 해 보면, 배열을 사용하는 경우가 25% 정도 더 빠릅니다.

```kotlin
open class InlineFilterBenchmark {

    lateinit var list: List<Int>
    lateinit var array: IntArray

    @Setup
    fun init() {
        list = List(1_000_000) { it }
        array = IntArray(1_000_000) { it }
    }

    @Benchmark
    // 평균적으로 1 260 593 ns
    fun averageOnIntList(): Double {
        return list.average()
    }

    @Benchmark
    // 평균적으로 868 509 ns
    fun averageOnIntArray(): Double {
        return array.average()
    }
}
```

이처럼 기본 자료형을 포함하는 배열은 코드 성능이 중요한 부분을 최적화할 때 활용하면 좋습니다. 배열은 더 적은 메모리를 차지하고, 더 빠르게 동작합니다. 다만 일반적인 경우에는 List를 사용하는 것이 좋습니다. List가 훨씬 더 기능이 다양하며, 더 많은 곳에 쉽게 사용될 수 있습니다. 성능이 중요한 경우에는 Array를 떠올려 주세요.

정리

일반적으로 Array보다 List와 Set을 사용하는 것이 좋습니다. 하지만 기본 자료형의 컬렉션을 굉장히 많이 보유해야 하는 경우에는 성능을 높이고, 메모리 사용량을 줄일 수 있도록 Array를 사용하는 것이 좋습니다. 이번 절은 라이브러리 개발자, 게임 개발자, 고급 그래픽을 처리해야 하는 개발자들에게 도움이 될 만한 내용입니다.

mutable 컬렉션 사용을 고려하라

immutable 컬렉션보다 mutable 컬렉션이 좋은 점은 성능적인 측면에서 더 빠르다는 것입니다. immutable 컬렉션에 요소를 추가하려면, 새로운 컬렉션을 만들면서 여기에 요소를 추가해야 합니다. 코틀린 1.2를 기준으로 내부 구조를 보면, 다음과 같이 구현되어 있습니다.

```
1    operator fun <T> Iterable<T>.plus(element: T): List<T> {
2        if (this is Collection) return this.plus(element)
3        val result = ArrayList<T>()
4        result.addAll(this)
5        result.add(element)
6        return result
7    }
```

이처럼 컬렉션을 복제하는 처리는 비용이 굉장히 많이 드는 처리입니다. 그래서 이러한 복제 처리를 하지 않는 mutable 컬렉션이 성능적 관점에서 좋습니다. 다만 '아이템 1: 가변성을 제한하라'에서 언급했던 것처럼 immutable 컬렉션은 안전하다는 측면에서 좋습니다. 하지만 일반적인 지역 변수는 이때 언급했던 문제가 될 수 있는 경우(동기화와 캡슐화)에 해당되지 않습니다. 따라서 지역 변수로 사용할 때는 mutable 컬렉션을 사용하는 것이 더 합리적이라고 할 수 있습니다. 그래서 표준 라이브러리도 내부적으로 어떤 처리를 할 때는 mutable 컬렉션을 사용하도록 구현되어 있습니다.

```
1    inline fun <T, R> Iterable<T>.map(
2        transform: (T) -> R
3    ): List<R> {
4        val size = if (this is Collection<*>) this.size else 10
5        val destination = ArrayList<R>(size)
6        for (item in this)
7            destination.add(transform(item))
```

```
8        return destination
9    }
```

참고로 immutable 클래스를 사용한다면 다음과 같지만, 실제로 이렇게 구현되어 있지는 않습니다.

```
1    // map은 이렇게 구현되어 있지 않습니다.
2    inline fun <T, R> Iterable<T>.map(
3        transform: (T) -> R
4    ): List<R> {
5        var destination = listOf<R>()
6        for (item in this)
7            destination += transform(item)
8        return destination
9    }
```

정리

가변 컬렉션은 일반적으로 추가 처리가 빠릅니다. immutable 컬렉션은 컬렉션 변경과 관련된 처리를 더 세부적으로 조정할 수 있습니다. 일반적으로 지역 스코프에서는 이러한 세부적인 조정이 필요하지 않으므로, 가변 컬렉션을 사용하는 것이 좋습니다. 특히 utils에서는 요소 삽입이 자주 발생할 수 있기 때문입니다.

용어

프로그래밍에서 사용되는 기술 용어들은 서로 헷갈리는 경우가 굉장히 많습니다. 이번 장에서는 이 책에서 사용된 자주 혼동되는 용어들을 정리해 보겠습니다.

함수 vs 메서드

코틀린의 기본적인 **함수**(function)는 fun 키워드로 시작합니다. 이를 활용해서 다음과 같은 함수들을 만들 수 있습니다.

- 톱레벨 함수
- 클래스의 멤버 함수
- 함수 내부의 지역 함수

몇 가지 예를 살펴봅시다.

```
1    fun double(i: Int) = i * 2 // 톱레벨 함수
2
3    class A {
4
5        fun triple(i: Int) = i * 3 // 멤버 함수
6
7        fun twelveTimes(i: Int): Int { // 멤버 함수
8            fun fourTimes() = // 지역 함수
9                double(double(i))
10           return triple(fourTimes())
11       }
12   }
```

추가적으로 함수 리터럴을 활용해서 익명 함수를 정의할 수도 있습니다.

```
1    val double = fun(i: Int) = i * 2 // 익명 함수
2    val triple = { i: Int -> i * 3 } // 람다 표현식
3    // 람다 표현식은 익명 함수를 더 짧게 표현한 것입니다.
```

메서드(method)는 클래스와 연결된 함수입니다. 멤버 함수(클래스에 정의되어 있는 함수)는 해당 클래스와 연결되어 있으므로, 분명히 메서드입니다. 메서드를 호출하려면 클래스 인스턴스가 있어야 하며, 이를 활용해서 참조해야 합니다. 다음 예제에서 doubled는 멤버이면서 메서드입니다. 또한 모든 메서드는 함수이므로, doubled 함수이기도 합니다.

```
1    class IntWrapper(val i: Int) {
2        fun doubled(): IntWrapper = IntWrapper(i * 2)
3    }
4
5    // 사용
6    val wrapper = IntWrapper(10)
7    val doubledWrapper = wrapper.doubled()
8
9    val doubledReference = IntWrapper::doubled
```

확장 함수를 메서드로 불러도 되는지에 대해서는 논란의 여지가 있지만, 이 책에서는 확장 함수도 호출을 할 때 인스턴스가 필요하므로 메서드로 보겠습니다. 참고로, C#도 이러한 이유로 확장 함수를 메서드로 정의하고 있습니다. 다음 예제는 tripled라는 확장 함수를 사용하는 예입니다. 이때 tripled는 메서드입니다.

```
1    fun IntWrapper.tripled() = IntWrapper(i * 3)
2
3    // 사용
4    val wrapper = IntWrapper(10)
5    val tripledWrapper = wrapper.tripled()
6
7    val tripledReference = IntWrapper::tripled
```

참고로 두 레퍼런스를 호출하려면, IntWrapper의 인스턴스를 전달해야 합니다.

```
1  c val doubledWrapper2 = doubledReference(wrapper)
2    val tripledWrapper2 = tripledReference(wrapper)
```

멤버 vs 확장

멤버(member)는 클래스 내부에 정의된 요소를 의미합니다. 다음 예제에서는 name, surname, fullName 프로퍼티와 withSurname 메서드가 멤버입니다.

```
1    class User(
2            val name: String,
3            val surname: String
4    ) {
5
6      val fullName: String
7            get() = "$name $surname"
8
9      fun withSurname(surname: String) =
10            User(this.name, surname)
11   }
```

확장(extension)은 이미 존재하는 클래스에 추가하는 가짜 멤버 같은 것입니다. 확장은 클래스 외부에서 정의하지만, 일반적인 멤버처럼 사용할 수 있습니다. 다음 예제에는 2개의 확장 함수, 즉 officialFullName 확장 프로퍼티와 withName 확장 함수가 있습니다.

```
1    val User.officialFullName: String
2        get() = "$surname, $name"
3
4    fun User.withName(name: String) =
5            User(name, this.surname)
```

파라미터 vs 아규먼트

파라미터(parameter)는 함수 선언에 정의되어 있는 변수를 의미하고, **아규먼트** (argument)는 함수로 전달되는 실질적인 값을 의미합니다. 다음 예제를 살펴봅시다. randomString의 length는 파라미터고, 함수 호출의 10이 아규먼트입니다.

```
1    fun randomString(length: Int): String {
2        // ....
3    }
```

```
4
5      randomString(10)
```

제네릭 타입에서도 마찬가지입니다. 제네릭으로 선언된 변할 수 있는 부분이 타입 파라미터입니다. 그리고 실질적인 타입이 바로 타입 아규먼트입니다. 다음 예제를 살펴봅시다. printName의 T가 타입 파라미터고, 함수 호출의 String이 타입 아규먼트입니다.

```
1      inline fun <reified T> printName() {
2          print(T::class.simpleName)
3      }
4
5
6      fun main() {
7          printName<String>() // String
8      }
```

기본 생성자 vs 추가적인 생성자

생성자는 객체를 만들 때 호출되는 특별한 타입의 함수[7]입니다. 생성자는 클래스 내부에 다음과 같이 선언합니다.

```
1      class SomeObject {
2          val text: String
3
4          constructor(text: String) {
5              this.text = text
6              print("Creating object")
7          }
8      }
```

생성자는 일반적으로 객체를 설정하는 데 사용됩니다. 이러한 생성자를 일반적으로 **기본 생성자**(primary constructor)라고 부릅니다. 기본 생성자는 클래스 이름 바로 뒤에 정의되며, 프로퍼티를 초기화할 때 사용할 파라미터를 받습니다.

---

7 코틀린이 생성자를 함수처럼 다루고, 생성자 레퍼런스도 함수 타입이지만, 공식적으로는 서브루틴입니다.

```
1    class SomeObject(text: String) {
2        val text: String = text
3
4        init {
5            print("Creating object")
6        }
7    }
```

초기화하려는 프로퍼티와 동일한 이름으로 파라미터를 받는 경우가 많으므로, 다음과 같은 단축 형식을 제공합니다.

```
1    class SomeObject(val text: String) {
2
3        init {
4            print("Creating object")
5        }
6    }
```

추가로 다른 생성자를 만들어야 하는 경우가 있을 수 있습니다. 이러한 다른 생성자를 **추가적인 생성자**(secondary constructor)라고 부릅니다. 추가적인 생성자는 일반적으로 this 키워드를 활용해서 기본 생성자를 호출합니다.

```
1    class SomeObject(val text: String) {
2
3        constructor(date: Date): this(date.toString())
4
5        init {
6            print("Creating object")
7        }
8    }
```

물론 코틀린에서는 이러한 상황이 드뭅니다. 기본 생성자 아규먼트의 다른 서브셋을 만들어야 할 때 디폴트 아규먼트를 활용할 수 있으며('아이템 34: 기본 생성자에 이름 있는 옵션 아규먼트를 사용하라'에서 다루었습니다), 또한 다른 종류의 객체를 만들어야 할 때는 팩토리 메서드를 사용('아이템 33: 생성자 대신 팩토리 함수를 사용하라'에서 다루었습니다)하기 때문입니다.

만약 자바에서 사용하기 위해서 기본 생성자 아규먼트의 여러 서브셋을 만들어야 한다면, @JvmOverloads와 같은 어노테이션을 활용해서 함수에 대한 오버로드를 간단하게 만들 수 있습니다.

```
1    class SomeObject @JvmOverloads constructor(
2         val text: String = ""
3    ) {
4       init {
5            print("Creating object")
6       }
7    }
```

찾아보기